バイオグラフィーの哲学

「私」という制度、そして愛

入谷秀一
NYUYA Shuichi

ナカニシヤ出版

バイオグラフィーの哲学●目次

バイオグラフィーの哲学——「私」という制度、そして愛

はじめに

バイオグラフィーの哲学とは何か
——その立ち位置とコンセプト

日常実践としての自伝

まず、バイオグラフィーの哲学という、聞きなれない言葉から説明したいと思います。

哲学《フィロソフィー》は古代ギリシアで生まれて以来、様々な哲学者を輩出し、また、様々なテーマを扱ってきました。今日では、哲学の歴史的な変遷、あるいはテーマに応じて、研究領域がそれぞれに分かれています。例えば——大雑把な言い方になりますが——古代哲学は、いわゆるソクラテス以前の古代ギリシアの世界から帝政ローマ時代までを、中世哲学では、スコラ学に代表されるキリスト教神学の長きにわたる伝統を、近代哲学は、「われ思う、ゆえにわれ在り」という言葉で有名なルネ・デカルトが活躍した一七世紀から、だいたい二〇世紀初頭までをカバーします。さらに、自然科学の基礎づけや方法論を扱う科学哲学、論理式や記号の分析に重点を置く分析哲学、その隣接分野ともいうべき言語哲学、また自然環境と人間との関係性を論ずる環境哲学

（環境倫理学、という言い方をする場合もあります）、人間が作り出した様々な制度やシステムを主題に据える社会哲学、それに政治哲学、法哲学、などなど、多岐にわたるテーマに応じて個別的な領域が成立しています。しかもこれらの領域は、無関係に孤立しているのではなく、互いに密接な関係を保ちつつ、オープンな形でそれぞれの守備範囲を広めたり、構造を変えたりしています。領域が重なることも日常茶飯事です。

いわば哲学とは、いまだ建設中の巨大な建物であり、その建物の中に大きな部屋、小さな部屋、古い部屋、新しい部屋などがあり、しかもそれぞれの部屋の仕切りが時代状況に応じて取っ払われたり、急に仕切りができたり、思わぬ抜け道によって距離を隔てた部屋同士が接続したり、あまり人気のない部屋があったり、住民同士が喧嘩ばかりする部屋が並んでいたりする、こういうイメージで捉えるとよいのではないでしょうか。とはいえ、いわゆる社長室に該当する部屋はありそうにないですね。各学問を基礎づける哲学諸分野をさらに基礎づける、ある種の統一理論のようなものが考案されたこともありますが（いわゆるドイツ観念論の時代です）、今ではほとんど信じられていません。また、建物自体が計画的に作られているわけではなく、やはり時代状況に合わせて増築を余儀なくされたり、耐震性――つまり該当分野への信頼性ですね――を疑われ、取り潰されかけた部屋もあったりします。この建物の住民たる哲学者たちは、多かれ少なかれ、一つの部屋にとどまることなく、いくつもの部屋を行き来し、ときに徒党を組んで建物の改築に邁進《まいしん》します。そうやって、最新設備を導入する一方で、地中深く埋まっていた部屋を発掘し、再び居住可能にするなど、領域や時代を横断する活動を行っているわけです。

そうなると、バイオグラフィーの哲学とは、どういう部屋を行き来する分野なのか。翻訳の慣習に従って、これを伝記《バイオグラフィー》の哲学、あるいは哲学的自伝《オートバイオグラフィー》論と呼びたい誘惑に駆られます。実際私はこの誘惑にたびたび譲歩し、自伝や伝記、評伝といった訳語をそのまま用いることもありますが、他方でここに様々な問題が横たわっていることに、まずもって注意を促したい——この問題群そのものが、本書のテーマだといってもいいほどです。

詳しくは本論で述べますが、例えばオートバイオグラフィーという英語に注目してください。するとauto-bio-graphyという具合に、三つの部分からなる言葉だということが分かります。autoとはautonomy（自律、自主性、自治）のautoで、自ら行う、という意味合いを含みます。bioはバイオテクノロジー（生命技術）のバイオ、すなわち生命を表します（日本語の伝記、評伝、自伝ともに、この生のニュアンスを完全に捉え損なっていることが分かるでしょう）。graphyはグラフィック（描写、図表）という言葉もありますが、筆記法や表現形式に関係した言葉です。カリグラフィー（文字装飾法）、ステノグラフィー（速記術）、フォトグラフィー（写真術）など、類した言葉もいくつかありますが、要するに、書かれたもの、あるいは描かれ方を意味する、くらいの理解で差し当たりは大丈夫です。三つの部分いずれもが古代ギリシア語に由来するもので、当時はオートグラフォス（自分自身の手で書かれた）という形容詞句もあったようです。

つまり、autobiographyとは、自らの語り口でもって、自己の生活、人生を記したもの、ということになります。端的にいうなら、自分語りであり、今風にいえば、自己物語化です。そして、こうした営みについて哲学すること、これを私はバイオグラフィーの哲学と呼びたいのです。また、私は本論で、特定の作家や歴史上の偉人、有名人たちが書いた自伝のみならず、いわば私たちの日常実践としての自伝的行為に注目したいと思います。アメリカの自伝研究者ポール・ジョン・イアキンの言い方でいえば、自己描写（self-writing）です。彼は「私たちは隠れた自伝作家だ」[*1]と述べ、自伝が有名作家の専有物でないことを主張していますが、実際、現在では自分語り、自分らしさの表明、セルフ・プロデュースは、多かれ少なかれ、各人が社会的に生存していくうえで不可欠の営みとなっている、といっても過言ではないでしょう（これについては後述します）。

近代の発明としての自伝と自己愛

その意味でオートバイオグラフィーの実践（と、それについての哲学的考察）は、それ以上疑いえない究極の存在としてのコギト（「われ思う」）から出発したデカルト以来の近代哲学の、それこそ中心に位置づけられます。とはいえ、「私」が「私」について語り、告白するという伝統は、デカルト以前にも見られます。四世紀から五世紀にかけて活躍したキリスト教神学者である聖アウグスティヌスは『告白』という著作を残しました。文字通り、自らの生を振り返り、自己が経験した出来事を告白する内容となっています。ところで、同じ『告白』というタイトルで、これまた自己の半生を語った思想家に、ジャン＝ジャック・ルソーという人がいます。ルソーは一八世紀の人です。けれども、この二人の著作には、大きな違いが見られます。単に経験した内容が違うというだけでなく、告白という営みを成立させている背景というか、構造が違うのです。これも本論で詳しく述べたいと思いますが、アウグスティヌスの場合、常に神のまなざし、神の耳を間近に感じながら告白を行います。行うというより、告白を促される、といった方が正確かもしれません。自分について語るという行為そのものが、神による要請だ、という認識を持っているわけです。他方、ルソーの場合、自己物語化の権威となるのは、自分自身だけです。アウグスティヌスは、自分について、その隠れた内面まで見通しているのは神様だけだ、と他律的に考えますが、ルソーにとっては、自分について自分以上に正直かつ正確に語れる著者（author）などいないわけです。その意味で、告白という自律的な行為自体に、「私」という存在を保証する究極の権威（authority）が帰せられる、ということになります。

先ほど、autoもbioもgraphyも、古代ギリシア語に淵源する、と述べましたが、興味深いことに、この三つからなる成句、ギリシア風にいうならオートビオグラフィアという言葉は、当時のギリシア語にも、帝政ローマ時代のラテン語にも見当たりません（ビオグラフィアという語は、少なくとも五世紀以降には散見されるようですが）。英語のautobiography、ドイツ語のAutobiographieが登場するのは、一八世紀後半に入ってからです。その意味で、ルソーの自己語りのプロジェクトは、まさしく近代を象徴する出来事だといえるでしょう。

かくして、かけがえのない、世にも独自な存在としての自己への愛、それがルソーの語りの準拠点となります。皆さんは、何を当たり前のことを、と思われるかもしれません。自分以上に、自分に関する真実を語れるものなどいるのか、と。しかし、人生上の経験とはまずもって自分自身の体験であるという前提が確立し、その体験をいかに自分らしく表現するか、ということが社会的に重視されるようになったのは、やはり近代以降のことで、しかも、キリスト教の伝統との粘り強い対決を経験したヨーロッパならではの出来事なのです。私たちがこの新しい伝統にあまり疑問を持たないのは、私たちがいかに西洋近代の文化的エートス（慣習）に今なおどっぷりつかっているか、ということの証左だといえます。日本でも、作家が個人的な体験を主軸に据えて小説を書く——いわゆる私小説というジャンルの成立——ようになったのは明治以降、つまりヨーロッパ的な語りの伝統が輸入されてからです。評論家として一世を風靡《ふうび》した小林秀雄は、有名な私小説論の中で、ルソーの告白録が日本の文壇に与えた影響をはっきりと証言していました。

自伝と自己愛の現代的変化

私は今、新しい伝統といいました。繰り返しますが、自己告白という営みは、歴史的な出自を念頭に置くなら、キリスト教の存在なしには考えられません（これは第2回講義で詳しく論じます）。とはいえ、先に短く述べたように、アウグスティヌスの『告白』とルソーの『告白』とでは、志向するものが全く異なっています。そして現在の私たちの日々の社会生活との関係でいうなら、後者の方がより身近に感じられるのではないか。神への愛と自己愛では、自己愛の方にはるかに共感が寄せられる、というのが実情でしょう。その意味では、長い西洋の歴史、とりわけ近代以前と以後で、自己が語るという営みの構造、ドイツの自伝論の碩学ペーター・アルハイトの言い方を借りれば、フォーマットが変化した[*2]、といえるのです。そして自己語りの営みは、二〇世紀後半からさらにドラスティックな変化を経験しつつあります。結論を先取りする言い方をするなら、これを私は次のように定義したいと思います。つまり、欲望と快楽の源泉としての自己愛が、強制と制度の源泉としての自己愛に変化しつつある、と。大胆にいうなら、現在の社会では、自分を愛せない人間、あるいはその愛の証明ができない人間は、正常ではない、とみなされるのです。

精神科医、また著述家として活躍した小此木啓吾さんが『自己愛人間』という本で、戦後の日本人について論じています[*3]。それによると、基本的に自己愛は健全な心の在りようを示しているのですが、どうも現代はそれが肥大化している。我欲をある時点で断念し、個人を超えた存在――国家や歴史上の英雄、偉人、高邁な思想などを想起すればよいのでしょうか――を理想とし、それに奉仕する代わりに、趣味やファッション、身近な人間関係に満足するような、矮小な心持ちの人間が増えてきている。そして一億総中流の幻想のもとで、人並みの地位や文化資本を享受できればよい、またそれが許される、居心地のよい社会にわれわれは生きている、とまあ、おおよそこういう議論をしています。この本が出版されたのは一九八一年ですが、私は本の内容について、そうだよなと一つ一つ納得する一方で、どうも違和感を禁じえません。それはここ三、四〇年の社会の変化と深く関わりがあるに違いありません。

他者を思いやることなく自己を主張する、あるいは、他者の中に自己の欲望を投影し、いわば自分の分身ばかりを愛する、そうした欲望がまがりなりにも満足させられるのは、個人が所属する集団が比較的安定したものである場合でしょう。簡単にいえば、同質的なメンバーで形成された会社や学校、雑誌やテレビの読者層が身近な存在であるからこそ、矮小化したナルシシズムは満たされる。小此木さんの描かれる自己愛人間は、自分が何をしたいのか、その欲望の中身を突きつめて考える人間というより、そこそこの自分でよい、あるいは、そこそこの自分が通用する場所はどこか、まるで快適な場所をひたすら探す猫のように、自分を受け入れてくれる集団を求めてさまよう、そういうモラトリアムな人間です。いつまでも母の庇護のもとから離れない子どものようです。そして、そうした集団はすぐ見つかったのです。個々人が特定の組織に属さなくても、社会全体の様相が一様で、価値観の多様化もそれほど顕著でなく、アイデンティティを失うほどではない、当時はそういう雰囲気で満たされていたのかもしれません。

最初の講義で私が取り上げる小説『何者』（二〇一二年出版）[*4]で描かれる若者は、一見するとこうしたモラトリアムな人間の典型のように思えます。しかし就職活動という現実に直面せざるをえない彼（女）らには、そこそこの人間であることは、許されません。彼（女）らは、まさしく、そこそこでない、かけがえのない人材である自分をアピールしなければならない。若者たちは「君は何者なのか、しかも、君はどういう意味で、われわれが望む「君」なのか？　われわれが他の人間ではなく、まさしく君を採用しなくてはならない特別な理由とは、本当のところ、何なのか？」という外部からの問いかけに、要領よく答えなくてはいけません。これは、答えのないゲームです。そうでしょう？　若者にとっては、会社が望んでいたのは「本当は」どういう人間なのか、はっきりと知る術はないし、そもそもそれを知ることが大事なわけではない。重要なのは、おそらくこういう人材を求めているのだろう、という想定に向かって、最大限自分をアピールし、採用という結果をゲットすることです。無論、そこでアピールするのは、趣味や人柄ではありません。それまでの人生全体を丸ごと、一枚の履歴書にパッケージする、そういうインスタントな自己物語化がその都度――つまり面接する会社ごとに――求められるわけです。会社ごとに「私」のパーソナリティーというか、ペルソナ（仮面）を付け替えるのです。そうやって、「君は何をしたいのか」と問いかける他者の声に、その都度違う自分をそのまま委ねる。自分らしく、だが根本的には、他者の謎めいた欲望に沿う仕方で、巧みに「私」の欲望を編集し直しながら。採用されなければ、最初からやり直しです。そしてまた全力で「私」を作り上げる。そういうシジフォス的な労苦を、場合によっては数十回と行わなくてはならない。これを私は、制度的に強制された自己愛、と呼びたいのです。

強制的に問いただされる「私らしさ」

『何者』が興味深いのは、あなたは何者か、という自伝的な問い――あえてこういう言い方をします――を突きつけられ、突きつめて考えるように促され、これに翻弄される若者の姿が、とてもリアルに描かれている点です。こういう男女は、『自己愛人間』には出てきません。ある若者は、念願叶って会社に採用となったのちに、友人にこう語ります。「俺、思ったんだよね」「俺って、ただ就活が得意なだけだったんだって」[*5]。彼は、就活というシステムに即して、自分がしたいこと、己の欲望を提示（プレゼンテーション）しましたが、そのプレゼンの中身が本当の自分だとは思えない、というわけです。しかし、本当の自分とは何でしょうか、難しい問いですね。が、ともかく「本当らしさ」を出せ、という制度的な圧力を、とても敏感に感じ取っているわけです。

実際、就職活動に限らず、個人の生が、いわば、丸ごと社会に徴収される、その機会とスピードは上昇の一途をたどっているのではないでしょうか。政治家やスポーツ選手、大企業の社長といった「成功者」だけでなく、殺人犯のような犯罪加害者までもが自伝を出し、即座にアマゾンでレビューが林立する、といった現象も、あまり珍しいものではなくなりました。それだけでなく、フェイスブックなどのＳＮＳを通じて、互いのプロフィールが断片的に閲覧され、交換される。まるでスーパーで食料品を品定めするように、その時々の気分や志向に応じて他者の人生が覗かれる。プロフィールを載せる側も、ある種の一貫性をもって自己の人生を物語るというより、場面や状況に応じて自分の見せ方を変える。プロフィールの実質的な中身ではなく、相手に合わせて自分の魅力を最大限に主張する、その瞬間的な器用さやテクニックが、現代的な自伝の基軸になっている。実体があるかどうか分からない機敏さ、それは自分の半生を落ちついて顧みるという、かつての文学風の自伝的挙措とは違います。

個人が自らを断片化しつつセルフ・プロデュースし、社会の側もそうした断片の一番よさげな部分をつまみ食いするように、情報として蓄積し、ネットワークを樹立する。こういう社会をフランスの教育学者クリスチーヌ・ドロリー・モンベルジェは「バイオグラフィーの社会」と呼んでいます[*6]。それは確かに、個人が様々な仕方で自分の内面を自由に表現できる社会です。が、他方で社会の側が、個人よりはるかに巨大で、複雑で、巧妙なシステム、テクノロジーでもって、彼（女）の内面を引き出し、これをデータ化し、数値化し、商品化し、消費する社会でもあるわけです。もっと君のことを教えてくれ、そういういわば社会の耳目によって常に駆り立てられている状態が、私たちの生を最初から最後まで方向づけることになるのでしょうか。

ビオ・ポリティーク（生政治）とバイオグラフィーの社会

一九八四年に亡くなったフランスを代表する思想家ミシェル・フーコーは、生政治（ビオ・ポリティーク）という有名な言葉を残しました。簡単にいうと、近現代より前の権力とは、殺す権力であり、近現代以降のそれは、生かし、かつ死ぬにまかせる権力だ、というのが彼の主張です。殺す権力とは、文字通り外敵を取り除く、いわゆる権力らしい権力のことです。軍を率いる領主や国家元首がその担い手です。対して、後者の生かし、かつ死ぬにまかせる権力とは何でしょうか。この権力は、外敵排除よりも国内整備にこだわります。戦争の主たる担い手が傭兵から自国民へとシフトし（徴兵制の導入など）、また産業の担い手としての彼（女）らの生産力が無視できないほどの規模になってゆく近代以降、国家は、自国民の生活を多様な仕方で視野に収めようとします。文字通り、生の「正常な」価値、つまり自国民の生活の健全さ、健康な生命を保持することが、国家の存立を左右するようになるからです。正常さの基準が整えられ、その基準に従って、国民が一律に育てられねばならない。国家はもはや、頭ごなしに権力を振りかざすことはしない。その代わりに、学校教育の普及、人口や死亡原因の定期的な統計調査、近代科学の知見を公共政策に反映させること、社会保障のインフラ整備、国民自身が率先して自らの身体をケアするようになることを目指した啓発活動、などなど、様々なハードウェア、ソフトウェアを駆使して、身体機能の「見える化」を図るわけです。他方で、「異常な」生命、つまり不健康で生産の担い手や兵士として魅力のない脆弱な生は、捨て置かれます。生に主軸を置く権力にとって、配慮の対象外なのです。殺すまでもなく、死ぬにまかせる、というわけです。

ここで、私たちのテーマに関係のある内容でいうと、フーコーは性（セクシャリティ）の扱いに関して、西洋社会では、変化した部分と変化していない部分がある、と述べています。*7 本論でも触れますが、長いキリスト教の伝統において、自己告白が重視された一つの理由として、性という厄介な問題を処理せねばならないという危機意識があった、とフーコーは考えます。性の悩みこそ、個人の最も内的な部分に関わるものであり、だからこそ、自らの口でその悩み、肉欲に取り憑かれたやましさを表明せねばならない。言葉とは合理化の道具であり、目に見えない不気味な身体的欲望の蠢《うごめ》きを言語化することで、精神はひとまず、肉体をその支配下に収めることができる。聖職者へのこうした告白の促しを、カトリック教会は全信者に求めました。欲望を告白せよ、という強制を制度化したわけです。この制度——カトリックの伝統では「告解」——は近代以降、社会システムの表舞台からは退きますが、他方でフーコーに従えば、内面の言語化、学問化はより徹底される。個人が性や身体的な悩みを語ることが告白文学の王道となり、[*8]他方で生理学や精神医学の登場によって、個人の内面は学問的に解明可能なフィールドとなる。つまり、学問体系を用いれば誰もが接近し、評価可能となる対象として、個人の様々な属性が一般化されるのです。見えないはずの心が、近代科学の概念やカテゴリーによって整理され、どの程度正常値から外れているか、どの程度の矯正が必要となるか、政治家や官僚たちの政策立案のための資料としてデータ化されます。ヒステリーや神経症、精神遅滞といった言葉が普及する二〇世紀は同時に、心身が異常であるとみなされた人々が家庭や街角から消え、国家の運営する病院に収容され、矯正と分析の対象となる時代でした。

こうなると、やや難しい話になりますが、社会の側が様々な形で投げかける「君は何者なのか」という問いかけは、個々人が勝手に自分語りをする、そういう表現の自由と媒体を与えるものだ、といった単純な話ではなくなります。フーコー的にいうならそれは、個人の精神的・身体的な内側を、知という道具に裏打ちされた制度を用いて「見える化」する、また見える化するだけでなく、実際に互いに似通った内側になるように監視し、調査し、情報収集し、教育するという、幾重にも重なる権力装置の展開を物語るものなのです。

制度への問い——「私」を可能にする、「私」以外のものとは何か

ちょっと話が複雑に、というか、広大になりましたので、整理したいと思います。要するに、自分を語るといっても、自分ではない「他なるもの＝外部」に依存し、この広い意味での他者に左右され、追い立てられている、こういう構造が自伝という営みにはあるのではないか、といいたいのです。自己の内面は水晶玉のよう

に透明ではないし、「私」という主体は、ただ自分しかアクセスできない属性やデータの集合体ではない。まずもって疑わねばならないのは、autobiography の auto の自明性です（私が本書のタイトルを、あっさり「バイオグラフィー」の哲学とした理由の一端もここにあります）。

私の好む言い方をするなら、むしろ人は多かれ少なかれ、他者を巻き込み、また他者に巻き込まれながら、どこまでが自分の言葉であるか判然としない物語を紡ぐのです。例えばプライベートな悩みといっても、それが生まれるのは、個人が特定の他者と関係を築いたり、ある組織に属したり、意のままにならない自分の身体と向き合ったりする場合ではないか。あるいは、悩みを告白するといっても、やはり聞いてほしい相手を、心のどこかで想定しているわけです。告白の言葉ですら、自分オリジナルの言語ではありません。じゃあいっそのこと、語らなければよい。言葉になる以前の心であれば、完全に自分と一致するに違いない。そうでしょうか？　心もまた、移ろうものです。あのときの自分のメンタル状態は、どうかしていた。自分じゃないみたいだった、そういう経験は誰しもあるでしょう。玉ねぎの皮をむくように内側に向かえば、真実の「私」の核が現れる、そういう期待は、幻想かもしれません。他者の方が自分について客観的に判断できるケースは、よくあることです。その意味では、これも本論で述べようと思いますが、「私」が「私」自身について語るという自伝＝オートバイオグラフィーと、他者が「私」について語るという評伝＝バイオグラフィーとの間には、それほど確固とした相違があるわけではない、少なくとも私はそう主張したい。

じゃあ、「私」に自分語りの力を与えているのは、何（誰）なのか、ということになると、語りの主たる基盤となるものは、時代によって構造変化する、というのが私の見解です。ざっくりした区分けに過ぎませんが、宗教がそうである時代もあれば（第2回講義）、自然体の主体がそうだ、と主張された時代もある（第3、4回講義）。他方、そうした個人の自然で素朴な自意識の想定こそ幻想だと喝破したのは、無意識、そして主体を導く教育者（＝父母）を「発見」したフロイトです（第5、6回講義）。そしてまた、フロイトが活躍した二〇世紀は、国民の絶対的な教育者たる国家に個人の証言が抑圧され、無視される、また無視されるどころか、これが徹底して利用されもする時代でした。フーコーはそこまでいっていませんが、ビオ・ポリティークには確かに、バイオグラフィーやオートバイオグラフィーの営みの政治的搾取という側面もあったのです（第11、12回講義）。そして現在、生を情報化するバイオテクノロジーによって、ウェブ上のデータとなった個々人の生は、管理と消費のこの上ないターゲットであり続けている。ビオ・ポリティークの日常美学化、リベラル優生学の成立など、キーワードはいくつも挙げられますが、ともかく実情としては、自分語りがどこまで快楽の源泉で、どこまでが制度的強制の結果であるか、私たち自身判別できないほどだ、という混乱状態が確認できるでしょう（第14、15回講義）。

この講義では、こうした語りの基盤の変遷を、極めて大ざっぱな形ですが、過去から現在へとたどってみたいと思います。[*9] 自分語りや自己愛を、当然のように存在する自然的所与と見るのではなく、歴史的に生成変化してきた制度と捉えることで、いわゆる「私らしさ」というものに潜む様々な問題を明らかにしたい、というのがこの講義の狙いです。

物語行為が含意する（暴）力

というわけで、バイオグラフィーの哲学はどの部屋を行き来するのかという最初の問いに戻りますと、哲学の旧来の仕切りに従えば、物語論、歴史哲学、解釈学といった、人間の言語行為（古めかしいドイツ風の言い方をするなら、精神の表現形態、とでもいいましょうか）に関わるジャンルを行き来します。それだけでなく、言語行為を可能にする制度に着目する——伝統的な物語論や解釈学は、あまり社会制度の話をしませんから

――という点では、哲学の建物自体から出て、宗教史、フロイトに始まる精神分析や心理学、メディア史を扱う社会学にも目を配ります。現代のビオ・ポリティークとバイオテクノロジーにまで話を広げるなら、生物学や科学政策史にも目を配る必要が出てきます。ただ、私は制度の構造分析をするだけでなく、実際に特定の自伝を用いて、作品分析も行いたい。それには深い理由があります。というのは、私が避けて通れない部屋の一つに、倫理学という領域があるからです。

序論であまり大風呂敷を広げると、息切れしそうなので、かいつまんで説明します。先ほど私は、人は多かれ少なかれ、他者を巻き込み、また他者に巻き込まれながら、どこまでが自分の言葉であるか判然としない物語を紡ぐといいました。ゆえに当然、自伝には、「私」だけでなく、「私」以外の他者も登場する――というか、著者の「私」によって、登場させられるわけです。さて、「私」は、そうした他者の証言を忠実に再現し、伝えるでしょうか。自分語りのコンテクスト（文脈）に首尾一貫性を持たせたり、読者が納得しやすいものにしたりするために、不都合な証言を切り捨て、矮小化し、改変する場合もないでしょうか。自分はユダヤ人であり、ホロコーストを生き延びた、と証言した（が、後に嘘だと判明した）ビンジャミン・ウィコミルスキーの自伝の例にあるように、[*10]経験そのものを捏造するケースさえある。そういう意味では、物語化という営みは、書き手としての「私」の権力の遂行であり、場合によっては暴力の執行を意味するのではないでしょうか。[*11]犯罪加害者の自伝に対して世間が示す、過剰なまでの拒否反応の背景には、私たちのこうした倫理的感覚が働いているように思えます。そして、話を自伝のみならず、広く国民自身の物語として共有されてきた「歴史」にまで敷衍《ふえん》するなら――いうまでもなく歴史（history）という語は、物語（story）と類縁関係にあります――、いわゆる正史として伝えられてきた物語には、正当でない、とみなされた者たちの証言を切り捨て、まさに歴史の闇に葬ってきた、そういう側面があるのではないでしょうか。ドイツの思想家ヴァルター・ベンヤミンは、歴史は常に強者の物語であった、と喝破しましたが、戦後の公害訴訟やハンセン病訴訟をめぐる、政府の公式見解と被害者たちの声とのズレにも見られるように、証言の傍らには、証言を禁じられ、歪められた者の影がある。証言そのものが負の部分を含んでいるのです。

その意味で、野家《のえ》啓一さんが著著『物語の哲学』で打ち出した「物語りえぬことについては、沈黙せねばならない」というテーゼは、非常に誤解を与えるというか、問題含みだったといわざるをえません[*12]。野家さんは、筋のはっきりしたストーリーとして共同体のメンバーに共有されてこそ、語りはヒストリーの資格を得る。個人の証言だけでは物語にならないのだ、と述べていますが、そこでは語るという手段を奪われた者たち、共同体から外れた者たちに光が当てられることはない。しかし、ベンヤミンの主張をパラフレーズするなら、沈黙を強いられた者たちにこそ、真正の物語はある、とさえいえるのではないか。

無意識に「声」を与えたフロイトは、ある意味、パンドラの箱を開けたとも形容できそうです。精神分析的な言説に限らず、手記や証言、告発という形で、フロイトに依拠しつつも同時に、家父長主義的な構造を残した彼の教説に反駁するように、様々な女の語りが歴史の表舞台に浮上してきました。それに、非白人層からの声、時代や社会の犠牲者の声、様々なマイノリティたちの声、苦悩を抱えて生きる当事者たちの声が続く。そこに響くのは、誰もが知る英雄や偉人の孤高の声ではなく、他者に共感し、連帯を呼びかける無名の、複数の声です。これも本論で詳しく紹介したいと思いますが、家族全体がハンチントン病という遺伝性の病に巻き込まれたアリス・ウェクスラーの自伝は、長らく沈黙を強いられてきた者たちの声なき声を、まさに自分自身の声として引き受ける、という物語的再生の道のりを示しています（第7、8回講義）。あるいは逆に、家族愛の破綻を繰り返し描くことを通して、逆説的にも、他者（死者）とのつながりを確かめようとした野坂昭如《あきゆき》のような例もある（第9、10回講義）。

いずれにせよ、語りに刻み込まれた傷や暴力の痕跡を丹念に、まさにテキストに寄り添いながら追跡する必要があります。何が正しくて何が誤りなのか、どこまでが暴力で、どこまでがそうでないのか、即断することなく、ともかくも見極めようと努力する、そうした倫理的まなざしは失いたくありません。そういう意味で私は、自伝の制度分析や構造論一般に終始することなく、個々のテキストに執着したい――といいますか、バイオグラフィーの哲学は、いわゆる実存哲学や告白文学とは違う仕方で、沈黙と語りの、そして、複数の語り同士の「力のせめぎあい」の場面に足止めされざるをえない、と私は考えます（これは、学問的な好奇心以上に、ほとんど生理的な欲求といいたいくらいです）。そして、そうしたコンフリクトを象徴する言葉、バイオグラフィーを語る上で避けて通れない言葉を、私は「愛」と呼びます。

愛が紡ぐ物語、その光と影

というわけで、最後に、本書のサブタイトル（「私」という制度、そして愛）に含まれている愛について説明しておきましょう。私は、物語るという営みに、常に愛の影が寄り添っているように感じ、この発見をタイトルに込めたいと思い立ちました。興味深いことに、語りの制度的変遷には、まるで道標のように、時代時代を象徴する愛が、これまた制度と不可分な姿で現れる、これは私には新鮮な驚きでした。すなわち、神への愛（とそれが／を支える隣人愛）、自己愛（とそれが／を支える博愛主義）、家族愛、民族と国家に捧げられる愛、動物的で、ほとんど脱精神化した性愛《エロス》と、最低限の生理的要求によって構成された愛、かけがえのなさへの哀惜と、いつまでもふつうであることの愛おしさ、等々として。奇妙なことに現在、愛の形態が多様化する一方で、崇高さ、超越性、自己変容の契機が、要するに「外部」そのものとしての愛の相貌が消失しつつあります――もはや自分探しをするまでもなく、あなたはそのままで本当の「あなた」を発見し、自分を丸ごと肯定できる、と声高に説くスピリチュアル・ブームが象徴するように（第13回講義）。

愛、それは先ほど述べた証言と同じく、光と影の二面性を有している。隣人愛、神への愛といった言葉では、あまりピンとこないかもしれません。しかし、愛国心という言葉であればどうでしょう。あるいは母語への愛、それらがときに、異質なものの排除に向かうことは、歴史が証言しているとおりです。最近では、郷土愛にそぐわないという理由で、パン屋が道徳の教科書から削除されたというニュースが話題になりました。そして、自分らしくあれ、という自己愛の強制がある。例えば、整形手術を行いたいと考える人の欲望とは、本当にその人ならではの自己への愛着から生まれたものなのでしょうか。それとも、世間に流布した美の基準を内面化し、これに駆り立てられた結果なのでしょうか。一概にはいえませんが、ナルシシズムがルソーのいうように自然な人間の心性の発露である、という保証はありません。それは多かれ少なかれ、社会的な生産物であり、商品ですらあります。人間の身体が遺伝子情報へと還元され、グローバルな規模で誰もがアクセス可能、購入可能となりつつある現状は、近未来における隣人愛や博愛主義の在りようを示唆しているのでしょうか。

全てがデータ化し、商品化した地点で、私たちはなおも愛着すべき何かを、自分自身や他者のバイオグラフィーに見出せるのか、そもそも見出すべきなのか、最終的には、こうした問いに答えるためのヒントを得ることが、講義の隠れた目的でもあるのです。

第1回講義

この愛すべき「私」という制度
——世界に一つだけの花の就職活動

幻想としての「Only one」

一昨年解散したアイドルグループ「SMAP」のヒット・ソングに「世界に一つだけの花」(作詞・作曲:槇原敬之)という曲がありますね。まずはその歌詞の最後の部分に注目したいと思います。「小さい花や大きな花/一つとして同じものはないから/NO.1にならなくてもいい/もともと特別なOnly one」——歌詞に解説を施すことは、この曲が好きな方にとってはいささか興ざめの行いかもしれませんが、興ざめを徹底するとこそ哲学の特長ですので、少々お付き合いいただきたく思います。というのも、私は、この曲に当初から感じていた違和感をはっきりさせたい、と考えるからです。いうまでもなく、この歌詞の趣旨ははっきりしています。各々の花が皆持っている美しさと同じく、人はそれぞれ、かけがえのない特別なOnly oneなのだ。だから他人との比較や競争に、過剰なまでにのめり込む必要などない、そういう思いが込められています。植物としての花が実際にそれぞれ「個性」を有しているか、歌詞で歌われているように、どれもみなきれいで、みな違う種に由来しているか、そういう些末な詮索は無益でしょう。きれいというのは、受け取る側の問題であって、花をそれぞれにきれいなもの、と感じる人間の感性を尊重した歌なのですから。

とはいえ、へそ曲がりの私は、そうした感性がいささか単純化されすぎてはいないか、と考えてしまうのです。つまり、人間は、それほどきれいで、「もともと特別なOnly one」なのでしょうか。そういう受け取り方でよいのでしょうか。人間の個性を、先天的にあるもの、花のような自然的所与と捉えるのは、それが世間のNO.1幻想への対抗軸として主張されているにせよ、やはりある種の幻想なのではないでしょうか。しかもこの幻想は、社会の競争原理に倦《う》み疲れた者たちの慰みになるだけでなく、それ自体が、競争を駆り立てるイデオロギーとして機能する、そういう側面があるのではないでしょうか。つまり、個性的であれ、ありのままの自分を愛せよ、という声は、それこそ自分の心の内側から生じてくるものというより、社会という外部からの要請として響いている、そういう場面に遭遇する機会の方が、私たちの生活では多いのではないでしょうか。その際、くだんのかけがえのなさ、その人ならではの唯一性は、花のように自然に開花するのではなく、社会的に流通している評価コードに従って聞き出され、引き出されます。従って、社会が求めてくるのは、その人にとっての「ありのまま」ではないのです。朝井リョウさんの『何者』でテーマとなっているのは、まさにこうした矛盾に翻弄される若者の心情だ、とひとまずはいっておきましょう。

プロフィール、あるいは記号的な自画像

『何者』には主な登場人物として六人の若者が登場しますが、一人を除き、みな就職活動という大学生活最大のイベントに――積極的にせよ、そうでないにせよ――自身を巻き込んでゆきます。終盤では、理香という、

就職活動に熱心な女子大生と、そうでない、大学五年目の拓人という青年との口論——というより、理香の拓人への、一方的かつヒステリックなまでの詰問が展開されますが、これがこの物語のクライマックスでしょう。理香は就活への熱意は人一倍ですが、それが空回りしており、結果に結びつきません。作者の朝井さんは本編の前に、ツイッターのプロフィールのフォーマットをそのまま用いて、人物の簡単な紹介欄を設けています。

理香のプロフィールはこうです。「高校時代にユタに留学／この夏までマイアミに留学／言語学／国際協力／海外インターン／バックパッカー／国際教育ボランティア／世界の子どもたちの教室プロジェクト参加【美☆レディ大学】企画運営／御山祭実行委員広報班班長／建築／デザイン／現代美術／写真／カフェ巡り／世界を舞台に働きたい／夢は見るものではなく、叶えるもの[*1]」——どうでしょう。見事ですね！ これが全てです。全てというのは、プロフィールの全て、という意味にとどまりません。理香という女性は、本当にこのプロフィール通りの子として小説で描かれているのです。作者の見事なまでの皮肉と計算がうかがえます。今の世間やマス・メディアが好みそうな文化コードの羅列、それが彼女の自伝の内実なのです。「世界の子どもたちの教室プロジェクト」という、海外の教育状況の悲惨さをうかがわせるような言葉さえもが、現代美術だとかカフェだとかいうおしゃれな記号の傍らで、きらびやかな包装紙に包まれたチョコレートのように鎮座している、そういう印象を受けます。

彼女はこうした記号を武器に、一流と呼ばれる会社を巡り、自分の「個性」を懸命に売り込みます。名刺を作り、会社訪問で得たわずかな人脈を周りに披瀝する。念願叶って就職が決まった友人たちに「じゃあ、総合職とは全然違うんだね[*2]」「中堅の出版社だよね。どうなんだろ、雑誌とか結構つらいって聞くけどね。[*3]」といった具合に、鼻白むような発言をすることも決して忘れない。不自然なまでに背伸びをする。背伸びをして、型通りの一流の人生をなぞりたい、と考える。まあプライドは高いが、どこか凡庸で退屈な女性なのです。けれども、物語のミソは、こうやって無理して作り上げた自己イメージの空虚さに気づいているのは何より彼女自身なのだ、そういう「真実」が露見する場面が描かれているところです。朝井さんは、包装紙の中には何もないという事実を、彼女を通して、読者に訴えるわけです。「いい加減気づこうよ。私たちは、何者かになんてなれない」[*4]。拓人に向かって彼女は叫びます。「自分は自分にしかなれないんだよ。だって、留学したってインターンしたってボランティアしたって、私は全然変わらなかったんだもん。憧れの、理想の誰にもなれなかった。貧しい国の子どもと触れあったり、知らない土地に学校を建てたりした手でそのまま、人のアドレスからツイッターのアカウントを探したり、人の内定先をネットで検索している。（中略）今でも、ダサくて、カッコ悪くて、醜い自分のまま。何したってね、何も変わらなかった」[*5]。

自分は自分、このOnly oneが、いかに彼女にとって重荷であるか、それは彼女が自分のOnly oneを、まさしく自分探しのためにと世間から与えられた記号を忠実に組み合わせることでしか表現できない点に起因しているのではないでしょうか。そして彼女は、この記号的自画像の空虚さに気づきながらも、それ以外に自分をプレゼンする術を知らない。となると、残された道は、とにかく懸命に悪あがきをする自分を、悪あがきだと表明することだけは最低限避けつつ（まるで裸の王様ですね）相手に認めてもらうという、あまり生産性のない消耗戦だけです。そして理香が、自分の率直なカッコ悪さをぶつけるのは、唯一、自分とは正反対のメンタリティを持っているかのように見える人物で、それが拓人という青年なのです。

観察者の自意識

その拓人君は、一応主人公のポジションにいるのですが、実に影が薄いというか、魅力に乏しい人物として描かれています。「ドン、と、誰かの肩が当たって、リズムが崩れた。光太郎の歌声に合わせて揺らしていた体が止まり、この空間そのものからボンと押し出されてしまったような気がする。そのとたん、ライブハウスなんていう全く似合わない場所にいることを誰かに見つけられるような予感がして、恥ずかしさが芽生えてきた。」[*6]――どうでしょう、これは拓人の情景を描写した小説の冒頭の一節なのですが、私はこれを読んだとき、形容しがたい「ばかばかしさ」を覚えたものです。些細なことをきっかけに発動する、まるで世界が自分という存在に注視し翻弄しているような感覚、無論それを支えるのは、少しばかり肥大した自意識です。従って彼自身「こんな小さなことにいちいち心を消耗している自分が、本当に嫌になるときが、たまにある。」[*7]とつぶやきますが、だからといって、現状を変えようと何がしかの行動に訴えるだけの熱意もない。近代文学はしばしば、自分自身や周囲を破壊しかねないような過剰な自意識を持った少年少女をモチーフに採用してきましたが、それと比較すると、拓人の自意識というのは「嫌になるときが、たまにある」程度の、中途半端なものです。極端な自己嫌悪、あるいは人生を根本的に見つめるほどの反省を引き起こすでもない。作者の表現でいうなら「先端が丸まった棘」のような言葉しか発することができない。[*8]それで自分や他人をつつくのですから、彼の言動の全てが、どこかしら、気の抜けた滑稽さを帯びるのです。

結局のところ、小さいことが気になるものの、それを行儀よくまとめて、心のうちに記載する、そういう備忘録めいた作業が、彼の自伝の全てになる。「串焼きの盛り合わせは、一度すべての具材を串から抜くのがスタンダードだと知ったのも、あのときだった。」[*9]「麺類ってどうしてこんなに腹持ちが悪いんだろう。」[*10]極めつけは「それぞれの品物が置かれている場所はもうわかっている。俺は星と星をつないでいくように、スーパーの中を慌ただしく動く。俺が歩いたところを線で繋いでいけば、「ひとり暮らし」という星座ができそうだ。」[*11]――こういう、ライトノベル程度の発話というか、だから何?としかいいようのない、解説めいた言説が小説のそこかしこに出てきます。読者は、拓人お得意の（と、友人からは評価されています）観察者のまなざしから下される価値判断が、ことごとく毒にも薬にもならないものであることを、繰り返し知らされるわけです。

とはいえ、そういう主人公にも、裏の顔があるんだよ、という実態が次第に明らかにされてゆきます。が、その裏面というのが、またしても毒にも薬にもならない。要するに拓人は、自分とは認識されないツイッターの別アカウントを持っていて、このアカウント名（小説のタイトルである「何者」）のもとに、友人や知人の人物評価をひそかに行っていたわけです。そしてこの評価がまた、本人は辛口のつもりかもしれませんが、やはり綿棒のような棘に過ぎない類のもの、ときている。例えば、かつて一緒に演劇をしていた仲間（今は独自に活動している）に対しては、こんな具合です。「質の低いものを量産してばっかりだよな、この劇団って／数撃ちゃ当たると思ってんのかな。／プロの世界は甘くねえぞって誰か言ってやれよ。／いつまでたっても学生劇団（笑）ぽい／テーマが似てきている、やっぱ頭ン中が学生のまま」[12]――誰か言ってやれよ、の誰かは、拓人本人ではない。彼はあらゆる場面で、他力本願です。このツイッターの発言は、厳密に考えるなら、誰に宛てたものでもない。熟読され、議論や対話のきっかけになることも期待されていない。匿名のアカウントなのですから、他者による賛成や同意すら、特に求めるものではないのです。では何のための発言なのか。彼は、かつての友人を冷笑するこのツイートを、いつでも携帯の画面に呼び出せる状態にしています。麻薬みたいなものだ、と拓人君は自嘲していますが、これまた大げさな自意識ですね。麻薬のように自分を失うわけでもない、むしろ逆に、誰にも邪魔されず、自分の観察眼の確かさを絶えず確認する、そういう自己満足のツールなのです。つまり、ひまつぶし程度の自己承認が、彼の習性になっている、というわけです。しまいには理香に「あんたにとってあのアカウントはあったかいふとんみたいなもんなんでしょ。[13]」といわれる始末。

拓人という主人公は、とにかく不安定な現実――演劇の世界から完全に足を洗えず、かといって会社訪問に本腰を入れて取り組む覚悟もできず、就職浪人をしているという現実――と向き合うことを敬遠します。周囲の仲間の弱点や失敗を見つけ、こじんまりとした言葉にまとめることで、少しばかり（この少しばかり、というのがポイントです）安心する。そしてこの少しばかりを、それこそ細かく丁寧に積み上げることが、現実に対する彼の防衛の所作となります。行動することが面倒なのです。なので、行動する必要がない理由を、他者の行動のちょっとした欠点から巧みに引き出してアド・ホックな満足を得る、そういうメカニズムで動いている。非社交的ですらない、本当に、理香とは違う意味で、特徴のない人物です。

行動と観察――空虚さの二つの形式

小説の終盤、理香が拓人を詰問するきっかけになったのは、拓人が理香の私生活や就職活動についてお得意の観察眼で批評していたことを、理香自身が発見したことです。彼女の怒り、それは無論、自分の生活が「覗かれた」ことに起因しますが、それだけではない。ともに就職活動をしながら、懸命になるわけでもない、むしろ同世代の若者のそうした懸命さに冷や水を浴びせるような、傍観者然とした態度が、彼女のうちに猛烈な嫌悪感を引き起こしたのでしょう。裏アカウントの別の発言を挙げれば、「就活に向けて変な結束力が芽生えている感じ。[*14]」「皆、自分と他人との輪郭をはっきりさせたくて、いつも必死だ。[*15]」、就活をせず、演劇を頑張るかつての友人には「どうせ、何にもなれないのに、彼は何をしているんだろう。[*16]」といった具合です。さらには、面識すらない大学の新入生にも「ちょっと前まで高校生だった人たち。まだ私服に気合いが入っていて、今を一番楽しんでいるのは自分だと言いたくて仕方がない雰囲気に、なんとなく笑ってしまう。[*17]」などと難癖をつける。覗き趣味には、覗きの享楽というものがあってよさそうですが、彼にはそれさえ希薄です。せいぜいが「なんとなく笑ってしまう」くらいの安心感で、これが彼に、少しばかりの精神的優越性を付与する、というわけです。

拓人が他人の生活を覗くのは、他人が大した存在ではないことを確認し、だからこそ、自分も大した存在でなくてもよいのだ、という現状肯定を導くためです。しかしそれは、カッコ悪い自分を認める、というものでもない。彼は、そもそも自分は何をしたいのか、自分に固有の欲望や享楽を問わない。そういうものを見ようともしない。つまり、彼の観察眼は、見なくても問題ないものに拘泥することで、（理香の観点からいうなら）本当に見る必要があるものから目をそらす、そういう遅延装置だと形容できます。

けれども、自分の本当の欲望が見えないのは、理香も同じです。他者に認めてほしい何かが自分に、根本的に欠けているということ、それを彼女は、単なる一般論しかつぶやけない拓人を通して、痛いほど思い知らされる。ありきたりの観察をする拓人に、ありきたりの行動しかできない自分が重なる。理香の怒りは、拓人という「鏡」に映る空虚な自分に対する怒りでもある。「……でも、私だって、同じようなものなのかもね（中略）私だって、ツイッターで自分の努力を実況中継していないと、立っていられない*18」。彼女のツイートは、どこで誰と会ったとか、就活のためのアドバイスをもらったとか、今どこの会社の面接を受けたとかいった類の、具体性を欠いたものばかりです。とにかく努力した、頑張ったのだという感触だけが、表面的には非常にポジティブな調子で語られています。だからこうした努力の実況中継も、拓人と似て、発展性のない、単なる現状確認に終始するしかない。

制度に従い、自己のストーリーを構築すること

『何者』には、若者を採用する側の人間は、ものの見事に一人も登場しません（正確にいえば、最後に少しばかり登場しますが、添え物程度で、面接官たちの心理は一切うかがえません）。なぜ拓人や理香は採用されないのか、そもそもこの小説は日本の就活の現状を正確かつ「客観的に」描いたものなのか、私には分かりま

せん。しかし教員採用を目指して百以上の大学を受けた私自身の経験――学者の世界も、採用事案というのは世間と大して変わらない、とだけ今は申しておきましょう――を踏まえても、この小説が、自分探しと自己アピールを強制される者の心情を的確に捉えているのは確かだと思います。あなたは本当は、どんな人間を採用したいのか、この問いを、面接官に直接ぶつける若者はいませんし、その解答はおそらく、面接官自身にも分からない。個人の意向など問題ではないのです。誰を採用するかどうか、それは完全に制度に従い、制度内のルール、制度内の語彙を使うことで展開されるゲームであって、そのゲームのふとした偶然や力関係によって、誰を採用するかが決まる。が、そのプロセス全体を見通せるものなど誰もいませんから、採用希望者はとにかく、制度内において他者より抜きんでた存在であることを最大限アピールする必要がある。彼ら彼女らにとって、会社が指示するエントリー・シート、面接、筆記試験は全て会社の「顔」ですから、どんなに巨大な企業と対峙する場合でも、まるで一人の人間を相手にするように、自分を売り込む。どんな具合に対話を始めればよいか、相手の印象に残るかを計算する。そこから、妙な言い方ですが、この会社に受け入れてもらえそうな自分らしさは、どうやったら作れるだろうか、どんなキー・ワードが自画像を作るのに有用か、どんな具合に「運命の出会い」を演出できるか、そういう問いかけの前に立たされることになる。

無論、そこに希望者のオリジナルな欲望がない、などとはいいません。将来何をしたいのか、という素朴な問いかけがあってこその、会社選びでしょうから、それは当然です。けれども、これまたいうまでもありませんが、そういう個人的な希望をそのままぶつけても、実りある結果は得られない。他者に評価してもらうために、自分の欲望を、より効果的な社会的コード、すなわち、聞こえのよい様々なアピール・ポイントを用いて分節化する。そうやって、ジャック・ラカンのテーゼではありませんが、*19「あなた」の欲望はまさに「私」自身の欲望でもあるのだ、という説得力あるストーリーを構築するわけです。

制度の飽和か、それとも制度の崩壊か

しかし、制度の残酷さは、こうした構築作業を個人に促しつつ、その実、構築の基礎がこれまた空虚であることを個人に知らしめる点にあります。ちょっと分かりにくい言い方になったかもしれませんが、要は、相手の意に沿うよう計算されたストーリーであっても、採用されねば無価値になる、ということです。現実問題として、一社だけ受ける学生などあまりいません。複数の選択肢を考慮し、ストーリーも複数考える。企業の数だけ、自画像をそろえるわけです。私自身、これまでの研究歴を振り返り弊学でどのような活動をしたいと考えますか、という採用側（＝大学側）の問いかけに対し、ニュアンスの異なるシナリオを事前に用意し、当該の大学の特色に合わせてストーリーを按配する、といった作業を毎年のように行っていました。

ですので、ストーリーの構築は、一度限りのものでもないし、その内容も、かけがえのないものでないことはもちろんのこと、暫定的なものに過ぎないわけです。プロフィール、あるいは「自分は何をしたいのか」という欲望の核を、その都度解体し、全面的に点検し、再構築し、セールスポイントを中心に分かりやすく――分かりやすくというのは、相手がすぐさま受け入れやすく、という意味です――提示する、こうした戦略的な自伝構築の動きには、際限がない。少なくともその作業は、他者に自分が受け入れられるまで――あるいはその後も――課せられることになる。

私は今、他者に自分が受け入れられるまで、と曖昧な言い方をしました。というのは――『何者』の話からは逸脱しますが――外から強いられるストーリー・メイキングという事態は、何も就活に限った話ではないからです。自分という存在を承認してもらうには、自分が何者であるかを証明する必要がある。無論、証明という大げさな言い方をせずとも、人は一人では生きられませんから、他者に頼らねばならないのは古今東西、変

わらぬ事実です。が、一昔前の社会と現在との差異は、個人を安定して受け入れる制度が厳然とあり、ことさらに自己アピールをしなくてもよかった以前とは違い、今では、地域の共同体や家族の在りよう、会社の雇用形態、国家といったものの輪郭が、非常に流動的になってきている点にあります。学校内の人間関係などは特に、安定したものではありません。それはSNSの発達等によって人間関係の構築の幅が広がったから、ということもありますが、ネットを通じての関係性というのは、公開的であるように見えて、実は参加者全員が俯瞰しうるような見通しのよいものではないのです。理香や拓人の例が示しているのは、他者の生活を覗き、当該の他者が不在な時と場所を見計らって個々人が勝手に感想を漏らすといった、一方的で発展性のない独白がそこかしこで展開されているという現状です。[*20]

輪郭の流動性は、何をもたらすのでしょうか。システムが脆弱になることはもちろんですが、それだけではない。伝統的なシステムへの信用、堅苦しい言い方をすれば、権威が失われる。家族の例でいうなら、離婚や母子家庭の比率が増えつつあるという統計的事実だけでなく、家族のメンバーが、互いの価値観を、生活運営上の最終的な参照先にしない、という傾向が指摘されます。デジタル時代を生きる子どもは、祖父母はいうまでもなく、両親の見解でさえすっ飛ばして、ネット上でその時々に流布している様々な価値コード（代表的なものは、ファッションや美容に関わる美的価値の序列、それに、学歴や職業等の価値序列でしょうか）を直接受け入れます。では、決まった家族メンバーではなくウェブ上の情報を、自らのライフストーリー構築のために信用しうる権威に指定するとして、その結果、個々人の価値観は多様になるのでしょうか。どうも、識者の間で意見が分かれているようです。

まず、制度の圧力が高まり、それに伴って価値観が均一化し、いわばスタンダードな評価基準しか信用されなくなる、という意見がある。イスラエルの社会学者エバ・イローズはアメリカのセラピー文化や出会い系サイトの分析を通じて、ある人の心身の状態を正常だ、魅力的だと評する基準が、特定の特徴——自立した生活を営んでいるとか、陽気であるとか、容姿でいうなら肥満型でないといった、それ自体としては凡庸な特徴——に偏る傾向を指摘します。[*21] 出会い系サイトの場合、ウェブ上に登録される情報があまりに膨大であるから、すべてのメンバーの特徴をいちいち吟味するより、それこそ容姿や年齢、学歴といった分かりやすいフィルターを用いてメンバーをふるいにかける、そういう仕分け作業をした方が、希望に叶う人物にめぐり会える確率は高くなる。また、イローズの議論とはちょっと切り口が違いますが、ドイツの教育学者ヨハネス・ベックは「アドバイス文化（Ratgeberkultur）」という面白い言葉で、現代の世相を表しています。[*22] 今の社会は何かにつけて助言やアドバイスを与えてくれるサイトやツールにあふれており、人々の行動がそうした助言に頼った、マニュアル的なものに変容しつつある、という主張です。私たちの周りでいうなら、食べログやヤフー知恵袋などを想起すればよいでしょうか。それらはいわば、個人の生活に欠かせない、ミクロな規模における制度だと考えられます。

こうした考えとは異なり、制度はむしろ脆弱になりつつある、と考えるのはドイツの社会哲学者アクセル・ホネットです。[*23] 彼は、流動化する雇用形態や家族関係に着目しつつ、現代では、社会のメンバーが安定して互いの価値観を認め合える共通の道徳的コードが構築しにくくなっている、と主張します。先ほどのイローズやベックの例を用いるなら、出会い系サイトやウェブ上の生活アドバイスは、それに頼る個人を最後まで面倒見ることはない。サイト自体がいつ閉鎖されるか分からないし、知恵袋の助言に従うかどうかは、結局のところ、自己責任に委ねられています。確かに情報は多様化しますが、それは同時に、担い手の固定しない、非常に断片的な位置価しか与えない。そうなると、出会い系の場合——これは雇用先を探す就活にも当てはまることですが——自己主張の度合いが高くなるのとは逆に、自己肯定感は低くなる。相手が自分に注目する確率は不透明だが、それがゆえに、自己アピールをより効果的、効率的に行わねば、というあせりだけが強くなる。

見えないものが、本当に見えなくなる

面白いのは、制度の趨勢については正反対の見方をしているイローズ、ベックとホネットが、自己主張の文化の中では肝心の自己の過去が失われる、という見方を共有している点です。自分に注目してもらおうと、他者を誘惑すべく集められたセールス・ポイントからは、その人がどんな人生を送ってきたか、長いまなざしで個人に寄り添うためのアプローチが閉ざされる、と三人は考えているようです。考えてみれば当然ですが、各自のライフヒストリーは、成功体験や長所、即戦力になりそうなスペックだけでなく、失敗や挫折、欠点、さらには、そもそも一概に評価しえない様々な経験を蔵しているものです。けれども、大量の人々との交流が可能になればなるほど、こうした「見えない」経験を個人の背後に想像しようという、心の余裕は失われてゆく。いみじくも拓人君が、ツイッターでなく心の中でつぶやいたように「ほんとうのことが、埋もれていく。手軽に、気軽に伝えられることが増えた分、ほんとうに伝えたいことを、伝えられなくなっていく。*24」というわけです。

おそらく、コミュニケーションの実態が――ちょっと前に流行した現代思想風の概念図式を使えば――話し言葉《パロール》中心から書き言葉《エクリチュール》中心に移行するに従い、他者の生に向けられるまなざしも、妙に分かりやすくはあるが断片《フラグメント》的=質問リスト《フラーゲボーゲン》的な側面に集中する。就活やマッチング・サイトの事例がそうであったように、とにかく膨大な量のデータを収集し、ふるいにかける作業が人間というものの第一義的な評価基準となる場合、データというのは端的にいうなら、量的=計量・計測可能なものですから、回答がすぐさま与えられない経験の厚みといったものは、個人のライフヒストリーを構成するものとは認められない。データ化できないものは、

自伝ではないのです。

さて、話がやや社会学的な時評に収束しそうなので、このあたりで強引に打ち切りましょう。第1回講義では就活という社会制度のお話をしましたが、ちょっと話を根本的な地点から考えてみたい。すなわち、そもそもライフヒストリーを——例えば遺伝子工学と、その商業的応用としての遺伝子診断（これについては第14回講義で取り上げます）に見られるように——脱個人化したデータへと「知性化」するテクノロジーは、いかなる歴史的背景から生まれたのでしょうか。フーコー的にいうなら、学問、あるいは（西洋的な）知の営みそのものが、最も内的なものを最も外的なものへと導く、告白制度だったのではないでしょうか。そういうわけで、次回は、概括的な素描にとどまりますが、個人的なものに見える自己愛が、神の愛や隣人愛という、垂直的かつ水平的な規範と交差するメカニズムを、アウグスティヌスの『告白』やカトリックにおける告解の伝統を参考にして、お話ししてみたいと思います。

第2回講義

告白する「私」
――アウグスティヌスと告解の伝統

告白の獣

まずはミシェル・フーコーのよく知られた著書『性の歴史Ⅰ』から、やや長く引用しましょう。「……告白は、西洋世界においては、真理を産み出すための技術のうち、最も高く評価されるものとなっていた。それ以来、我々の社会は、異常なほど告白を好む社会となったのである。告白はその作用を遥か遠くまで広めることになった。裁判において、医学において、教育において、家族関係において、愛の関係において、最も日常的次元から最も厳かな儀式に至るまでである。（中略）最も優しい愛情がそうであるように、権力の最も血腥いものも、告白を必要としている。西洋世界における人間は、告白の獣となった。[*1]」――ある意味ではこの講義全体が、フーコーのこの言葉に対する非常に長い注釈となる、ともいえそうです。彼は告白に関して、「真理を産み出すための技術のうち、最も高く評価されるもの」という歴史的位置づけを与えます。そんな大げさな、と思われるかもしれません。しかし少なくとも彼にいわせれば、告白は、単に文学のいちジャンルを指すのでもなければ、友人や身近な人間に本心を打ち明ける、日常のちょっとした行為にとどまるものでもない。しかし、そもそもこういう否定の弁自体、いくつもの真理を覆い隠すものだ、と彼なら考えるでしょう。

なぜ告白といえば、本心を打ち明けること、と解されるのでしょうか。ここでいう本心とは、心とは、そもそも何なのでしょうか。そして心からの告白を最も強烈に追求し、その儀式や手続き、要するに告白のフォーマットを徹底して体系化しようとしたのがキリスト教であったのは、なぜでしょうか。「最も優しい愛情」だけでなく「権力の最も血腥いもの」にも応答せねばならない「告白の獣」とは、またそこに位置づけられる人間とは、何なのでしょうか。フーコーが投げかけるのは、幾重にも交差するこういった根本的な問いに他なりません。無論、これらに全て、要領よく答えることは不可能です。が、ともかくも、心というものを、何がしか独立して機能する生物学上の情動装置や感覚器官と捉える常識は、いったん棚上げにしておきましょう（前述の引用でフーコーは、真理は「在る」とはいわずに、告白というテクノロジーが「産み出す」と述べています）。

差し当たり注目すべきは、キリスト教の伝統の中では、個人の内面の真実、要するに「内」心は、それを見定める「外」部のまなざしと不可分の関係にあった、という前提です。つまりそれが、人間という獣を愛し、かつ罰する神の視点です。気取った言い方をするなら、愛という紐帯によって、最も内なるものが最も外なるものへと通ずる階梯が、ここで敷設されることになります。アウグスティヌスの告白録に注目しつつ、このあたりの構造を際立たせてみましょう。

アウグスティヌスというフォーマット

アウレリウス・アウグスティヌスは三五四年に北アフリカで生まれました。母モニカは信心深いカトリック教徒だったのですが、彼自身は洗礼を受けず、文法学や修辞学（弁論術）を学び、ギリシア・ローマの古典に親しみました。カルタゴで遊学生活を送っていた当時、彼は大都市の様々な誘惑に溺れ、身を持ち崩します。父の死後、同棲中の女性との間に子どもが生まれます。身分の低い女性との同棲は一五年にも及びましたが、結局彼は息子の栄達を希望する母の薦めで、この女性と別れ、まだ幼い少女と婚約します。けれど少女が結婚年齢（一二歳）に達する前に、別の女性と肉体関係を持ってしまいます。自らの肉欲に思い悩んだ末、アウグスティヌスは三八六年に回心し、私生児となったアデオダトゥス（神から授かった子、という意味だそうです）や仲間とともに修道生活を始めますが、この一年後、母が亡くなります。母の死後、彼はローマにしばらく滞在したのちに、故郷のタガステに戻り、やがて当地で乞われて司祭へ、司祭から司教へと出世してゆきます。浩瀚《こうかん》な『三位一体論』や『神の国』の他、カトリックに対立する宗派や異教に対する膨大な論駁書を残した彼は、古代キリスト教世界における最も偉大な教父となりました。

そのアウグスティヌスが、放蕩から回心に至る自らの半生を記し、また被造物である人間と神との関係について述べた作品が『告白（Confessiones）』です。この自伝的テキストを貫くのは、無論、悔い改めという契機であり、この契機に基づいた自己認識、ありていにいえば、「本来の自分」の発見です。従って『告白』は、次回お話しするルソーの場合と違い、自身の半生を写実的に描出したものではありません。そうではなく、ここには地上の生活の欺瞞《ぎまん》や限界を指摘し、回心を通した自己発見、自己認識、自己吟味へと、人々を導く道のりが示されているのです。アウグスティヌスの人生は、彼自身の認識からしてそうなのですが、その具体例の一つに過ぎません。だからこそ、『告白』は個人史である以上に、世俗の論理や倫理にとらわれている人間の志向をある普遍的な心構えへと変化させるための、実践的な促しの書だといえます。

神の声と心の耳、そして魂の家の世話

『告白』の大きな特徴は、語る主体が「私」（＝アウグスティヌス）であるにもかかわらず、この「私」を本当の私たらしめる真の主体として、神が措定されている点です。彼は繰り返し、神へと呼びかけますが、それは、語りの力自体、神への応答なしには発動しえないからです。それが彼の認識です。例えば次の引用を見てください。「あわれみをもって、わたしが語れるようにしてください。あなたがわたしに、あなたを愛することを命じ、わたしがあなたを愛さなければ、わたしに対して怒り、じつに大きな不幸をもって脅かされるのは、あなたにとってわたしがなんであるからであるか。わたしがあなたを愛さないなら、それは小さな不幸であろうか。けっしてそうではない。おお、主よ、わたしの神よ、わたしにとってあなたが何であられるかを、あなたのあわれみによってわたしに言ってください。「わたしはおまえの救いであると、わたしの魂に言ってください。」〔「詩篇」三四の三〕わたしに聞こえるように、言ってください。主よ、ごらんのとおり、わたしの心の耳はあなたのみ前にある。[*2]」——心の耳、それは音の判別を行う単なる身体器官ではありません。心とはここでは「私」の最も奥深く、つまり、外からは見えませんが、唯一「私」と神自身にとってのみ、一切が開示され、それこそ真理が明らかになる場面を指します。その真理を告げる神の声を聞き届けるのが、心の耳なのです。

心というより、もはや精神とか、魂といったほうがいいかもしれません。それは——ニーチェなら間違いなくそういうでしょうが——極めてキリスト教的な構築物です。というのは、「私」と「あなた」、もっと詳しく

いうなら、自分自身を見ないようにしている「私」と、「私」について最もよく知る神とが相対する契機を欠いてしまうと、もはやそれは魂とは呼べないからです。最も内なる暗部が最も明るい外部へと通じ、無知（本当の自分を知らないこと）が無知として暴露され、真理へと曝《さら》され、かくして真の知へと浄化されてゆく応答の場として、魂というものが想定されます。否、キリスト教的にいうなら、そもそも魂はそういう、根本的な変転の可能性を含意せざるをえない。言葉遊びかもしれませんが、ドイツ語の変転（Wendung）には方向転換という意味があります。反対の方向に向く。物質的なものへの欲望、世俗への固執から、内なる魂を通して垣間見える永遠なる存在へと、顔のベクトルを一八〇度変えるわけです。

さて、続けてアウグスティヌスはいいます。「わたしの魂の家は、あなたが魂のもとへはいってこられるためには狭いので、あなたのみ手でそれを広げて下さい。それは、荒れはてているので、それをつくり直してください。あなたの目ざわりになるものがある。わたしは告白し、知っている。しかし、だれがわたしの家を清めるであろうか。また、あなた以外のだれに向かって、わたしは叫ぶであろうか。「主よ、わたしのかくれた罪からわたしを清め、他人の罪からあなたのしもべを守って下さい」〔「詩篇」一八の一三以下〕と。」[*3]――ずいぶん生々しい、ほとんど肉体的ともいいたくなる文体ではないでしょうか。告白を通してアウグスティヌスは、自分の魂がいかにして荒れ果てることになったか、肉欲や異教へと引き寄せられる自らの過去を具体的に物語りますが、同時に、彼の告白に度々挿入される聖書の言葉は、こういってよければ、彼の語りの身体性を浄化する役割を担います。生の吟味、その厳しい自己批判は、肉体や社会的名声がいかに移ろいやすいか、それに比べて、神の助けを借りて絶えず自己が気遣う「魂の家」がいかに尊いものであるかを教示します。

心から、という経験の諸相

すでに気づかれているかもしれませんが、ここでは「外」と「内」との関係は、より慎重に扱う必要があります。神は「私」が意のままに召喚できるものではない。その意味で神は「私」の外部にあります。が、神のまなざしは、「私」の心の動きを隅々まで見守り、知り尽くしている。「主よ、あなたはわたしをさばかれる。「人のことは、おのれのうちにある人の霊の他に誰も知らない」〔「コリント人への第一の手紙」二の一一〕といわれているが、人には、その人のうちにある霊でさえ知らないものがある。しかし、主よ、人を造られたあなたは、人の全てを知っておられる。[*4]」神の存在を内々に感じること、別言すれば、神が実は、そうとは知らない間もずっと「私」の傍らにいたのだという認識は、自分の心の全てが見られている、という自覚と連動しています。外と内とは、全く無関係に併存しているわけではありません。ある意味では、外から、しかも通常の外部世界――それはまさしく、物質的で肉体的な価値観や欲望が幅を利かす世俗に過ぎません――とは全く異なる「外」から見られているという意識があって、初めて「内」なるものが成立するわけです。自己の発見とか、自己吟味はそこで展開される。その意味でハンナ・アーレントの「自己を見いだすことは、神を見いだすことと分かちがたく結びついている。さらに人間は、神の助けによってのみ自己自身を見いだすことができる。[*5]」という言述は、正鵠を得ています。

無論ここで、そんな認識は欺瞞であるか、単に神の名を借りて自分を権威づけしているだけだ、と反論することは容易です。ウイリアム・スペンジマンも「自分を神と見違えるような不敬を冒すことはけっしてないが、彼〔アウグスティヌス〕が物語内で占める位置と役割は宇宙で神が果たす役割にかたちの上では似ている。[*6]」と述べています。信仰のない者（私を含めて）にとって、自己の内なる永遠の発見なんて、出来のよい作り話か、宗教家の自己満足に過ぎない、と。私はといえば、キリスト教の敵でも味方でもありませんが、学者の立場からいって、とても興味深い、心の構造を見る思いがします。ただ一つ断言できるのは、アウグスティヌスが念頭に置くのは、自己満足の類では全くないということです。それはこの場合の認識が、心構えの絶えざる自己吟味を課す、大変厳しいものだからです。神を愛し、自分を愛することは、自身が人生において築いてきた確固たるキャリアを誇ることでも、神から庇護されているという感覚を後生大事に懐抱することでもありません。何かを所有したいという欲望（cupiditas）とは違い、愛（caritas）は、そうした所有や執着からの自由を促します。なのでアーレントは、自己愛は端的な自己否定へと転化してゆく、と解釈するのです。[*7] では、そうした転化を主導する神への愛は、最終的には何を「私」に残すことになるのでしょう。難しいですね、少なくとも霞を食って生きるだけの人生は御免だ、とたいていの人はいうでしょう（私もそうです）。しかし、現代にも妥当する一般論として、アウグスティヌスが投げかける問いかけがあるとするなら、こういう挑発になるのではないでしょうか。つまり、文字通り心から揺さぶられるという経験を受けつけない心があるとすれば、そういう心にいったいどれほどの価値があるのか、と。彼にとって、君自身を愛せよという命令は、自分のあり方を吟味できる自由な立場に、君自身を置き直せ、と命ずる外部の声です。しかしそれは、今風に、君は君のままでよい、とは決していわない。果たして神の愛など存在するのか、そういう在る無しを短絡的に判断するのは、ひとまず差し控えておきます。より重要なことは、愛に根本的な振り向き、ないし振り返りという役割が帰せられたという事実をどう考えるか、ということでしょう。

神の愛から自己愛、そして隣人愛へ

さて、今までの議論は、心からの告白、という場合の心とは、どういうメカニズムやダイナミズムを有するのかという点に注目してきました。浮き彫りになったのは、「外」からの呼びかけによって暴露され、それとともに、浄化されるべき「内」として改めて発見される心のあり方でした。繰り返しになりますがこの場合の

「外」とは、「私」が大勢の他者とともに生活している外部世界、要するに世間のことではなく、私の「内」側を唯一知っている、超越的な他者である神のポジションを指します。いわば「私」と神との垂直的な関係性がここで形成されるわけです。フーコー、それに現代を代表するフェミニストであるジュディス・バトラーが好む表現を用いるなら、「私」が自立した主体（subject）として、世間で流通する様々な価値観から自由になることは、神の助けを借りて清められた自らの「魂の家」の世話に、自己自身を従属させる（subject）ことによってのみ可能になる、という論理です（自己放棄の自己主張という逆説）。

では次に、心からの告白、という場合の告白の意味を考えたいと思います。というのも、神との対話が、内面の出来事にとどまることなく、告白という形で外部へと――この場合の「外」はまさしく世間のことです――伝達され、聞き届けられねばならない理由は、まだ不明瞭だからです。どうして告白は、個人的な確証では不十分だとされ、まさに悔い改めたという保証を、自らがそこから脱したはずの世俗の承認に求める必要があるのでしょうか。

告白の言説化（それは文書化のみならず、第三者に向けてのその場限りの発言、という広い意味での言語行為も含みます）は個々人が好きな仕方で展開するのではありません。結局のところ、キリスト教がその告白のフォーマットを独占し、それがやがて近代以降、裁判や医学、教育の場など、様々な学問や公共政策へと、要するに統治の複合的な制度へと応用される知のテクノロジーに発展していった、というのがフーコーの見立てでしょう。彼が『性の歴史I』で論じるのは主に一七世紀以降の歴史的動向ですが、それ以前にすでに、告解（confessio）という形でカトリック世界に浸透していた告白の制度がありました。

しかしこの制度の内容を見る前に、告白の公開性について、今しばらく検討したいと思います。告白が言説化されねばならないのは、アウグスティヌスの場合、自らを一人の模範的なキリスト教徒として例示し、他の人々もそれに従ってほしい、と考えるからでしょうか。他者の魂の救済に向かう、もっと積極的な促しがあるのではないでしょうか。ここで浮上してくるのは、他者を汝自身の如く愛せよ、と説く隣人愛の問題です。どうして愛は、神と「私」との垂直的な関係性にとどまらず、「私」と兄弟たち（＝同胞としての他者）との、いわば水平的な関係性にまでせり出してくるのでしょうか。

一つのヒントを、アーレントの考察が与えてくれます。彼女はいいます。「隣人の存在は、自らの罪に関する不断の警告を示すものにほかならない。罪は「神の恩寵」gratia Dei を通じて過去のものになったという事実ですら、罪が罪であることを廃棄するわけではない。隣人は、「高慢」superbia に関する生きた警告者である。（中略）他者は根本的にあなたと均一であるので、つまり、他者はあなたと同様に罪ある過去を持っているので、それ故にあなたは彼を愛すべきである。[*8]」――分かりますか。要するに、他者はかつての「私」を映す鏡であり、あるいは、いつか再び「私」がそうなってしまうかもしれない可能性を先取りする存在であって、だからこそ「私」には、自身の魂の家を繰り返し吟味するのと同じように、他者の魂を世話する責務が生まれる、というわけです。他者は、無力な魂が抱える危機を、絶えず想起させる。

想起という働きがアウグスティヌスにとっていかに本質的であるかということは、『告白』の次の文章からも明らかです。「だれがわたしに幼年期の罪を思い起こさせるのであるか。何人も、あなたのみ前で、罪なく清らかであるものはないのであって、地上に生きること一日の幼児でさえも清くはないからである。だれがわたしにそれを思い起こさせるのであるか。現在小さいどの幼児も、わたしにそれを思い起こさせるのであって、わたしはそのうちに、わたし自身について記憶しないものを見るのである。[*9]」乳房を独占しようと自分の乳兄弟をねたむ幼児の姿に、アウグスティヌスは、おそらく私もそうだったのだろうと、かつての自分を苦々しく想像します。かくして、どの人も生まれつき罪深い存在である、という原罪の共同体が想定される。死への恐れ、止むことのない我欲、肉体の移ろいやすさなど、有限な存在者である人間が持つ共通の苦しみに対する危機意識が、「私」と他者とを結びつける、というわけです（無論その中心には、同胞たちの苦悩を一身に担い、犠牲となったイエス・キリストの物語がある）。

実はこれは、なぜ人は他人の告白に引きつけられるか、という問題を考えるうえで、とても重要なポイントを示しているように思います。他者への同情（compassion）、すなわち他者とともに（com）ある情動（passion ――ちなみにパッションは通常、情熱や激情と訳されますが、もともとはキリストの受難を意味します）を分かち持つことへと人々を促すのは、彼（女）の苦しみが他人事とは思えない、という心理ではないでしょうか。「あなた」の心の痛みは「私」の痛み、というわけです。この感情はしかし、過剰に世話好きな、つまり相当におせっかいな側面も持っています。他者が自分と同じ気持ちでいるという想定、しかも、他者の魂の家が極端な危機を迎えており、全てに訴えて彼（女）を救済せねばならないという切迫した想定自体が、もしかしたら一方的な思い込みに過ぎないかもしれないのですから。他者を一顧だにしないエゴイズムではなく、際限なく他者を巻き込んでゆくエゴイズムの可能性がここにあります。

告白の制度化――告解について

しかし、ともかく今は歴史的考察にとどまりましょう。アーレントが示したように、自己の魂の危機と向き合う、という徹底した孤立化（脱世俗化）の要請は、現実には、むしろ信者たちの連帯感を強化する、その意味で神の教えの再世俗化とでもいうべき動きへと向かいます。苦しみの共有というコンテクストの同一性が、教団という巨大な身体の屋台骨となってゆくわけです。この共有の証として、そうした魂の危機を具体的に告白することが、それぞれの信者が共同体の一員であると承認されるための儀式として整備されます。アーレント自身は告白の制度的意味について、表立った議論をしていませんが、ジュリア・クリステヴァは、エジプトの隠修士（一般社会との関係を絶ち、砂漠などで修道生活を送る者）であった聖アントワーヌがすでに紀元二七一年、つまりアウグスティヌスの登場より前に、「われわれのうちの一人一人が自らの行為と感情を、あたかも他人に伝えねばならぬかのように述べかつ記すように……。」という具合に、個人のプライバシーの徹底した言語化を要請していたことを伝えています。[*10] クリステヴァが引用する聖パコミウスの言葉は最もあからさまです。「自分の心の状態を、精神を判別するのに習熟した者に直ちに伝えないのは大いなる悪である」[*11]。もちろん、「精神を判別するのに習熟した者」の座を占めるのは、現実には神ではなく、その代理としての聖職者たちになるのです、が。

ここではジャン・ドリュモーの著作『告白と許し――告解の困難、13-18世紀』[*12]を教科書的に用いて、告解という制度の変遷を一瞥しておきます。告解はカトリック教会および正教会ではサクラメントとみなされています。ラテン語のsacramentumには、誠実さや忠実さを示すための誓い、という意味がありましたが、これはもともと、ギリシア語のミュステリオン（秘儀）の訳語としてあてられたものです。秘儀とは、神の見えざる恩寵を具体的に見える形で表すこと、あるいはそれを行う儀式をいいます。嘘偽りなく自らの内面を明らかにする、という心構えがあって初めて、神の顕現という出来事が開示される、というわけです。しかし繰り返しますが、こうした開示の妥当性を担保していたのは、比較的早い段階から、すでに一人一人の信者の独断ではなく、教団のメンバーによる共同の判断でした。

ドリュモーによれば、初期の教団では、集団的な告解が行われていたようです。その特徴は告解の細目を定めた教会法に従い、会衆の面前で告白する点にあります。しかもこれは、生涯でただ一度だけのもので、それだけにあらゆる重罪（棄教、姦淫、殺人など）を告白し尽くす、という厳しい内容でした。とはいえ、こうした高いハードルは時代を経るたびに緩和され、やがて聖職者と個々の信者との一対一の対面、という形へと落ち着きます。ローマ・カトリックは一二一五年にイノケンティウス三世が招集した第四回ラテラノ公会議で、全ての信者が年一回、復活祭の頃に告解を行うことを制度化します。そこでは通常、贖罪司祭と信徒が、板の壁を隔てた狭い教会内のブースにて告白と聴取を行い、述べられた罪については記録に残さず、外部にも漏らさない秘密とされました。しかしこうした儀礼が形式化し、また告白が心からのものであるかという実質より、とにかくも告白した、という事実それ自体とそれに伴う放免が重視されるにつれ、より信者の内面を重視するよう求める動きが出てきました。カトリックに対するプロテスタントの不満は、前者が形ばかりの告白を、内面の自己吟味と同一視した点にあったわけです。

快楽に苦悩すること、あるいは苦悩それ自体の快楽

さて、一つの区切りとして、アウグスティヌスの『告白』から導出された語りの構造を図式化しておきます（図1）。告白行為は彼の場合、神の愛の力を借りて、それまでの偽りの自分（点線で示した「私」）を、精神という明るみに引き上げるための不可欠なプロセスでした。その際、聖書やイエス自身の言葉が、これまでの半生や日々の生活を振り返り、悔い改めの証言を行うアウグスティヌスの口吻に寄り添い、これを浄化する役目を担います。そして証言と連動する想起が、「私」と無関係な存在（図では波線の仕切りでこれを表しました）であった他者へと向かわせます。神の下では皆罪人だという、共有されるべき危機意識が、出自も生活様式も異なる者たちを「兄弟」として結びつけるのです。

もちろん、アウグスティヌスの『告白』はのちの自伝文学史において、一つの比類なきフォーマットを提供することになりました。が、それはある意味では、彼を「発見した」後の時代の自伝作家たちの視点が捉えた

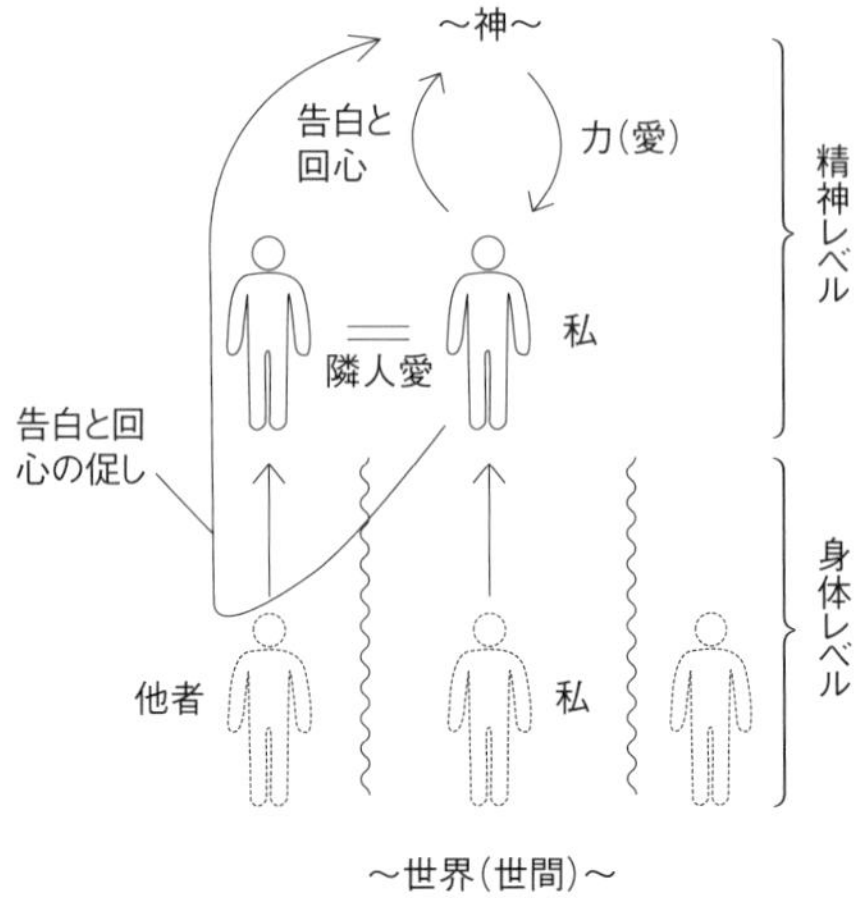

図１　『告白』における語りの構造

事実であって、アウグスティヌスと同時代の人々の中で――あるいはその後もずっと――彼のように自己の生活史をテキストにまとめ上げるという特権が付された人間は、決して数多くはいませんでした。告解という制度のもとで内面を語らされた膨大な数の民衆の大半は、歴史にその痕跡をとどめていません。個人それぞれのプライバシーが暴露され、言説化され、神の耳目によって評価されるにせよ、そこに「私」という主語は付されず、その生こそ「私」固有のものだと宣言する主体は現れないままでした。

　実際、ドリュモーによれば、中世において膨大な数の聴罪手引書や教理問答集、要するに聖職者のための告解マニュアルが作られ、聖職者たちの間で共有されましたが、そこに書かれているのは、罪をどのように聞き出すか、その内容をどう評価するか、放免すべき罪とそうでないものとの間の線引きをどこに定めるかなど、もっぱら聞く側の注意事項でした。これは大変興味深いことですが、人民の精神を支配し管理した教会権力の関心は、どう語るかという点ではなく、どう聞くか、という点に存していたようです。そこに「私」という市井の人の主張を記載すべき余地など、存在しません。

　とはいえ、クリステヴァが示唆するように、身体の罪深さ――肉欲の、食欲の、そして殺人を含む暴力のおぞましさ、等々――を余すところなく言葉に置き換えようとする知的操作（これを彼女は精神分析風に「昇華」、と規定しています）が悔い改めの機軸に置かれたこと、これはキリスト教がその出自とはいえ、単なる宗教的セレモニー以上の意義を有していたのかもしれません。告解は、言葉によって肉の記憶、要するに「快楽」を抑圧する、単純な禁欲主義を物語るものではないのです。むしろここには、負の経験を正の経験へと転換する弁証法《ディアレクティーク》（これはもともと、ギリシア語のディアレクティケー〔問答・対話〕に由来する概念です）がある、とクリステヴァなら断じるでしょう。極論をいうなら、告解は、おぞましき苦悩を苦悩の告白という崇高な（sublime）行為へと昇華（sublimation）し、歓喜やカタルシスなしには通過できない（＝読み飛ばせない）言説の形式へとドラマ化する、偉大な道筋を切り開いたのではないでしょうか。

ひとまず、罪の放免のためには功徳も、秘教的な身体の修練も必要なく、ただ罪の内容の詳細な報告のみが重視されたということ、*13 そして対話——誰との対話かということは、もしかするとここではもはや些細な問題なのかもしれません——という営みに囲い込まれ、表現しがたい経験が表現を通して飼いならされ、かくして苦悩とそこからの解放が、より近接した関係に置かれたということ、そしてときに苦悩それ自体に、解放の、あるいは快楽の契機が付与されたということ、こうした可能性を頭に入れて、ルソーのお話に移りましょう。というのは、これらの中で、自己の苦悩をこよなく愛したルソーに見出すことのできない要素は一つもないのですから。

第3回講義

自己愛、あるいは「私らしさ」の発明／見

――ルソーという自然（1）

失われた自然を求めて

ルソーはとても矛盾した存在――ここで、とても矛盾した人間、といわないところがミソなんですが、その訳はすぐに説明します――です。ときに矛盾し、ときにそうでないというより、総じて、首尾一貫して矛盾していると私はいいたい。それが彼の著作に多少なりとも親しんだ、私の偽らざる感想です。みなさんには、今回と次回の二回にわたって、この矛盾にお付き合いいただきたいと思いますが、その要諦をあらかじめ呈示しておきましょう。戦後フランスを代表する哲学者ジャック・デリダによれば、ポイントは、音声言語《パロール》と文字言語《エクリチュール》との見せかけの対立にあります。[*1] キルケゴール風に表現するなら、声というリアルな話し言葉と、文字化され、テキストという形で読まれることで、その声としての痕跡がかろうじて感じられる書き言葉との間の、反感的な共感関係です。ルソーは、音声言語の自然さ――声ほど自然で、肉体的なメディアが他にあるで

しょうか——に対比させて、文字言語の不自然さを徹底的に糾弾しようとするのですが、にもかかわらず彼が自らの存在価値、要するに「私らしさ」の基盤として依拠するのは、デリダに従えば、文字言語であり、いわば書かれたルソー、作品としてのルソーというわけです。

生きて呼吸し、食事し、会話し、セックスをする人間ルソーの現在相にではなく、事後的に発見され、文字によって隅から隅まで構築してできあがるルソーという作品群《コルプス》＝身体[*2]に、ルソーは自分らしさ、自分らしい自然さを見ます。これがルソーという矛盾の基軸であり、そういう意味で彼にとって自然とは、単なる観察や学問上の対象ではなく、あるべき自然であり、同時に（彼の認識では）今はもう失われた自然を意味しています。本講義のタイトルに示したように、自然は発見されると同時に、発明される。

ルソーは、感じることが、あらゆる知的営みに先立って、人間の真のnature（自然／本性）を特徴づける、と繰り返し主張しますが、にもかかわらず彼自身は、生きて活動するという生理的事実に対して常に一定の距離を置きつつ（「べき」の未来と、「失われた」過去との間に横たわる、架橋の容易でない深淵がそこにあります）、死んだ言葉としての文字言語をいわば透かして見る。そうやって自らの生を浮かび上がらせようとします。

繰り返しますが、今を生きる人間との生き生きとしたコミュニケーションではなく、過去に属する死んだ言葉とのやりとりが、彼の自己探求を方向づけるのです。なぜでしょうか。失われたものの回復、それは、いま存在する自分に何かを付加すること——例えば思い出を増やしたり、欠損しているデータを補充して、人生という履歴書をより詳しくすること——以上のことを意味しています。というのは、彼にとって、喪失はより根本的な源-事実、生のはじめに起き、こういってよければ、彼に取り憑くことになった「外傷《トラウマ》」だからです。感じることの見本をルソーに示すべき母は、彼を産んですぐに亡くなりました。これを、重大ではあるが彼のバイオグラフィーの一部分に過ぎない個人的出来事、とみなすことはできません。というのは、愛することや同情することを含めて、およそ人間らしさを形成する感情は、初めから直接的に与えられるものではない、という一般命題の引き受けこそが、思想家ルソーの出発点だからです。だからこそ、大げさに聞こえるかもしれませんが、死せる存在からの再生という発想が、語りを通しての自己探求の営みを特徴づけることになる。ルソーは告白に対して、もちろんアウグスティヌスの場合とは違いますが、それでもなお、何がしか根本的な真理の開示を期待せざるをえません。告白は、すでにある確定済みの自己をさらに肥え太らせる贅沢品ではない。告白を通して初めて見えてくる自己というものが、そこに想定されているのです。

ルソーの『告白』に付された前書きは有名で、「これは自然のままに、真実の姿のままに、正確にえがかれた、唯一の人間像であって、このような存在はまたとなく、今後もおそらくないだろう。[*3]」という文言とともに始まります。そのさい彼は読者に――『告白』はルソーの生前には出版されなかったのですから、彼が想定する未来の読者一般に、ということになります――こう注意を促します。「また、私の敵たちにゆがめられなかったこの唯一の確実な私の性格の記録を、私の死後の記念からとりのぞかないようにおねがいする。つまり、あなた自身が、そのような宿敵の一人であろうとも、私の屍灰にむかってまで宿敵となるのはやめていただきたい。[*4]」――それ自体としては決して声を出すこともない、生の断片的な記録の寄せ集めである『告白』が、あたかも灰の中から不死鳥が蘇るように、真実のルソーを再生させます。

再生というと、やはりアウグスティヌスの悔い改めと回心に見たような、キリスト教的モチーフを想起させずにはいられません。が、他方で彼は、アウグスティヌスと自分との相違を規定するような言葉を残しています。分析や解釈を施すのも難しい、含蓄ある言葉なのですが、ひとまず引用しておきましょう。「神は正しい。神はわたしが苦しみ悩むことを欲している。しかし罪なき者であることを知っている。[*5]」

自己が問題になるということ——孤独・追放・故郷喪失

何だかワケワカラン話をしているようで恐縮ですが、もう少し前置きを続けさせてください。いわゆる西洋マルクス主義という立場を代表する思想家にジェルジ・ルカーチ（一八八五－一九七一）という人がいました。その彼が『小説の理論』という本の中で、近代小説の特徴を、古代ギリシアの叙事詩と対比させながら、こう説明しています。ざっくりとした話ですが、古代においては世界観や文化的価値観は、統一的調和を保ちつつ、共同体それぞれのメンバーに共有されている。それに呼応する形で、叙事詩の世界でも、他の登場人物と本質的に異なった、何か特別な主人公が想定されることはない。叙事詩とは群像劇、しかも、基本的に内省よりも行動がモノをいう劇である。どう感じたか、ということ以上に、どう行動したかが問われる。それは、共同体の中では成員一人一人のなすべき役割が決まっていて、実際に行った仕事や行為の卓越性に応じて評価が上下するにせよ、行為そのもの、あるいは、生きることの意味自体が決して疑われることがないのと同じである、と。「したがって、幸福な時代はすべて哲学をもたない。[*6]」——素敵な言葉ですね。

対して近代小説の成立の背後にあるのは、共有されるべき価値観——多くの人が当然のものとして受容していたキリスト教的な知の体系を想像すればよいでしょう——が不明瞭になったという事実であり、ここで登場人物は、それまで自明視していた意味や価値からの追放という現実と向き合うことになる。ルカーチは「故郷喪失」という言葉を使いますが、近代小説の中では、一人の主人公がそうした無意味さ、世界の無根拠性を引き受けねばならない。その結果、放浪と遍歴を繰り返す中で一から作り上げねばならない孤独な自己の生活史が、小説の実質を形成する。ゆえにルカーチは、小説の外的形式は本質的に伝記的だ、と述べます。世界は客観的にどうであるか、ということよりも、「私」が世界をどう感じたか、その主人公独自の感受性の内的履歴が、文字通り小説の内実となるからです。

ルソーについて考えるとき、このルカーチの主張がいつも脳裏をよぎります。というのは、ルソーのバイオグラフィーはまさしく、社会が提供する様々な制度――家族という制度、教育という制度、知識人が集う社交界という制度、国家という制度――からの逸脱という経験によって縁取られているからです。そこから彼は、自らの感受性に忠実であれという、全く新しい思想上の原理を導き出し、これを著述行為の隅々にまで反映させました。何よりも自分を信じ、自己を愛すること、「私」という存在のかけがえのなさを肯定すること、ここに、今なおリアリティを失わないルソーの思想の核を発見できます。何にもまして自らを愛せよ、という格率に過剰なまでに依存している私たちに、彼は模範を示してくれます。確かにルソーは、真理の一つの側面をいい当てているのでしょう。もっとも彼が遂行したのは、単に個人の内的世界に引きこもることではなく、むしろ彼が見出した自然を、人類全般に共有されるべき理想、そして確かに人類がかつてそうであった原初的な姿として、二重の意味で制度化することだった、とさえいえるのですが。

ただし、ルカーチにいわせれば、世界が無根拠であるという外的事実を支えるのが、世界は「私」の感じた全てであるという内的事実だとしても、この構図の行き着く先は決して安穏としたものではない。なぜなら追放と孤独は、近代的な自我に対して、自らの感受性の膨大なリストをある種永続的な所有物として誇ることを許さず、ゆえに感受性の過剰なまでの発露は、ついに「私らしさ」を内部から解体する地点へと「私」を駆り立てるからです。そして実際、ルソーもまた、やがて自己愛を否定する心境を鮮明にせずにはいられなくなるですが、ともあれ、ちょっと先走り過ぎたようです。迂回はこれくらいにして、ルソーの人物像、そして彼のテキストに立ち入ってみることにしましょう。

女たちへの愛、死せる自然への愛

ジャン＝ジャック・ルソーは一七一二年にスイスの都市国家ジュネーヴにて、時計職人の次男として生まれます。母が亡くなったのは、その約一週間後のことで、彼は父と親戚によって育てられます。ルソーは『告白』の冒頭で、父と母がどれほど理想的な夫婦であったか、母がどれほど美貌と教養にあふれた女性であったか、そして彼の出生が、どれほど母の死と関連深いものであるかを回顧しています。「私の誕生は私の最初の不幸となった。[*7]」実際、彼の自然讃歌は、亡き母という存在の事後的な引き受け、母性的なものの内面化の結果ではないでしょうか。しかもこの内面化は、文字通り母の不在、幸福の不在という観念の内面化であって、さらにいうなら、それを彼に期待し、幼いルソーの心に記載したのは、他ならぬ彼の父であったということ、これがルソーにとって、感じることのあらゆる意味づけの出発点となったのではないでしょうか。「父はなくなった妻を私のなかに見るような気がした。そして、彼から妻をうばったのはこの私だということがわすれられなかった。父にだきしめられるたびに、その嘆息、そのはげしくふるえる抱擁を通して、何かいたましい悔恨がその愛撫にまじっているのを感じないことはなかった。（中略）こんな両人が私の生みの親であった。彼らが天からさずかっていたもののうちで、感じやすい心だけが私にのこされた。しかしその心は、彼らには幸福をもたらしたのだったが、私の生涯にはあらゆる不幸をもたらしたのである。[*8]」

そんな父とともに、歴史書や小説の読書の手ほどきを受けたルソーですが、その父も一七二二年に貴族との喧嘩がもとで亡命を余儀なくされ、彼は親戚に預けられることになりました。さらに二八年に彼自身も出奔、様々な土地を放浪しましたが、やがてサヴォワ公国のヴァラン男爵夫人の愛人となり、その庇護のもとで文学、哲学、音楽などを独学で学びます。

ルソーの名が知られるようになるのは、ディジョンのアカデミーが提起した懸賞に応募した論文（『学問芸術論』として刊行）が最優秀と評価されたことがきっかけです。それまで家庭教師や音楽関連の仕事で糊口を凌いでいたルソーの文筆家としての才能は、一七五〇年代以降、一気に開花します。『人間不平等起原論』、『新エロイーズ』、『社会契約論』、そして教育書『エミール』が次々と発表されます。他方、私生活では四五年からテレーズという女性と同棲していましたが、生まれた五人の子どもは全て孤児院に送りました。ルソーは五六年に生活の拠点をパリから田舎町に移します。が、次第に人嫌いの傾向――それは迫害妄想を伴う強烈なものだったといわれます――に拍車がかかり、かつて親しくしていたディドロ、ラモー、ヴォルテール、ヒュームといった知識人を敵視するようになります。

まあ実際問題、『エミール』の内容をめぐって逮捕状が出ていたのは事実で、結果として彼はスイスやイギリスを転々とせざるをえませんでした。その意味でルソーがパリに帰還してのちに偽名で書いた『告白』に「自己弁護《アポロギア》と社会告発を結びつけて追求する」*9という意図があったのは確かでしょう。そこには、自分の考えを受け入れない社会に対して、真の幸福とは何かを教示する、しかも、ルソー自身が社会から被った不幸を透かして見ることで、失われた幸福、別言すれば、社会自身が廃棄した自然を浮かび上がらせる、という意志が感じられます。

イメージとしての性愛

『告白』の冒頭を、改めて長めに引用したいと思います。

私はこれまでに例のなかった、そしてこれからもやるまね手のないようなことを、くわだててみようと思う。自分と同じ人間の仲間にむかって、一人の人間を、全く自然のままの姿で、見せてやりたいのだ。そしてその人間というのは、私だ。

私だけなのだ。私は自分の心をよく感じている。そして人々が一般にどんなであるかを知っている。私は自分の見てきた誰とも同じにつくられていない。現に存在する誰とも同じにつくられていないとさえ思う。すぐれてはいなくても、少なくとも他とはちがっている。自然のはめこんだ鋳型がやぶられたことのよしあしは、私の書くものを読んだあとでなくては判断できない。

最後の審判のらっぱがなんどき鳴ってもいい。私はこの書物を手にして、至高の審判者のまえにすすみでよう。私は声を高くしていおう。これが私のやったことです。考えたことです。かつてあった日の姿です。善も悪も同じようにすなおに語りました。わるいからといって何一つかくさず、よいからといって何一つつけ加えませんでした。[*10]

比類なき自分への絶対的確信がうかがえますが、ここにはすでに、例の自然にまつわるルソー的矛盾がはっきりと表れています。何しろ「全く自然のままの姿で、見せてやりたい」といいつつ、自らの nature が「自然のはめこんだ鋳型がやぶられたこと」の結果である、と断言しているのですから。そしてその nature もまた、アプリオリな所与では全くなく、事後的に、つまり「私の書くものを読んだあとで」初めて判断できる類のものだ、と彼自身述べるのですから。

書物、これは自然の単なる代理物でしょうか。ルソーという人間の生があり、それを書物が写し取る、そうした意味における、出来がよいが二次的な、生の代用品に過ぎないのでしょうか。むしろルソーは、書物を読むが如く自らの生（＝自然）に関わり合う、というのが真相ではないか――これが他ならぬ、デリダのルソー論を貫く主要モチーフなのですが、彼はその核となる論点を、ルソー的natureのうちでも特に、性愛に対するスタンスに定めます。

講義の冒頭近くで私は「生きて呼吸し、食事し、会話し、セックスをする人間ルソーの現在相」に彼らしさはない、といいました。いうまでもなくルソーは、彼の書物に生活習慣まで狂わされたカントと違い（カントは生涯、独身で通しました）、女性経験はそれなりに豊富だったと思います。何しろ五人も子どもを作っているくらいですからね……。

しかし彼は、満足（＝射精）とともに消失する性的欲望という生物的機構に反する仕方で、性愛に全く別の機構を、デリダ風にいうなら、全く別の「エコノミー」を与えようとします。それは性愛の野放図な発露を抑制し、遅延させると同時に、それを蓄積し、いつでも引き出せる――すなわち、繰り返し読み返せる――形態へと改変する。この場合、デリダが念頭に置いているのは、あろうことか自慰にまつわるルソーの考えです。それは単なる性癖ではない。自己触発、自らに対するオートエロティックな関係は、生理的欲求によって自然に生起するというより、心に刻まれ、書き込まれた自然のイメージによって起動します。自然のイメージの方が、自然そのものに先行する――ここにも矛盾がある。

ルソーによれば、彼は父が祖国ジュネーヴを追われたのち、ランペルジエという牧師の家に寄宿します。家には三〇歳の未婚のランペルジエ嬢がいました。そこで彼は、おそらく子どもらしい腕白っぷりをそこかしこで発揮した帰結なのでしょうが、彼女から叱責と体罰を受けます。体罰は苦痛をもたらしますが、同時にルソーはそこで、肉体的な快楽を感じてしまうのです。もう一度懲罰を受けたい、とひそやかに願うルソーでしたが、不穏な雰囲気を感じたのか、ランペルジエ嬢は懲罰を止め、それまで共同で使っていた臥所《ふしど》から、彼を追い出します。けれども、この幼い経験は彼にとって、決定的なものとなりました。もう一度懲罰がもたらした快楽を想起したいという思いは、想起という行為自体に快楽が宿る、という具合に、性的満足に至る機構を改編させるほどだった、と彼は総括してみせます。「八歳のときに、三十歳の未婚の婦人の手から受けた、そうした小児への懲戒が、私の趣味を、欲望を、情念を、そしてこれからの生涯の私というものを決定した。しかも自然の結果にまかせるとはあきらかに反対の方向に決定した、とは誰が信じよう?[*11]」

　成長するにつれ、色々な女性と関わっても、結局このランペルジエ嬢が透けて見える。想像行為を媒介にしたこの享楽のメカニズムは、ルソーが述懐するところでは、青年期特有の性欲の高まりがみだらな女性関係を誘発することから、彼自身を守る役割を果たします。想起がもたらす快楽、それは無論、具体的には自慰という形態をとる。しかしそれは「かえって純潔な感情と正しい品行とをたもつこと[*12]」に貢献した、と彼は述べます。「不気味な血のたぎりにもかかわらず、自分の感覚で知ったものだけしか想像しない私は、なれ親しんだ快楽にばかり欲望をむけ、嫌悪をもよおさせたもののほうへは決してたちいらなかった。[*13]」——他者とのセックス、ルソー自身身に覚えがあるはずのこの肉体的交接に、彼は、嫌悪をもよおす行為という位置づけを与えるのです。それは自慰という「なれ親しんだ快楽」に比べれば、正しくもないし純潔でもない(!)。

快楽の遅延・遅延という快楽

　すでに述べたように、想起と想像はルソーにおける性愛のあり方を決定づけます。さらに私たちはこの愛が、他者との友愛関係にまで及ぶものであることを確認できるでしょう。『告白』の中でルソーは、パリの近郊に住みながら、友人たちによる「過剰な」干渉に思い悩む自分を描いていますが、彼はそれを「私の空想のなかにまで干渉してくるこの執拗さ[*14]」と表現しています。自己の空想を乱すもの、それは彼にとって、真の意味での愛に値しない。友人たちへのルソーの警告はこうです。「僕が君たちを愛するように愛していただきたい、そしてまた、僕が君たちのことによけいな口をきかないように、君たちも僕のことによけいな口をきかないでほしい。僕のおねがいするのはその二つだけだ」[*15]――この警告は意味深ですね。ルソーのいらだちの原因は、自らの想像内容を書き換えるかもしれぬ外からの「よけいな口」――それこそまさに、語りのすなおで「全く自然なままの姿」のはずですが――の存在です。

ただし、ここから話がややこしくなりますが、ルソーの内面に対するこの外部の存在の無理解は、彼にとって除去されるべきものでは全くないようなのです。ルソーは、自分を真に理解し、受け入れてくれる友人に出会っていない、そして性愛に関していえば、真の意味で己を失うほどの肉体的快楽を味わったことがない、と嘆きます。自分は現実に、つまりは「外部」世界に一度も到達したことがない。そんな自分にできるのは、空想の世界で理想郷を描くことぐらいしかないではないか、というわけです。「そんなことから、人間ぎらいだとの評判はいよいよひろがったのだが、私の心をもっと読んでくれたら、まるで反対の評判をかちえたはずであった。」[*16]――そうでしょうか。彼は本当に「心をもっと読んで」もらうことを欲しているのでしょうか。ルソーは他者の無理解、他者からの愛の不在を嘆きますが、この不在そのものが彼に快楽を保証しているのではないでしょうか。「運命は、これまでに私に与えなかったなにものかを、これから与えようとしているのではあるまいか。（中略）そうした不当を自分に感じながら、自分の内面の価値を意識することでいわばうめあわせをやってなぐさめては、涙を流した。そんなふうに涙を流すのが私はすきだった。[*17]」

ルソーは孤独を嘆き、そしてその慨嘆自体を愛する（「私はすきだった」）。孤独はこの場合、他者を一切必要としない孤高の強さを物語るものではありません。友愛にせよ性愛にせよ、他者は要請されるのですが、ルソーが真っ先に彼（女）らから奪うのは、読解の、そして発言の主導権です。死せる他者の言葉を必要とする、この孤独者のナルシシズムがどれほど厄介で倒錯したものであるかは、例えば現代の孤独の哲学者を自認する中島義道さんの次のような発言に如実に表れています。とても味わい深い文章ですので、長めに引用したいと思います。

電話機をタオルでぐるぐる巻きにし、しっかり耳栓をし明かりを消して毛布にくるまりソファにごろんと寝ころべば、誰からも妨害されない。そして、私は「考える」のだ。これまでの人生のあの一こま、あの一こまを。こうすればよかった。ああすればよかった。あのときあの人は何を考えていたのだろう。あのとき、あの人はどんな気持ちでいたのだろう。そして、その人々のうちどの一人にも全然会いたくないのだ。電話をかけたくもないのだ。声を聞きたくもないのだ。もっと言ってしまえば、彼（女）がもう死んでいてもいっこうに構わない。生身のその人にはまったく興味がないのだ。ただ、私が勝手に解釈できるかぎりの私の思い出の中のその人に興味があるのだ。

相当に不健康であることは自覚している。私は、これまで私の人生において出会った人々（両親や妻子や恩師にいたるまで）をことごとく檻《おり》に入れ閉じ込めている巨大な監獄の長である。日々、気にかかる犯罪人を檻から引きだし拷問《ごうもん》にかける。「言え！　言え！」と迫る。言わなければ、言わせてやる。そして、それを克明にノートに書きつける。私はいかなる極悪人もけっして死刑にしない。死なせるのは――素材が消えることだから――もったいない。また一度捕えたら、けっして檻から出さない。つまり、そこにいるすべての者は終身刑なのである。*18

死せる他者（私）を愛する――想像力という悪

中島さんが「相当に不健康なことは自覚している」と述べるように、この類の想像行為は、二重の暴力を孕《はら》むものです。なにしろ、いうなれば他者の喉を切り裂く――最も重要なことは、繰り返しますが、発言権を簒奪することです――のみならず、そこに「なれ親しんだ快楽」を好きな時、好きな場所で惹起させる、耳当たりのよい「声」の再生装置を埋め込むわけですから。

中島さんは自分のことを、マイナスのナルシスト、と呼びます。自分が好きなのではなく、自分が嫌いで仕方がない、という点において、どこまでも自分に執着する、というのです。そういう志向は、ルソーにもなくはない。自分が嫌いというより、自分が理解されない。自分が思う通りには、他者は自分を理解してくれない。他者は自分をこう理解すべきだった（が、こう理解すべきの「こう」は永遠に遅延され、その核心部分はおそらく永遠に、想像されない）……。

いかなる馴れ合いが、この場合、「私」と他者――それは「私」が理想化しつつ投影する、「私」の最大の理解者であったはずの／であるかもしれない過去的‐未来的他者としての、もう一人の「私」でもある――との間に存在するのでしょうか。その馴れ合いは、いかなる苦悩（あるいは快楽）のエコノミーを構造化するのでしょうか――。

問題を難しく捉え過ぎてしまったかもしれません。が、ひとまず、次のことは指摘できるでしょう。つまり極端な場合、妄想のうちに封じ込められた他者は、メランコリー状態をフロイトがそう捉えたように（これは第5回講義で論じます）、死ぬことも許されない代わりに、宿主である自我が自分のことを忘れることも許しません。中島さんは「そこにいる全ての者は終身刑なのである」と述べていますが、この極悪人たちを常に監視しなければならない「私」もまた、ある種の永遠なる捕らわれ人である可能性があります。

そう、妄想のうちに、自分を理解しなかった極悪人がいるというより、妄想――ルソーの場合は端的に、想像や語り――自体に、悪の可能性がある。デリダはルソーの『エミール』の次の箇所への注意を促しています。

> すべてを最善を期して造る自然は、このようにしてまず人間を作った。自然は人間にたいして、直接的には、その自己保存に必要な欲望と、それを満たすに足りる能力だけを与える。それ以外のすべてのものは、必要に応じて発展するよう保蔵〔たくわえ〕として人間の心の奥底にしまっておいた。この原初的状態においてのみ、能力と欲望との均衡がとれており、人間は不幸ではないのだ。**潜在的な能力が活動しはじめるや否や、あらゆる能力の中で最も活動的な想像力が目を覚まし、他の能力を追い越す。**まさに想像力こそが、善においても悪においても、可能的なものの範囲を拡げ、したがってさまざまな欲望を満足させるという期待によって、欲望をかきたて、培うのである。*19

想像力は、他に先駆ける（「他の能力を追い越す」）。それは早熟で感受性豊かな子どもだけの特権でしょうか。否、私たちはセックスという生物的行為を経験したのちに、性愛の様々なイメージや観念を培うのではない。自然の様々なイメージは、自然についての科学的知見を教えられる以前に、私たちの精神を満たしています。従って、ルソーにおけるランペルジエ嬢のケースは、例外でも病気でもない――ただし、度を越した病的な状態が、ついに病気へと移行する可能性は、ある。「必要」という自足した範囲――ルソーに従えば、動物はこの範囲を踏み越えない点において、自然に従った存在と規定されます――からの逸脱は、退廃を、性的倒錯を、あるいは極論を招き寄せます。――くだんのキリスト教における危機意識、信者たちが共有するカタストロフィーの予感をここに含めるのは、あまりに唐突で場違いでしょうか。しかし「告白せよ、しからずんば」という要請の背後には、罪と向きあえぬものが遭遇するであろう、あらゆる不幸についてのイメージが用意されていたのではないでしょうか。

ともあれ、倒錯の典型的な例は、ルソーに従えば、恋愛劇です。彼はおそらくパリの社交界で好評を博している風俗小説や演劇を念頭においているのでしょう。それが彼から見て自然に反しているのは、一つには、特定の相手（恋愛対象）への過剰なまでの思い入れ、必要以上の執着を称揚するからですが、さらにいうなら、書き言葉のうちにシナリオ化され、昇華されたその性愛が、内容上、どれほどの極端さを誇ろうとも、経験としての唯一性や当事者性を欠いているからです。どれほど深刻で苦悩に満ちた恋愛であろうと、再演可能な演技と化したそれは、例の「なれ親しんだ快楽」に囲い込まれます。人は、本来であれば自分を失うような危険な経験を、第三者的な視点から、まるでわが事のように（だが現実には、そうではないものとして）味わうことができます。あろうことかルソー自身、この書かれた恋愛を、いつでも馴染みの快楽を再生産させるその観念性がゆえに、つまり「たえず同じものを書き、それをいつも新しく見せるための方法」[*20]であるがゆえに、厳しく断罪します。けれども、当のルソーが自慰の手段としていたのが、まさにこの心に書き込まれたイメージであったことは、私たちが見たとおりです。

では彼は、病の可能性が最も身近なところに、すなわち、自分自身の想像癖、自慰癖のうちにあることについて、無自覚だったのでしょうか。デリダは、明言を避けているように思います。ですが「まさに想像力こそが、善においても悪においても、可能的なものの範囲を拡げ、したがってさまざまな欲望を満足させるという期待によって、欲望をかきたて、培うのである」とあるように、ルソーの考える想像力は、悪の可能性とともに、善の可能性も合わせ持っている。病を誘発する力は、同時にこの病を癒す力でもある。あるいは、病気に完全に陥らぬよう、人を正常に、自然に保つよう教育する力でもある。

正常に働く想像力、これをルソーは「同情」と定義しました。次回はこの同情についてお話ししましょう。それによって、おそらく、マイナスのナルシシズムが孕むエコノミーについても、もう少し踏み込んだ考察ができるはずです。

第4回講義

「私らしさ」の適量
——ルソーという自然（2）

郵便的な「私」・「私」という舞台

同情や憐れみといった心情がルソーの思想に占める重要性については、つとに知られています。彼は『人間不平等起原論』の中で、理性に先立つ形で人間の魂に先天的に与えられた二つの原理について述べています。その一つは「われわれの安寧と自己保存とについて、熱烈な関心をわれわれにもたせるもの」[*1]であり、端的にいえば自己愛（amour de soi）です。そしてもう一つの原理、これが憐れみに当たるのですが、彼はそれを「あらゆる感性的存在、主としてわれわれの同胞が滅び、または苦しむのを見ることに、自然な嫌悪を起こさせるもの」[*2]と規定します。自己愛と憐れみ、これらは「私」と他者をつなぐキー・コンセプトとして際立たせられます。その際忘れてならないのは、それが単なる個人的な感情やその場限りの情念として扱われるのではなく、最終的には、人間という種の保存に寄与するものとみなされること、しかも、同胞たち（人間）の共同体を保持する際のある種の制度的な下支えとして、その心情のいわば「適量」が問題とされている、という点です。

私は適量という言葉で表現したいのですが、これは少々奇異に響くかもしれません。何だ、酒の適量か、と。まあ似たようなものです。酒も、度を越すとその人間の社会的・生物的な生存を脅かします。適度な量の見極めという問題——これは間違いなく、例のエコノミーの問題でもあります——をルソーは、感性的存在としての人間の nature に関わる深刻な問題、とみなすのです。すなわち、どの程度私たちが他者を憐れみ、同情すれば、そしてどの程度私たちが「私」自身を愛するなら、お互いの生存が保障されることになるのか、これこそルソー独自の問いかけに他なりません。

さて、憐れみと自己愛の話に入る前に、今一度、書くことと感じること、書かれたルソーと生きているルソーとの関係性という、第3回講義で扱った主題に触れておきます。このことを彼自身が雄弁に語っている箇所が『告白』にあるからですが、私には、ルソーを理解するうえでとても有用な箇所だと思うので、紹介しておきたいのです。まずは、長めに引用しましょう。

> 私のなかには、ほとんど両立することのできない二つのものが結合している。どういうふうにしてだかは自分にもよくわからない。非常に熱烈な気性、つよくぱっともえあがる情熱があるかと思うと、ゆっくり生まれ、ぐずぐずして、事のすんだあとにしかあらわれない思想。まるで私の心情と私の精神とは同一の人間に属していないかのようだ。稲妻よりもはやい感情がさっときて魂をみたす。しかし、私をあかるく照らすのではなくて、私をもえあがらせ、私の目をつぶす。私はすべてを感じる、そして何も見えない。感情は激する、だが頭はばかになったようだ。考えるには冷静にかえってからでなければならない。ふし

ぎなのは、ゆっくり待ってもらいさえすれば、それでもかなり正確な勘もはたらき、洞察力もあれば、鋭い知慧もでてくることである。ゆっくりしたときには即興の佳句もでる。だが、とっさには、りっぱなことができたり、話せたりしたためしがない。スペイン人の将棋のさしかたに、そんな方法があるということだが、郵便でやりとりでもしたら、私もずいぶんしゃれた会話ができるだろう。[*3]

ここには、いうなれば、ルソーにとっての世界の享受の仕方が如実に表れています。「私」は世界の全てを感じる。全てがそこでは与えられている。けれどもそれが可視化されるには、時間がいる。時間と、そして事後的に働く想像力が、「私」の感じたことを正確に文字化する。ルソーは「私は頭のなかで書く[*4]」というが、精神に書き込まれる文章は、郵便物として届けられる手紙のように、遅れて姿を現します。それは世界を正確に映し出す。「あとから思いだすものだけが正しく見える[*5]」。

私にも、郵便といいますか、手紙にまつわる苦々しい思い出があります。どういう理由かはもう忘れましたが、小さい頃、いざこざを起こし、母にこっぴどく怒られました。その際、うまく反論できなかった私は、お母さん、僕のいいたいことを手紙に書くので、後からそれを読んでください、といったのです。あきれた母は、そんなものはこの場でいえ、と私の懇願をはねつけましたが（まあ当然ですね）、これは要するに、物事や心情をもう少し整理したうえで、自分の主張を相手に伝えたいという思いの表れだったと思います。

では、ルソーが述べていることも、結局のところ思考の事後的な整理こそが自分の気性にあっている、ということなのでしょうか。どうも、それ以上のものも含まれるように思うのです。彼は思考が整理されてゆく過程を、オペラにおける舞台上の光景になぞらえています。しつこく引用しますが、御容赦ください。

諸君はときどきイタリアであのオペラを見られたことはないか？　場面の変わり目、あの大舞台いっぱいに不愉快などさくさが起こる。それがしばらくつづく。舞台装置がごったかえされる。見ていてはらはらするようなひっぱりあいがいたるところにはじまり、何もかもすっかりくつがえされるかと思われる。そうこうするうちに、すべてが少しずつととのい、万事に手落ちはなく、さしもの長いさわぎのあとに、うっとりするような美しい光景があらわれたのを見て、みんなびっくりする。これとほとんど同じ操作が、ものを書こうとする場合、私の脳裏におこなわれるのである。まず、じっくりと待ったうえで、脳裏にえがかれたものの美を表現することができたら、私をしのぐ作家はほとんどなかったろう。*6

脳裏にやがて浮かんでくる言葉は、練り上げられた意見や議論の枠組みではなく、ましてや社交界での会話に必須の、気の利いた小話でもない。どちらからといえば、ルソーが提示してみせるのは、コミュニケーションの類ではなく、風景なのです。しかもそれは、彼の場合、美しく牧歌的な、それこそ自然の風景が基調となるのですが、他方で想起された世界は、舞台と、つまり演劇、劇場と無関係でもない――演劇がルソーにとって、人間を堕落させる都会の風俗の代表であるにもかかわらず、です。

とはいえここでは差し当たり、彼が世界を占有してゆく過程について、確認するにとどめておきましょう。すなわち、世界が事後的に構成される中で、言葉は彼に、彼だけが見える「うっとりするような美しい光景」を提供します（ここでは正しさと美しさは同義です）。全ては一挙に再現され、その外観は世界の真実を余すところなく伝える。「私は思いだす、場所、時、口調、視線、身ぶり、情況、何一つもらさずに。そうなってはじめて、あのように人がやったりいったりしたのはどういう考えからであったか、ということを知る。その見当のはずれることはまずない。*7」

自己愛と憐れみ

さて、自己愛とは、ルソーにとっては、文字通り自己の生存を優先する志向のことでした。彼は自己愛と自尊心（amour propre）とを区別します。後者は虚栄心や軽蔑、名声といったものと関係していて、他者と自分とを比較する社会的（＝社交的）姿勢から生じる、とされます。従って、彼のいう自己愛を、今の私たちが漠然とイメージするナルシシズムと混同してはいけません。世間に対する評価的まなざし、もしくは世間からの評価的まなざしを多かれ少なかれ、常に気にして生活している私たちの現状は、ルソーからすれば、自尊心への過度の依存を物語るに過ぎません。彼は自己愛をむしろ、共同体を必要とせず孤独に生活していた未開人という、彼自身が半ばフィクショナルに設定する人類の自然状態に見出します。そこでは家も私有財産もなく、男女でさえ、偶然に出会い、特にえり好みをすることもなく互いに交じり合い、性的欲望はその都度満たされ、消えていったとされます。かくのごとく、ほとんど動物的な活動を主導するのが自己愛ですから、この愛は観念も知らず、またより人間らしい情念も知りません。必要の充足さえできればよい、それが自己愛の、そしてルソーの考える自然の原点なのです。

一方、憐れみにおいて、人類は真に動物と違ったnature（自然／本性）を発揮します。というのは、他者を憐れむには、他者の状態を想像する力が必要で、そのためには過去と未来へ、いわば心を時間化するための観念を用いる必要があるからです（デリダに従えば、観念の反復可能性こそが、そうした時間化をもたらします）。粗野な主人によって身体を傷つけられた飼い犬を見て憐れみを抱くのは、その犬がどんな扱いを受けたか、また今後どんな扱いを受け続けることになるのか、人が想像のヴィジョンを拡大するからであって、単に目の前の犬の状態を見て憐れむからにとどまりません。

かくして、他者への気遣いは、ルソーにいわせるならば「各個人における自己愛の活動を調節し、種全体の相互保存に協力する」[8]ものとなる。彼は、ときに激しくなる自己愛や自尊心を和らげる、という言い方もします。とはいえ、憐れみは、例えば苦しんでいる他者のために自分の命も顧みない、といった自己犠牲的な行為を奨励するものではありません。他者への憐れみ、その苦しみへの同情は、自分は今、そういう苦しみからは免れている、という優越的立場の確認と切っても切り離せない。ゆえに自己愛は他者への憐れみと対立するどころか、これと両立します。その意味でルソーの場合、両者だけでなく、これらと自尊心との区別もまた、実はそれほど明確なものではないのです（人は動物に、そしてnatureになりきることはできない）。

確かに彼は、ときとして酷薄にさえ響く言い方をします。彼によれば「他者にしてもらいたいと思うように他者にもせよ」といういわゆる「正義」の格率とは違い、憐れみの格率は、消極的なものです。何しろ「他者の不幸をできるだけ少なくして汝の幸福をきずけ」と命ずるわけですから。[9]つまるところ他者への憐れみは、他者の不幸が「私」の想像界に侵入し、「私」を完全に他者と一致させない程度に、他者の不幸を想像するという線引きを要請するのです。そのためには――矛盾する言い方だと思いますが――想像を奨励しつつも、どこかでその限界を見極める立場を確保しておく必要がある。「私」は他者と心を一つにする。しかし「私」は他者ではない、換言すれば、「私」は不幸ではない……。

ルソーの考えは、いわゆる「人の不幸は蜜の味」という世間知（？）を物語るものなのでしょうか。ひとまず、イエスかつノーと答えておきましょう。彼は『エミール』の中でこんな風に述べています。「他人の不幸をあわれむには、たしかにその不幸を知っていなければならないが、それを現に自分が感じていてはだめだ。苦しい目にあったことのある人は、あるいは苦しい目にあうことを恐れている人は、苦しんでいる人をあわれむ。けれども、現に苦しんでいる人は自分をあわれむだけだ。[10]」

皆さんの中には、第2回講義で取り上げた、アーレントによるアウグスティヌス解釈を想起された方がいるかもしれません。そこでは、他者の救済へと信仰者を駆り立てるのは、他者がかつての、そして再び自分が陥るかもしれない「私」の似せ絵として認識されるからだ、というお話をしました。確かに「私」と他者は同一ではない。が、似た存在ではある。そうした類似性を確認するのは、互いの過去を想起させ、また互いの未来を予期させる、時間化された魂の働きです。しかし、現に苦しみ、自己の生存が危機にさらされている人間は、ルソーによれば、魂の地平を拡げることはできない。そんな余裕もない。余裕もないということは、想起や予期として機能する感受性が起動しない、ということです。

アウグスティヌスと違い、ルソーの憐れみの背後には、他者たちを巨大な共同体にまとめあげる、いわば「大きな物語」（リオタール）――人類の肉体と精神の危機を告げ、犠牲者キリストの存在を通して神へと導く、大いなる救済と福音の神話――などありません。彼が他者への同情を促すのは、端的に、人間存在のはかなさ、その無常性を心得ているからに他なりません。「家柄も健康も富もあてにしないように教えるがいい。運命のあらゆる移り変わりを示してやるがいい。」[*11]――そう、すべては無常に移り変わる、まさにそれが自然の――そして自然という―― nature（本性）であると知悉し、幸いにもその不幸から免れているわが身のありがたさを理解できる者こそが、同情という感受性を正しく用いることができる。『エミール』でルソーが試みる教育も、感受性のそうした運用を手助けするものなのです。そして彼は、ときとして、この教育のために劇的な語り口に訴えます。「とくに、すべてそういうことを教理問答のように冷淡な調子で話してきかせようとしてはいけない。人間にふりかかる災厄を目で見て、じかに感じさせることだ。あらゆる人間がたえずとりまかれている危険によってかれの想像を揺りうごかし、おびえさせるがいい。」[*12]

憐れみの劇場——苦しみを享楽する方法

劇的な語り、あるいは告白の舞台、といい換えてもよいですが、そう、まさに「劇場」という装置が問題となります。そしてこれは、自己告白の真理性を考察するうえで、極めて重要なテーマではないでしょうか。というのは、私には、ここに告白一般の「悪」の可能性が集約されるように思うからです。巷《ちまた》にあふれる芸能人や犯罪者たちの告白本に対し、私たちが抱くある種のうさんくささの所以を、この劇場装置の特性に求めることも的外れではないと思います。すなわち、告白の作為性、要するに事の深刻さを不自然なまでにアピールする、身振りの過剰性。ときにそこでは、本心を偽り、ただ他者（観客）に虚構を信じさせるための効果のみを狙った告白がなされる。そしてその結果として起こる、告白する者への感情移入と同一化。告白を読む読者（聞く観客）からするなら、他者になり変わることなく、他者「として」その苦悩を享受するという特権がそこで生じます。観察者ならではの、非当事者性からくる特権です（「他人の不幸をあわれむには、たしかにその不幸を知っていなければならないが、それを現に自分が感じていてはだめだ」）。あるいは苦悩の内容そのものの誇張。ルソーの晩年の作品『孤独な散歩者の夢想』は、『告白』同様、「こうしてわたしは地上でたったひとりになってしまった。」という具合に、自己の孤独の特権性を確認することから始まります[*13]。これらは全て、ルソーが感受性のドライブ装置と位置づけた想像力の活用（悪用）、まさに悪としての想像力と関係しています。

ルソー自身が、こうした劇的効果に依拠している点も、私たちは確認できるでしょう。『人間不平等起原論』で彼は、イギリスの作家バーナード・マンデヴィルの『蜜蜂物語』のワン・シーンを引き合いに出します。一匹の野獣が幼児を襲い、幼児の母親の前でそのかよわい肢体を引き裂くのですが、それを傍から見ている囚人が、何の救いの手も差し伸べられないことに深く苦悩する、という光景です。ルソーの説明に従えば、おそらく囚人は野獣が侵入できないような牢獄にいて、一連の悲劇を単に観察する――すなわち、危険を顧みずに救出できるような当事者ではない――立場に置かれている、と推測されます。実際彼はこのエピソードに基づき、憐れみの徳性をほめたたえます。「これが、あらゆる反省に先立つ、自然の純粋な衝動であり、これがいかに堕落した習俗でも破壊することのむずかしい自然の憐れみの力である。その証拠に、われわれの劇場にゆけば、もし暴君の位置についたならばいやが上にも敵の苦痛を重くしそうな手合が、不運な人の災難を見て同情し、涙を流すさまが毎日のように見られるからだ。*14」

ルソーの専門家であれば、色々見解があると思いますのが、私などは、彼の無頓着な筆致に頭がくらくらしそうです。おそらく彼の意図からすれば、暴君であっても憐れみの情という nature だけは忘れないという点から、人間の持つ偉大な徳性を肯定しているのでしょう。しかし私などは、自分の nature を顧みることなく、自分と関係のない者たちの不運に日々涙する暴君の身勝手さを思わずにはいられません。これこそ「人の不幸は蜜の味」そのものではないでしょうか。

『人間不平等起原論』発表の後、ジュネーヴ市民であるフィロポリスという人物が、ルソーにこういう質問を投げかけました。「ルソー氏があれほど多くの分量の憐れみの情を認めている下層民が、なぜあれほど貪るような眼で、刑車の上で息をひきとる死刑囚の光景に眺め入るのでしょうか。」――残酷な見世物に対する民衆の好奇のまなざし、それは憐れみという有徳な情とは相容れないものに映ったのでしょう。しかし、これに対するルソーの回答もまた、無頓着なものです。「あなたが劇場に行って涙を流し、セードが父親を殺したり、ティエストが息子の血を飲んだりするのを見るのと同じ理由によって。憐れみの情は、たいへん甘美な感情なので、自分でそれを試してみようとするのは、不思議ではありません。その上、人はみな、だれにも避けられないこの恐ろしい瞬間が近づいた折の自然の動きを研究したいというひそかな好奇心をもっているものです。

かてて加えて、二か月間町の雄弁家となり、近所の人々に、最近の車刑者の大往生を感動的に語って聞かせる快楽があるのです。[*15]」——かくして、ルソーは他者の苦悩がそれとして言語化され、物語化され、演じられる劇場を要請します。それが現実の劇場である必要はありません。というのは、もうお分かりでしょうが、心のうちに内面化されたこの劇場を取り仕切るのは、ルソーという特権的な観客——舞台上で行為し苦悩する他者と、確実な仕切りでもって隔てられた「私」——が用いる想像力なのですから。

劇場を否定する劇場——透明なる祝祭

しかしこのルソーは、他方で、劇場や演劇を忌み嫌っていた当人ではなかったでしょうか。実際彼は「演劇に関するダランベール氏への手紙」という、手紙にしては長大な書簡形式の論考の中で、この百科全書派の重鎮の提案に猛然と反論しています。ダランベールの提案というのは、ルソーの祖国であった小都市ジュネーヴに劇場を設立せよ、というものです。ルソーはこれを、パリという都市の価値観、換言すればフランスという文明国の価値観によってジュネーヴ市民の nature が汚染される危険と捉えました。彼の念頭にあるのは、後述しますが、要するに、貴婦人を含めブルジョワたちが耽溺する恋愛劇のことです。しかしルソーのこの態度は、憐れみという心情に習熟するために彼が虚構の劇場装置——演劇そのものがフィクショナルである点からすれば、ちょっと奇異な物言いですが——を要請したことと矛盾しているのでしょうか。

否、そうではない。想像力が善悪の両面を持っていたことと対応するように、彼は演劇の両価性というものをよく知っているのです。従って、「『ダランベールへの手紙』は一方では、演劇の害毒にたいする道徳的な批判であるにしても、他方では、いたるところでひとつの理想の舞台のイメージにのっとろうとしていることも明らかなのであり[*16]」とジャン・スタロバンスキーも述べているように、問題は演劇が悪いか否かではなく、何が、どのように演じられるべきかというその内実にある、とみなすべきでしょう。

スタロバンスキーは自著『ルソー　透明と障害』の中で、ルソーが語るある思い出に注視しています。それは「演劇に関するダランベール氏への手紙」の最後の注記に登場します。あるとき、彼の故郷ジュネーヴで、軍の連隊が演習を行います。演習後、それぞれに夜食を終えた中隊は、町の広場に集まり、士官も兵士も一緒になって踊り、それに太鼓や横笛が奏でる音楽が和する。松明を持った人々が広場を明るく照らし、やがて女たちも起き、戸外に出てくる。女中は広場に酒を運ぶ。広場は、踊り歌う兵士やその妻たちでにぎわい、そこに寝間着のままの子どもも加わる。かくして即興の祝祭は大きくなり、人々を歓喜のうちに包み込む。このスペクタクルに居合わせた幼いルソーに、父はいいます。「ジャン゠ジャック、お前の故国を愛しなさい。あの善良なジュネーヴ人たちをごらん。みんな友達だ。みんな兄弟なのだ。この人たちのあいだには喜びと和合が支配している。お前はジュネーヴ人だ。お前もいつかは他の国々の人たちを見るだろう。だがお前が父親と同じように旅をすることがあっても、このような国民に出会うことはけっしてないだろう。[*17]」

父、そしてルソー自身がジュネーヴ追放という運命をたどったことは、以前お話ししました。にもかかわらず彼は、父の教育（「お前の故国を愛しなさい。」）を決して忘れません。実際の祝祭は、彼の想起する内容とは違ったものだったかもしれないし、ましてや現在の（つまりダランベールが劇場開設を提案する時点での）ジュネーヴの実情とかけ離れたものかもしれない。しかし私たちはむしろ、ルソーが脳裏で再現する光景が含意する内容に注目すべきでしょう。そこでは、作為的なものや秘密めいたもの、あるいは経済的な不平等を思わせるものは極力排除されています。祝祭は即興的に、まさしく自然発生的に生まれ、居合わせた市民は、それぞれが祝祭の参加者となり、同時に目撃者となる、とされるのです。舞台と観客席との仕切りも存在せず、ましてや劇場を覆う屋根もなく、人々が歓喜を寿ぐ場がそのまま劇場となる。複雑な恋愛の駆け引きも、政治的な陰謀劇も存在せず、互いが胸襟を開き、隠し事なく歓喜に身をゆだねる。「みんな友達だ。みんな兄弟なのだ。」とルソーの父はいいますが、そうした透明な友愛関係においてこそ、「私」は他者たちと同じ立場に置かれ、かつ「私」自身でいられる。

つまるところルソーにとっては、愛が人民の間に適量に配分されることは、ある種の博愛主義を自己愛と一致させることを意味します。それが種の保存に寄与するエコノミーの真相であり（エコノミーとはこの場合、愛の配分という問題以外の何物でもありません）、そのためのシナリオ――ジュネーヴ市民の、ひいては人類全体の存続のために導入される公教育――がこの、極度に理想化された自然発生的な祝祭劇なのです。「広場のまんなかに花を飾った杭を立て、そこに人民を集めてください。そうすればあなたがたは一つの祝祭を始めることになるのです。もっと本格的な祭りにするには、観客たちを芝居にしてください。観客自身を俳優にしてください。すべての人々がよりよく結ばれるように、各人が他人のなかに自分を見出し自分を愛するようにしてください。[*18]」

女たち――エコノミーのノイズ

ダランベールへの手紙の中でルソーは、上記の祝祭劇のような公然たる舞踏会などで結婚適齢期の男女が出会い、皆に祝福されつつ結ばれることを推奨しています。公衆のまなざしが支配するこの明るく、透明な空間において重要なのは、カップルが互いに何も隠し立てをしないこと、従って、各人に、できる限り想像力の働く余地を与えないことです。

暗がりで、あるいは夜のとばりとともに起動する想像力は、相手の存在を、いわば過剰に拡大します。相手を思う想像力が暴走するのは、例えば相手が不在である場合、相手の心が読めない場合、それに、相手が自らを公然と偽る場合などでしょう――お分かりのように、これらは陳腐で使い古されたモチーフですが、恋愛劇ではおなじみのものです。ルソーにとって、種のエコノミーを狂わすのは、男を挑発する女たちの存在と決まっています。特定の相手に過剰なまでに執着すること、そしてそのために、自らを偽り、相手の想像力を――これは無論、肉体への、つまり服の下の裸への性的な関心をも含みます――駆り立てるべく、自身を飾り立てること、これをルソーは女性化と非難します。

以前述べましたように、ルソーは恋多き人間でした。ダランベールへの手紙を書いていた時期にも、彼は恋人トゥドト婦人との関係に思い悩んでいました。手紙には、ジュネーヴの人間は本来恋の情熱を感じる点であまりにも有能だ、といった言葉も記されています（苦笑を誘う自己弁護ですね）。博愛を妨げ、性愛のエネルギーの偏った運用へと人を誘うのは女たち、しかも、男の想像力に訴える女たちなのです。子育てや家庭の維持に努める母たちとは違い、貴婦人は、まさに種の繁栄を妨げる「ノイズ」でしかないのですが、ルソーはこのノイズの魅力を、嫌というほど知っているのです。

けれど、彼の恋愛至上主義（と、その反動としての家族主義）の詳細にはあまり立ち入らないでおきましょう。ここでは、より深刻な問題を指摘しておきたいと思います。ダランベールへの手紙には、彼がジュネーヴの家庭的な女性たちをほめそやす一節がありますが、それは次のようなものです。「わが国の山間地では、女性は内気でつつましく、ほんのちょっとした言葉が彼女たちを赤面させます。彼女たちは男をじっと見つめるようなことはできないし、男たちのまえでは沈黙を守ります。*19」

女性は、見られる対象であり、想像され、また告白される対象ですが、彼女ら自身が見る主体、想像し、男に告白する主体とはならない。この非対称性こそが、ルソーの想像する祝祭劇の絶対的なルールなのです。いずれ別の機会にお話しできればと思いますが、他者の内側を覗くまなざしの主体に、常に男が置かれるということ、従って、常に覗かれるのは女たちとされること、これはルソーに限ったことではなく、西洋の文明史を貫く極めて男性中心主義的な構図なのです。ですから、女神たちの性的魅惑から苦心して身を守りつつ故郷を目指したオデュッセウスの神話から始まり、ラカンの悪名高き「女は存在しない」というテーゼに至るまで、男たちに観察の自由を与えず、彼らのまなざしを拘束する女のそれは、極端にいうなら、文明そのものにとってのスキャンダル、とされたのです。

行為から観察へ――風景画家としてのルソー

繰り返しますが、ルソーは友愛の理想を、祝祭劇において観客自身が俳優になること、換言すれば、観察者が同時に行為者になること（見る者＝見られる者）に見出そうとしました。けれども、そうした劇が実際のところ、広く公衆のまなざしに開かれたものでなく、ルソーという特権的な観察者の想像行為によって囲い込まれたものである以上、ここにあるのは、ただ観察するという行為のみです。

晩年の作品『孤独な散歩者の夢想』には、彼が行き着いたこの観察者としてのポジションが如実に表れています。ルソーは、子どもを全て孤児院に追いやった人でなしだという評判を振り払うかの如く、また、当時の自分にはそれ以外の手段でわが子たちの未来を救う手立てはなかったのだと、心の片隅に残る罪悪感を振り払うかの如く、子ども好きの自分を確認しようとしますが、その場合の彼の言動は注目に値します。「なぜなら、わたし以上にかわいい幼な子が集まって遊び戯れる光景をながめるのが好きな人間があろうとは思われないからである。わたしはしばしば通りや遊歩場に立ちどまって、かれらのいたずらやかわいらしい遊戯を見まもっていることがあるが、そういうわたしと興味を分かつ人はひとりも見かけたことはない。」[*20]――ルソーにとって子どもは、人間社会のあるべき理想を指し示す重要な指標でもあるのですが、それは、子どもの戯れは、リアルな人間関係につきまとう汚れた利害関係を一切含んでいない（と彼がみなす）からです。アウグスティヌスの考えとは逆に、[*21] 子どもは汚れてもいないし、自分を偽ることもない。

ちなみに遊戯はフランス語ではjeu、ドイツ語ではSpielといいますが、jeuもSpielも演技という意味を――そして賭け事という意味さえ――含んでいる点からすれば（ドイツ語で芝居や演劇はSchauspiel、つまり見て楽しむ〔＝schauen〕演技ということになります）、ルソーの見解のあやうさが分かろうというものです。郊外を散歩し、植物を収集するルソーにあるのは、スタロバンスキーにいわせれば、自然への学問的探求心というよりは、心の慰安を求める散発的な美的関心だけです。医学や経済的豊かさを敬遠するルソーにとって、植物は、その薬としての効能や食料としての有用性において関心を引くのではない。彼が楽しむのは、その見た目の美しさのためであり、カント美学の用語でいうなら、植物の形態がルソーに「想像力の自由な戯れ」を約束するからです。確かに自然は彼にとって、ただ観察する「私」を純粋に楽しませるものとして現前する。「あたかも植物的な純潔が観照者の無実を保証する魔術的な力をそなえているかのようにである。[*22]」

とはいえ、彼は夢想のあやうさ、要するに「私」という観察者に付された特権性がいかに脆弱であるかということを、よく心得てもいたのです。「物事にはすべて代償がある。わたしの楽しみはまれになり、みじかいあいだしかつづかないとしても、わたしは楽しみが味わえるときには、それがもっとたびたび味わえたときよりもいっそうつよく味わってもいる。わたしはそれをたびたび思い出すことによって、いわば反芻しているので、たとえ楽しみがまれになったとしても、それが純粋なまじりけのないものであるならば、わたしはおそらく幸福な時代におけるよりもいっそう幸福になれる。[*23]」ルソーの幸福は、彼が祝祭劇に仮託した自然発生的な性格とは逆に、やはり観念に閉じ込められた幸福のイメージを繰り返し再生することでもたらされる。そしてそれは、やはり彼が夢見た、全ての者が戸外で互いを観察するという自然の社交性が与えるのではなく、ある閉鎖された空間と、それを貫く一方的なまなざしが可能にするのだ、といえるでしょう。

ルソーは、想像によってもたらされるささやかな楽しみを、彼を迫害する（と彼が想像する）者たちの目を逃れてひそかに味わう、と『孤独な散歩者の夢想』で述べていますが、彼の快楽の原点が、性愛の対象についてひそかに夢想する、少年ルソーのオートエロティックな戯れにあったことを思い出して下さい。デリダは、ルソーの「人目をしのぶ経験」に言及していますが[*24]、この経験は彼が『エミール』で説いた自然教育と何と乖離していることでしょうか。彼にとって運命の人ともなったヴァラン婦人への思いは、彼女が不在時にむしろ燃え上がります。彼は婦人が寝たベッドにひそかに口づけをし、彼女の持ち物、彼女が歩いた床にまで接吻を繰り返す。食事時に、食べ物に髪の毛がついていると偽り、婦人がすでに口に入れていた食べ物を奪い、飲み込みもする。かくして脳裏に形成される性愛の対象は、例の「なれ親しんだ快楽」を生み出す触媒となる。そして「その悪習は、また、想像力のたくましい人間には一つの大きな魅力でもある。いわば、自分の意のままに、異性のすべてを自由にすることができる。また、自分のひかれている美しいひとを、その告白をまつ必要なく、自分の快楽にうまくとりこむことができるのだ。[*25]」――相変わらず、女性たちは沈黙を強いられる、というわけです。

陳腐化するルソーの愛

さて、ルソーの性癖、その覗き見のような一方的な想像力の発露は、現在の私たちとは無関係の、一八世紀の遺物なのでしょうか。どうも私にはそうは思われません。中島義道さんの言葉にあったように、「生身のその人にはまったく興味がない[*26]」ままに不在の相手の内面を覗き、一方的に想像することで自己愛を満たそうとする姿勢は、私たちに何となじみある姿勢でしょうか。それを中島さんは「相当に不健康であることは自覚している」と述べ、ルソーもまた「気ちがいじみたこと[*27]」と告白しました。けれどもそれは今や、妄想激しい哲学者たちの特権ですらありません。

そう、行為と対比された観察というより、観察という行為が日常生活を占めるという倒錯を、私たちは『何者』の拓人君に見たはずです。無論彼はルソーのように、自分でもコントロールできないほどの激しい性情を備えているわけでも、眉をひそめるような性癖の吐露を行うわけでもない。そもそも彼は自分を、他者とは違う唯一無二のOnly oneとみなすわけでは決してない。拓人君の観察眼は、以前述べたように、他者も自分もしょせん大した存在ではないのだ、という確認を行うための、まことに博愛精神にあふれた機能を有していました。もし情報技術の発展やインターネット・ツールの浸透が、互いに他者の生活を一方的に見てほどほどに楽しむためだけの、いわば「公然たる覗き見」に奉仕するに過ぎないとすれば、私たちはルソーのメッセージの、正当であるが実に陳腐な相続人ということになるでしょう。彼にとってはまれな楽しみとして自覚されていた祝祭劇は、サイバー空間ではありふれた日常と化しているのですから。

第5回講義

悲しめない「私」
――フロイト・メランコリー・他者への愛

「私」から他者へ、ルソーからフロイトへ

ルソーの「私」は、観察者としての自然美の観賞という境地に行き着きました。それは、観察の対象が植物や自然風景に限定される、ということではなく、事物や人間の自然で汚れなき（と、ルソーが考える）姿を、当の対象に干渉し過ぎることなく自由に捉える、という志向を意味していました。とはいえ、この美的観賞は、彼の理想に反して、万人に共有される類の普遍性を備えたものではなかった。自然は、社会生活に役立つよう事物や人間のnature（自然／本性）を改変しようとする文明人の利害関心から逃れるように、彼にしか捉えられない感受性でもって、かすめとるように描写され、彼の心に書き込まれた。中でも、ルソーの感受性が最もかけがえのない自然とみなしたのは、無論、彼が幼少期に、これまた他者に隠れるようにして作り上げた彼自身の性愛の感受性でした。かくしてルソーは、小林秀雄のいう「器用に、感受性のカタ

ログの作れる男」[*1]として、自己の個性を最大限に主張することに成功しました。近代を告げるデカルトの命題「われ思う、ゆえにわれ在り《コギト・エルゴ・スム》」をもじっていうなら「われ感じる、ゆえにわれ在り」の誕生です。そしてこの命題ほど、現代人のメンタリティを象徴する言葉もないでしょう。私たちにとって、自分の感性を否定されることほど傷つくことはないのですから。「すべての人々がよりよく結ばれるように、各人が他人のなかに自分を見出し自分を愛するようにしてください。」というルソーの懇願は、一部の人々にとっては、自明すぎて有難味のない事実に過ぎない。私の念頭にあるのは、他人は他人、自分は自分という具合に、自他の区別を心得た人物ではなく、自分と同じように感じない他者など想定できないような、いわば拡張されたエゴイズムが常態化している人種のことです。しかし、現代においてルソーの思想がいかに陳腐化しているかという問題は、いまは棚上げにしておきましょう。

　それにしても、ルソーの奔放な想像の戯れには、本当に他者の介入する余地はなかったのでしょうか。イノセンスに対する彼の愛着は、イノセントな自分を見守ってくれるはずだった母の喪失という原体験――精神分析風にいえば、原‐外傷――を埋め合せようとする代償行為であり、そうした行為に彼を駆り立てたのは、ルソーを母の簒奪者と名指し、母の代わりになれ、と命じた父の存在ではなかったでしょうか。この仮説については、以前少し触れましたし、また後述するように、精神分析好みのモチーフでは、あります（先走っていうなら、フロイトによる「無意識」の発見は、「私」の告白のうちに潜む他者の存在、その意識せざる影に注目することと深く関係しています）。とはいえ、少なくともルソーは表立っては、父母について多くを述べていません。述べていないというのは、自分という存在を形成するもののうち、何が父母に由来するものであるか、その「遺産目録」の継承について自覚的ではなかった、という程度の意味です。

喪としての自伝[*2]

実は私がずっと興味をもって追跡しているテキストは、それが文学的作品であろうと、歴史的資料であろうと、科学的論述であろうと、この継承問題について徹底して自覚的であったテキストばかりです。「私」は、他者と対峙する。しかもその他者は、他ならぬ「私」を形成した当のものであり、自らを語る中で「私」は、この他者から何を受け継ぎ、また何を受け継がないかを、改めて振り返り、決断する。ある種のテキストには、そうした反省と決断が何よりテキストという形で展開されねばならないこと、つまり、書くことを通じてしか「私」は他者との折り合いをつけることができない、ということを、心底納得させる何かがあります。そこでは「私」は、単に「私」の一部を作る他者について語るのではなく、ときに他者の「声」を受け継ぎ、後世にまで残すための証言者、すなわち、他者の代弁者という役割に徹します。そうしたテキストの迫真性は、まぎれもなく、「私」がその他者に応答（response）しなければ、要するに「私」が伝えなければ、その彼（女）のメッセージばかりか、彼（女）が生存していたという事実そのものが失われてしまう、そうした倫理的責任（responsibility）感が文章の隅々からうかがえる点に存しています。

他者は、いつまでも「私」につきまとう強大な権力者、つまり「父」という伝統的権威として現れるときもあれば——その場合、他者は「私」がそこから解放されるべき対象、換言すれば、「私」が葬るべき対象となるでしょう——、声を奪われ、力を奪われた時代や権力の犠牲者、誰かがその声を引き受けてやらねば消えてしまうような弱者として、「私」が新たな生を吹き込むべき対象となる場合もあります。当講義では表立って取り上げませんが、江藤淳が『一族再会』で想像してみせる祖母、そしてドゥルシラ・コーネルが『女たちの絆』で描き出す祖母は、この両面を備えた存在といえるでしょう（どちらの場合も、男の論理が社会を支配していた近代において、強くあらざるをえなかった女性をテーマとしている点は、注目に値します[*3]。そしてときに、他者の証言の引き受けは、「私」自身の生存の危機と連動して生起します。自死する前の江藤の仕事は、四歳のときに亡くした母の若き日々を再現することに費やされていましたし[*4]、白血病に侵された晩年のエドワード・サイードは、自伝を書きつつ半生を振り返る中で、かつて父が自分に施した教育の意味を問いただそうとしました[*5]。自らを語ることは、親しき者の生に光を当てると同時に、やがて死にゆく自分自身の生を、テキストとして誰かに託したい、そういう切実な思いの表れでもあります。私が第7回講義で取り上げる予定のアリス・ウェクスラーの著作は[*6]、母の死という現実と自らの死の可能性という「ふたつの死に切迫される苦悩」[*7]との格闘の軌跡を、如実に伝えています。

命が有限であるという自覚は、語りを、単にその場で生起し、終息する生の営み以上のものにしなければならないという思い、極端にいうなら、生の営みをもう一つの「生」へと転換させねばならないという思いへと導くのではないでしょうか。ルソーを『告白』へと促したのも、書かれたルソーのうちに、いつか後世の読者が見出す「真の」自分を救い出しておく、という思いではなかったでしょうか。

無論、全ての自伝がこうした喪失や死に対する予感に係留されている、とはいいません。しかし、生きる「私」の中に様々な生の営みの一つとして語りがある、という意識と、もはや語りしか「私」の――そして他者の――生を証言するものはない、という意識は、どこか違うように感じられるのです。とはいえ、これまた当然のことながら、全ての自伝、全ての告白に、そうした深刻すぎる危機意識を要求することはできません。そうした要求が、時に手におえない暴力性を帯びるという問題については、戦時において利用された死者たち(兵士や戦争犠牲者など)の声を取り上げる際に、深く立ち入ることになるでしょう。

それにしても、喪失した他者の存在が「私」にとって、容易に忘れられぬ、破棄せざる存在として自覚されるとは、どういう事態なのでしょうか。あるいは、「私」の生存を危機に陥らせるほどに、「私」の中で他者の存在が大きくなるとは、どういう事態なのでしょうか。語りの営みについて色々と考察を試みる前に、「私」に取り憑くこの他者、フロイトが「亡霊」と呼ぶ他者との付き合い、そしてその葬送について、お話したいと思います。

対象喪失、そして「私」の喪失

序論でご登場いただいた小此木啓吾さんは、自著『対象喪失――悲しむということ』の中で、かつてアメリカで行われた調査結果を紹介しています。[*8] それは人々にとって重大なストレスとなる生活上の変化を数量的に表し、類型化したもので、それによると最もストレス値が高いのは、配偶者の死（ストレス値100）であり、それに離婚、配偶者との別れ、拘禁、親密な家族メンバーの死（それぞれストレス値73、65、63、63）が続きます。リストには経済的事情の変化や職場でのトラブル、失職なども挙げられていますが、上位を占めているのは、結婚や妊娠、性的障害、家族メンバーの健康上の変化など、家族関係に起因するものが多数です。

小此木さんが用いた資料は一九七〇年代のアメリカのものであり、必ずしも今の私たちにピタリと当てはまるとは断言できませんが、それでも、親密な間柄の他者との関係性が私たちの心身に与える影響については、決して低く見積もるわけにはいかないでしょう。人間それぞれにとって、頼りにしている他者や環境との親密さ、一体感がいかに精神衛生上、重要なものであるかということは、今更指摘するまでもありません。

対象喪失（object loss）とは、そうした一体感が失われる出来事を指す言葉なのですが、面白いのは、小此木さんによれば、喪失とは必ずしも親しい者が亡くなること、その生物学的な死に限ったものではなく、失恋や人間関係の破綻、そして自分を庇護していた父母から個人が独り立ちしてゆく過程についても該当する、ということらしいのです。

生物として「正常に」生存し続けるという基準からいえば、対象喪失を経た人間にとっては、新たな環境に適応し、新たな人間関係を築くというのが、いわば生物学的な「理想」でしょう。けれども、現実問題として喪失の経験は、そう簡単に忘却しうるものではない。妻を癌で亡くした江藤は、通夜に向かう心境をこう記しています。「いったん死の時間に深く浸り、そこに独り取り残されてまだ生きている人間ほど、絶望的なものはない。家内の生命が尽きていない限りは、生命の尽きるそのときまで一緒にいる、決して家内を一人ぼっちにはしない、という明瞭な目標があったのに、家内が逝ってしまった今となっては、そんな目標などどこにもありはしない。ただ私だけの死の時間が、私の心身を捕え、意味のない死に向って刻一刻と私を追い込んで行くのである。」[*9]

江藤はまた「死の時間は、家内が去っても私に取り憑いたままで、離れようとしない」とも表現していますが[*10]、喪失の苦しみから抜け出せない場合、残された者の挙動はどういう特徴を示すことになるのでしょうか。小此木さんは先の著書において、二つのケースを挙げています。

一つ目は、対象を無理矢理にでも自分のものにすることで、自他の区別そのものを否定するケースです。自分の愛の訴えを拒否した予言者ヨハネを殺し、その首をかき抱いたサロメの伝説は有名ですが、相手の生存を否定してでも占有したいという愛情は、「食べてしまいたいほどかわいい」という幼児的な愛情表現の文字通りの実践として、対象の一方的な取り入れという野蛮状態にまで退行する可能性を秘めています。一九八〇年代のパリで起こったある殺人事件では、白人女性に病的なまでの執着心を持った日本人学生が、オランダ人留学生を殺害し、その肉の一部を食べる、という陰惨な行為に及びました。

さて、二つ目のケースは、食べたり破壊したりするのとは違いますが、それでもなお、対象（相手）になり

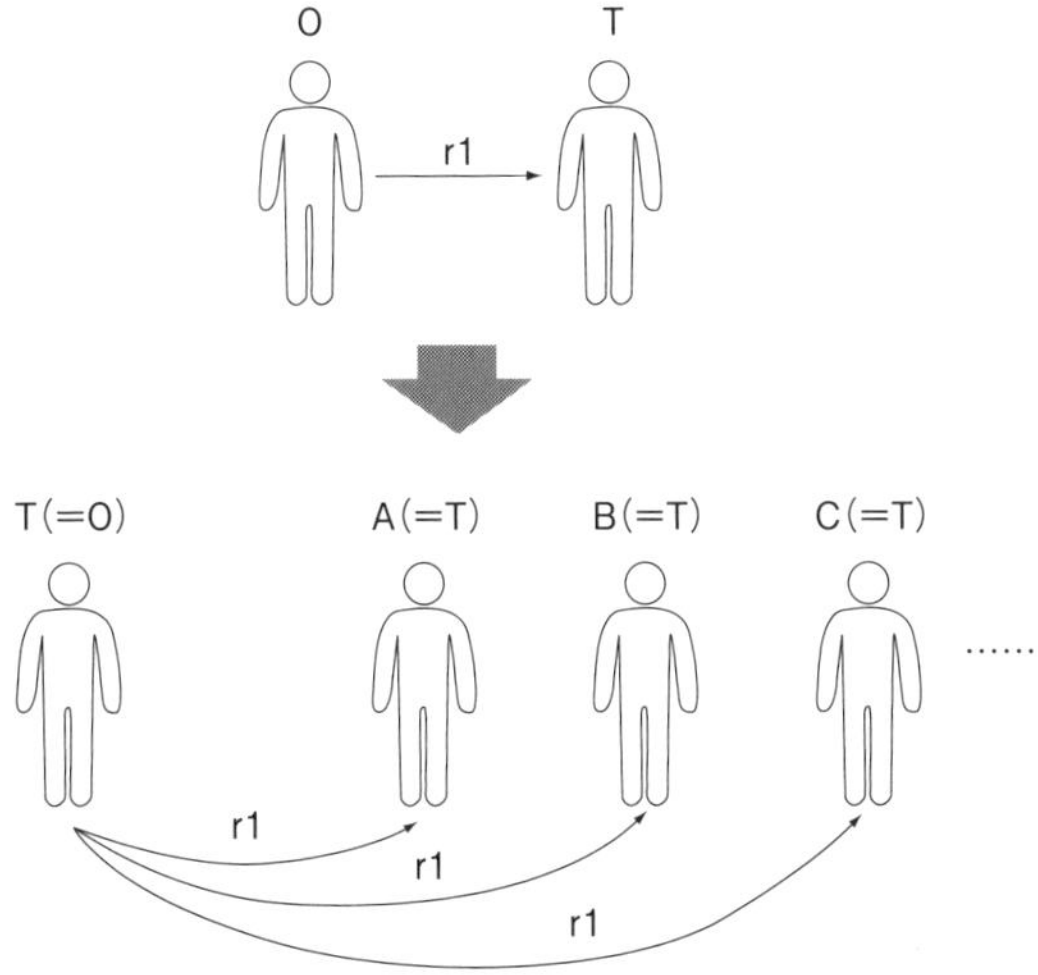

図２　関係性の「転移」

きることで、対象との一体化を果たそうとする態度です。『対象喪失』からそのまま引用します。「同様に、敬愛していた恩師を失った愛弟子は、しばしばその先生と自分の師弟関係を、そのまま自分の弟子とのあいだに再現する。たとえばピアノの教師として名高いT氏は、特別にきびしいレッスンを課することで有名であった。しかし実は、彼が弟子たちにそのように苛酷な修練を強いるのは、彼自身がその恩師であるO先生に同一化し、自分の弟子に、O先生の弟子としての自分を見るようになったためである。[*11]」——これを私なりに図示し直してみましょう。

T氏とO先生との間にあった親密な関係をr（relation）1と表すと、T氏はO先生亡き後、自分がO先生のつもりで、かつての関係性を自分の弟子に反映させます（精神分析の用語を用いて、関係性の「転移」、という言い方でもできるでしょう）。弟子がAであろうがBであろうが、それはO先生に厳しく育てられた自分自身であって、先生から受けた苛酷なレッスンを、今度は自分の弟子に課す、というわけです。

弟子一人一人と真に向き合い、それぞれとr2、r3、r4といった新しい関係性を構築することなく、一律にr1にこだわり続けるT氏の姿は、O先生亡き後、このr1も同時に再現不可能になった、という現実を受け入れられぬ心境を物語っています。では彼にとって、幻想としてのr1を手放せぬ理由は何なのでしょうか。小此木さんは「このO先生に対して、実は彼［T氏］は尊敬の念だけでなく、激しいうらみや競争心を抱いていた。そしてまた、これらの気持に対する秘かな罪悪感をもっていた。それだけに、弟子たちに対する厳しさは、O先生に対するうらみに発するいじわるさを含んでいた。[*12]」と述べています。愛情のみならず、無意識のうちにネガティブな感情までも懐抱していたT氏は、この感情を新たな弟子に向けることで、ある種の埋め合わせを、自分が与り知らぬところで繰り返し試みていた、といえなくもない。なかなかうまい言い方が見つかりませんが、O先生が亡くなった後、T氏は、先生から返済されるべき何かがあるように感じており――例えばそれは、なぜ自分にばかり先生は厳しかったのだろうという、もはや永遠に返答を期待できない問いへの答えとしていい表せるかもしれません――、それがゆえに、まだ関係性を解消できるときではないという心境が、彼に、Tとしての「私」を取り戻し、新たな人間関係を築くことを妨げる原因になっている可能性があります。

O先生に「奪われた」自分らしさを回復するには、小此木さんによれば、先生に対する「悲哀の仕事」を遂行する必要があります。ここで重要になるのは、フロイトのいう「Trauer」の概念です。Trauerはドイツ語で、喪と悲哀という二つの意味を含んだ言葉です。悲哀の仕事とは、簡単にいえば、愛する対象はもういないのだという事実を受け入れ（＝関係性の断念）、自分のもとから対象を送り出し（＝葬送）、その不在をきちんと悲しむことです。しかし、これがなかなかに難しいのは、フロイトの分析からも明らかです。フロイト的に解釈すれば、T氏は、O先生の死去という事実を否認しているわけではない。先生の亡霊が毎夜、氏の枕元に立つわけでもない。その意味で、解消しえないのは、先生への愛憎を含んだ感情的部分なのです。フロイトはこれをリビドーと呼びました。リビドーは、もとは欲望を表すラテン語で、彼はこれを性的欲動のエネルギーとして、精神分析の分野に導入しました。が、私はここでは、リビドーを思い切って、愛着、とも表現したい。愛着とは、要するに、特定の対象への持続的なこだわりです。では、対象がいなくなる、もしくは対象への愛が当の対象から拒否される場合、このリビドーの流れにどのような変化が現れるのでしょうか。フロイトは論文「悲哀とメランコリー」（一九一七年）で詳細な論述を展開しています。

メランコリーの構造

この論文では、他者の不在——正確には、他者からの愛の不在、というべきですが——を「きちんと悲しむ」ことに対比されているのは、メランコリー、つまり、異常性が顕著な鬱状態です。悲哀もメランコリーも、深刻な苦痛に満ちた不機嫌、外界に対する興味の放棄、愛する能力の喪失などの点では共通しているのですが、フロイトはメランコリーにのみ特有の現象として、妄想的な自己処罰願望にまで発展しかねないほどの自我感情の低下を挙げています。メランコリー患者は、自分の至らなさを責め、自己批判を繰り返す。しかし本当は、彼（女）は自分自身を責めているのではないというのが、悲哀の仕事に失敗した者たちの真相だ、とフロイトはいいます。どういうことでしょうか。「メランコリー患者のさまざまな自責の訴えを根気よくきいていると、しまいには、この訴えのうちでいちばん強いものは、自分自身に当てはまるのは少なく、患者が愛しているか、かつて愛したか、あるいは愛さねばならぬ他の人に、わずかの修正を加えれば、あてはまるものであるという印象をうけないではいられない。」[*13]——第三者から見るなら、「私」が批判しているのは、「私」がかつて愛した他者、別の角度からいうなら、かつて特定の他者によって殊更に愛されていた「私」、ということが判明してくる。自己批判をフロイトは、愛の訴えとも表現します。というのは、自分を責めるというのは、つまるところ、どうしてあの人は自分を愛してくれなかったのか、あの人に愛されなかった自分とは何なのかという、破棄された愛への執着以外の何物でもないからです。このあたりのメカニズムを彼は、次のように説明しています。

まず対象の選択が行なわれ、特定の人にたいしリビドーの結びつきが成り立つ。ついで愛された人の側から実際に侮辱されたり、失望されたりして対象関係に動揺が起こる。その結果は、リビドーがその対象から離れて他の新しい対象にうつるという正常な結果にはならないで、多くの条件が加わって成立する他の結果になる。対象充当はさほどの抵抗もなく棄てられるが、解放されたリビドーは他の対象に移動せずに自我に戻る。しかし自我の中で、リビドーは勝手につかわれるのでなく、捨てた対象と自我とを同一視するためにつかわれる。対象の亡霊は自我にうつり、その自我はある特別な判定によって対象として、つまり棄てられた対象として現われる。こうして対象の喪失は自我の喪失に変わり、自我とその愛する者との葛藤は自己批判と自我――同一視によって変わった――とのあいだの分裂となる。[*14]

「対象の亡霊は自我にうつり、その自我は……棄てられた対象として現われる」とは、非常に難解な説明ですが、フロイトの主張をかみ砕いていうなら、おおよそこうなるでしょう。

恋愛の例が分かりやすいと思いますが、人は多かれ少なかれ、愛着する相手の好みや考え方、趣味などに影響され、相手のようになりたいと思い、その行動様式や思考法を自分のものとして取り込みます。心理学的にいえば、他者の理想化、または、理想自我としての他者のパーソナリティーの取り入れ、と定義できるでしょう。こうして過剰に理想化された「幻想の他者」——なぜ過剰な理想化であり、幻想かというと、相手が、「私」が希望し、そうあってほしいと想像した通りの人間だという保証は、どこにもないからです——が、実際の他者との別れの後も、あるいは、愛の破綻がゆえにますます強固なものとして、「私」の中に居座るようになる。これをフロイトは「自己愛への退行」と呼びます。

苦悩という快楽——幻想と命がけで戯れる

ややこしいのは、この自己への愛とは、自己が思い描き、いまだに廃棄できない他者への愛を意味するという点です。「私」は他者に捨てられたがゆえに、捨てられる以前の、他者に同化し、他者に愛されていたはずの「私」に執着する。しかしフロイトは、メランコリーの特徴を、激しい処罰感情に見たのではなかったでしょうか。そう、複雑なのはこの場合、愛と憎しみが不可避的に交錯する点です。「私」は、かつて他者に愛されていたはずの「私」、他者好みの「私」であった「私」を愛し、かつ憎む。フロイトの論文から、重要と思われる箇所を再び引用します。

> 対象への愛は棄てきれないで対象だけが棄てられるのだが、この対象愛が自己愛的な同一視に逃げて対象が自我にとりいれられると、あらわにこの代理の対象にたいし憎しみがはたらき、それを侮辱し、軽蔑し、苦しめ、この苦悩にたいしてサディズム的な満足をえる。メランコリー患者は疑いもなく自分の苦悩を楽しんでいるが、このことは脅迫神経症に見られるサディズム的意向と憎悪の意向との自己満足という現象によく一致している。これらの意向も、はじめはある対象に向けられ、途中で自分自身に反転したものである。どちらの病気でも、患者は自己処罰という回り道をとおって、もとの対象に復讐することができる。

> 彼らの敵意を直接にしめすわけにはゆかないので、みずから病気になって、その病気を通じて愛する者を苦しめるのである。[*15]

フロイトの洞察の鋭さに、思わず驚嘆してしまいます。メランコリーという病の奥深さは、苦悩を楽しむ、つまり自己批判自体が快楽と化している点にあります。ゆえに患者は――彼（女）たちがフロイトの元を訪れるのは、日常生活に支障が出るほど精神のバランスを欠いているという自覚が患者自身にあってのことなのですが――この病と今すぐ付き合いを止めたい、とまでは考えない。無意識下において、彼（女）自身の生存を脅かすほどの葛藤が繰り広げられているにもかかわらず、です。

批判が快楽と化すのはなぜか、改めて整理しましょう。まず患者が自分自身（つまり他者）を責めるのは、他者が自分の愛を拒んだからでした。そこに生じる憎悪を、他者の期待に応えられなかった自分自身への憎悪、と解釈し直してもよいかもしれません。が、ともかく批判には、愛が破綻したことへの敵意、復讐心が働いています。にもかかわらず、自分（と、その中に住まう他者）に敵意を向け続けたい、と患者が切望するのは、彼（女）が愛の訴えをあきらめきれないからです。どうして「私」の愛を受け入れなかったのかという恨みの心情は、今からでも愛を受け入れてほしい、受け入れてくれるかもしれない、という希望と表裏一体の関係にある。「私」の中に、幻想としての他者を住まわせることで、絶望が希望へと反転する可能性を、「私」は絶えず垣間見ることができる、というわけです。

極端な場合、それは自分を殺すことで、自分ともども他者を葬りたい、すなわち、成就したであろう他者と「私」の愛の関係を、現実の彼岸において永遠化したい、という願望へとエスカレートする。フロイトは他者への極端な愛着が自殺へと至る可能性を示唆しています。

これは、ほとんどの人々には無縁な、極めて特異な人間が陥る、特異な状態でしょうか。私はそう思いませんし、フロイトもそうです。

私は、いじめの問題をまず思い浮かべます。いじめが罪深いのは、人を、いわば答えのない――にもかかわらず、答えを切望して止まない――幻想の闇に閉じ込める点にある、と私は考えます。どうして「私」はいじめられるのか、どうすればいじめは止むのか、加害者自身から納得のいく回答を得られない当事者は、自問自答を繰り返すでしょう。否、自問自答ではなく、自分と対話する者として、加害者を思い浮かべるかもしれません。そして危険は、まさにこの、想像上の関係性に生まれるのではないでしょうか。危険の最たるものは、自分が死ねば、あの人はどう思うだろうかと思いめぐらし、自分の死の後に浮かぶはずの、加害者の深く後悔する姿をイメージし、罪悪感に打ちひしがれた加害者の顔を想像して楽しむことではないでしょうか。というのは、孤立した被害者はそこで、我知らず、死と引き換えに支払われるべき他者の苦悩や後悔（の幻想）に、現実の自分の生殺与奪の権利を委ねるのですから……。

かくのごとく、欲望と想像の主導権を幻想の他者に委ねるケースが、『女たちの絆』に見出されます。[*16] コーネルが注目しているのはマリ・カルディナルという女性の例で、彼女は性器からの絶え間ない出血に悩まされ、心身ともに危機的状況に陥ります。その原因を、のちにカルディナルは母との関係に発見するのですが、早くに夫と別れ、フランス植民地のアルジェリアで生活を成り立たせねばならなかったこの白人女性は、最初の子どもを結核で失っていました。それだけでなく、二番目の子、すなわちカルディナルを身ごもったとき、彼女はすでに夫と離婚することを考えていたのです。ゆえに彼女は、様々な堕胎処置を試みます。が、全てうまくいかず、結局カルディナルは、母の望まぬ子として生まれることになった。カトリック教徒として、医師のもとで中絶手術を受けるという選択を禁じられた母は、自己流に行った堕胎の試みを思春期のカルディナルに生々しく語ったといいます。彼女の不可解な出血は、つまるところ、母の願望や憎悪、次第にお腹が大きくなることへの恐怖などをカルディナル自身が内面化し、母の望み通りに自分を消してしまいたい、と彼女の身体が無意識のうちに反応した結果だと解釈できるでしょう。

コーネルは触れていませんが、カルディナルの症状が、彼女が三人の子どもに恵まれた二〇代の後半から発現してくることには、何か意味深いものを感じます。が、それはともかく、精神科医との対話の中で、彼女は、あまり自分に向き合うことのなかった母との思い出を一つ一つ、想起してゆく。中でも、最初の子の墓石を優しく撫で、愛するわが子の不在に涙を流す母を見つめながら、どうしたら母に愛される存在になれるのかと自問自答する少女カルディナルの姿は、読む者を慄然とさせずにはいられません。

> こうしたとき、わたしは墓石になりたいと願ったものだった。それだけでなく、死にたいとさえ思った。そうすれば、わたしが会ったこともない、そしてわたしにはあまり似ていないように思えた、この小さな少女と同じくらい、母はわたしを愛してくれるだろう。わたしは、花に囲まれ横たわり、うっとりするほど美しく、身動き一つしない死者であり、そして母からいっぱいキスされている自分を想像した。[*17]

幻想は死なず――「私」への信頼、すなわち「私」を見つめる他者への信頼

カルディナルの欲望が、母にキスされる、死者としての自分を想像する点に結集することは、もはや君には死しかない、理由は君が知ってのとおりだ、という加害者の幻想を、いじめの被害者が内面化し、自発的に受け入れることに通底する何かがある――少なくとも私には、そう思えます。「私」には価値がある、少なくと

も、死に値する価値だけは。こうした幻想を、まさに幻想として葬ることを、コーネルは精神分析の喪の作業と規定します。他者の欲望は幻想であり、実際の彼（女）はそれを望んではいないのだ、と。

無論、これは正しいのですが、そこに至る道のりは単純ではない。幻想の廃棄を促すものを、彼女はラカンの理論に依拠しながら、象徴的去勢と呼びます。すごく単純にいうなら、それは語りのことです。万人に開かれた語りの形式が、母の幻想に占拠されたカルディナルの心的世界を変革する、と彼女は見るわけです。フロイトの場合も、メランコリー患者との長期的な対話が、悲哀の作業を完遂するために要請されることは、いうまでもありません。ですが、この問題に立ち入るまえに、今少し、幻想の廃棄という厄介な課題に触れておきたい。

というのは、結局幻想は、消えてなくなるものではないからです。むしろ私たちは、幻想の中に生きている。その方が常態なのです。みなさんは、そんなはずはない、私たちの傍らには、幻想の他者ではなく、現実の他者がいるではないか、と反論されるでしょう。そうでしょうか。私たちは常々、彼（女）であればこう考えるだろう、こう判断するだろうと、相手の内面を推察し――最近の流行の言葉でいうなら、忖度《そんたく》し――行動してはいないでしょうか。もちろん、内的世界に閉じこもるメランコリー患者と違い、私たちは、そうした推察を対話でもって、実際に相手に確かめることができる。けれども、私たちは日々の生活の中でそんなことをいちいち確認しないし、そもそも確認しようがない他者についても、私たちは勝手にイメージを作り、あれこれと評価し、判断を下しているでしょう。

では、最も確認しようがない幻想が、「私」が持つ私らしさにあるとしたら、どうでしょうか。「私」は自分の個性、自分らしさを肯定し、愛する。けれどもフロイトが指摘するに、この自己愛の根底には、自分は愛されている、という幻想への信頼が存している。彼は、父や母の愛する自分でいたい、そうした「他者の欲望への幻想」によって自己が占拠される心的過程を、個人が自らの性格を形成するうえで避けて通れぬ道とさえ、考えます。一九二三年の論考「自我とエス」の中で彼は、私たちが先に検討した「悲哀とメランコリー」の論述内容の訂正を表明していますが、それはメランコリーの一般化とも呼べる、大幅な変更を物語っていました。「しかし当時、われわれはまだこの［メランコリーの］過程の意味を十分にみとめていなかったために、それがどんなにひんぱんにおこり、どんなに典型的なものであるかを知らなかった。[*18]」

先の小此木さんの示唆によれば、メランコリーは、個人の両親からの独り立ちのプロセスにも多かれ少なかれ現れる、精神の成長過程のいち段階を表します。だとすれば、一般人とメランコリー患者とを分かつものは何なのでしょうか。要するに、「成功した」独り立ちにおいて、個人は、（他者による）期待通りに生きる自分という幻想と、どう折り合いをつけることになるのでしょうか。次回は、フロイトによるエディプス・コンプレクスの説明、そして彼が自己愛の健全な形成に不可欠と捉える昇華（Sublimierung）を中心に、お話をしましょう。

第6回講義

愛の葬送、そしてその再生
――昇華・転移・言語行為

あきらめの挿入――愛される客体から愛する主体へ

私は心理学や精神分析の専門家でもありませんし、フロイトやラカンの拙い読者に過ぎませんが、それでも背伸びして、彼らの教説の幾ばくかを紹介し、私なりにコメントや論述を加えたいと思うのは、愛が単純ではないということについて、彼らほどこだわり続けた人種は、そうそういないからです。全てを単純明快に説明するよう強いるこの時代は、同時に、物事を単純に理解し、単純なものを欲し、単純に愛するよう強いる時代でもあります。そうした時代の潮流の中で、精神分析は、愛がいかに権力や暴力と結びついているか、また、私たちが愛の限界をどの程度弁えねばならないかということについて、複雑ですが有用な視点を与えてくれます。私は、愛の語り――詳しくいうなら、語りへと「昇華」される愛――というテーマに向かう前に、その下準備として、愛が愛自身に組み入れることになる限界の諸相に関して、少しばかり事柄を整理したいと思います。

先の講義の終わりに、私は、「成功した」独り立ちに言及しました。フロイト以降、精神分析は様々な学派に分かれましたし、またその学問としての有用性自体、今に至るまで、たびたび疑問に付されてきました。が、他者からの主体の自立という観点から彼の教えを評価し、踏襲するということでは、おおむね合意が得られているように思います。それにしても、自立の何を「成功」といい「失敗」というかということも、それほど単純ではない。フロイトは、人がやがて成長し、他者を愛するようになるには、その人にとって極めて大切な他者との原初的なつながり、幼児期に与えられる根源的な愛の絆をあきらめる必要がある、と考えます。愛される客体から愛する主体への移行――私は、以下お話しする「あきらめの挿入」について、こう表現したい――において不可避的に刻み付けられる傷、これを彼は、メランコリーの経験、あるいは喪の作業として特徴づけました。この点を考えるだけでも、愛が持つどうしようもないアンビヴァレンツ（両価性）がうかがえるというものです。

父という第三者――フロイトのまなざし

さて、フロイトはある論文の冒頭近くで「個人の精神生活の中で、他人は手本として、対象として、助力者として、そしてまた敵対者として問題になるのが常である。[*1]」と述べ、さらに「個人がつねに経験するのは、彼にとって重大な意味をもつにいたった一人の人物か、または少数の人々の影響である。[*2]」と論じています。いうまでもなく、彼が念頭に置いているのは、家族であり、両親であり、とりわけ父の影響です。「他人は手本として、対象として、助力者として、そしてまた敵対者として問題になる」という言葉は、彼が実際に育った家庭環境を思えば、非常にリアリティを帯びた言述として受け取れます。父を殺害し、母を独占したいという欲望の構図、すなわち、フロイトが提唱した（今となっては）悪名高いエディプス・コンプレクスは、ある意味では、彼の幼少期の経験に端を発している。マリアンネ・クリュルは後妻としてフロイト家に来た若き母アマーリエをめぐる肉親同士の争いを、想像力豊かに追跡しています。[*3]

フロイトの理論を、彼の個人的経験に還元してしまうクリュルの戦略は、あまり賛成できるものではありませんが、これを棚上げしたとしても、まだなお私たちがフロイトに対峙するうえでの障害が控えています。つまり、彼があれほど強調した父の権威、去勢不安を引き起こすほどの恐怖の対象としての父のイメージを、私たちはもはや十分な共感をもって受け入れることができない、という問題がそれです。

今やリアリティを喪失しつつある事柄が、理論という形で殊更に強調されてくることは、往々にしてあります。先妻の子と合わせて、十人以上の子に恵まれたヤーコプ・フロイトは、息子であるジクムントにとって、それこそ一族の長と映ったことでしょうが、少子化や女性の社会進出が自明の現代では、家長というポジションは、かつてほどの威光を持ち合わせてはいません。フロイトにゲーテ賞を与えることに尽力したマックス・ホルクハイマーは、自らが主宰するフランクフルト社会研究所において、家族をテーマとした研究プロジェクトを組んでいましたが、その結果として明らかになったのは、資本主義社会の到来とともに因習的な職業共同体が解体し、仕事に対する長年の経験やスキルがゆえに尊重されていた働き手は、規格化された商品生産のいち担い手という流動的なポジションに位置づけられる。そしてそれによって、父という家長に家族メンバーが精神的・文化的に依存する傾向が、相対的に低下してくる、という現状でした。[*4] フロイト家においてさえ、一七歳でウィーン大学医学部に入るまで、学業の面でほぼ主席を通した息子と比較すると、毛織物商人として各地を転々としていた父ヤーコプは、商売人として成功したとはいい難いところがあります。

しかし、重要なのはヤーコプがどの程度社会的に成功したか、ということではない。父の死がフロイトに与えた衝撃は、よく知られていますし、彼が無意識やエディプス・コンプレクスの理論を見出したのも、父の死後に友人を介して行った精神分析によるものだ、としばしばいわれます。その場合も、フロイトが対峙することになったのは、ヤーコプがどんな父であったか、という「事実」以上に、父とは息子に何を命じ、何を禁止する存在であるのか、父のようになれ／なるな、というアンビヴァレントな「声」と人はどのように取り組んでいくのか、という理論的課題だったように思います。

ですので、この講義でお話しするのも、家族を大事にしろとか、父のいない家庭では人はまともに育たない、などということでは全くない。イデオロギーや価値判断の押し付けは、科学者フロイトには無縁のものです。そうではなく、彼の理論の核は、快不快の原理だけでは人は生き延びることができない、という点に存している。その原理の外に連れ出す視点、「私」と「あなた」との間で展開される終わりのない愛憎劇の舞台外に「私」自身を引き出す第三者のまなざしを、フロイトは父性的な機能と捉えたのです。そしてこの機能と切っても切り離せない関係にあるのが、脱性化、ないし昇華です。結論を先取りしていうなら、脱性化とは、「私」の中に、性愛に依存しないもう一人の「私」（いわゆる超自我）を樹立するための作業を指します。

「私」の分裂・「私らしさ」の形成――フロイトの「自我とエス」を読む

フロイトの論述の「森」に、迷子になることを覚悟のうえで、あえて足を踏み入れましょう。取り上げたいのは、前の講義の終盤で触れた「自我とエス」の第三節「自我と超自我（自我理想）」です。彼によれば、他者と「私」の原初的な結びつきは、母の乳房と赤子の唇との関係として整理されます（いわゆる「口唇期」のことです）。母乳を吸うことは、単なる生命維持のための行為ではない。それは、快楽の最も根源的な経験として、幼児の生の原型を形作ります。ここでは幼児にとって自他の区別はなく、また幼児は、乳房と唇を介していつでも母乳が供給される、という漠とした前提を疑いません。フロイトはリビドーのこの初期形態を自体愛（Autoerotismus）とも呼びますが、これがいわゆる自己愛の原型です。けれども、それはあくまで原型であって、通常私たちが想定するようなナルシシズムとはちょっと違う。というのは、「私」が自己に執着する、私らしさにこだわる、という場合の私らしさとは、単なる肉体的快楽の供給源ではないからです。話をやや単純にしますが、フロイトは「私らしさ」ということで、自我理想という概念を用います。自分自身に対し、ああしろとか、あのようになれ、かくのごとく振る舞え、自分の方針に従えと命ずる、内なる「私」です。私らしさは、この内なる「私」を「私」自身が愛する、という構図の確立とともに形成されてゆく、ともいえるのですが、この内なる「私」はどのように生じてくるのか。つまり、自我理想の導入――それはある意味、「私」という主体が分裂することでもある――ということで、そもそも何が起きるのでしょうか。

まずは、口唇期の卒業ということで、性的対象としての乳房の放棄が要請されます。周知のようにフロイトはここから、肛門、性器へと、幼児にとっての「性愛の座」が移行すると考えるのですが、問題となる「自我と超自我（自我理想）」の節では、単なる性感帯の変遷ではなく、性愛の経験そのものの構造的な変化が論じられています。

> もしこのような性愛対象が棄てられなければならないときは、そのかわりに自我の変化が現れることがまれではない。この変化を、われわれはメランコリーの場合とおなじように、自我の中に対象をつくることとして、記述しなければならない。この代償のよりくわしい事情は、まだわれわれに知られていない。おそらく、口唇期の機制への一種の退行である、この取入れによって、自我はおそらく対象を棄てることが容易になり可能になるのであろう。この同一視は、一般にエスがその対象を棄てる条件なのであろう。*5

とても難解ですね。ゆっくり解きほぐしていきましょう。まずエス、という聞きなれない言葉が出てきました。ざっくりいうと、エスとは「私」という自我のうちで無意識に属する部分、広い意味で、性衝動を含む動物的な生命エネルギーが蠢《うごめ》いている領域のことです。大胆に定式化すれば、幼児の自体愛とはエスそのものだ、ともいえるでしょう。それこそ、欲望の衝動的満足に終始しているのが口唇期ですから。しかし口唇期の卒業とは、この満足の不定形なプロセス自体の放棄を意味します。「エスがその対象を棄てる」とは、そういうことです。しかしそれには、自我の中に対象をつくるという、ある種の代償行為が求められる。これはどういうことでしょうか。

明らかにフロイトは、乳房の放棄を念頭に話を進めています。乳房への執着という「対象愛」の代わりとなるのは、自分と両親との同一視です。ただし、乳房の放棄とは、性愛自体の放棄ではない。両親のようになりたい、という同一視への衝動は、両親を理想化し、それを取り込む、つまり現実の父よりも「父らしい私」、実際の母よりも「母らしい私」になることで、父母からの愛を今以上に得たい、という欲望に動機づけられています。かくして自我は、自らの内に「父（母）らしい私」を住まわせることで、変化します。ある意味で「私」の性愛はこれ以後、この内なる「私」との関係抜きには語れなくなる（対象愛→自己愛へ）。衝動のその場限りの発散に終始していたリビドーの構造は、この内なる「私」をいかにして満足させるかという、長期にわたるであろう、自己との関係の上に再構築される――。

先の引用のすぐ後で、フロイトはこう続けます。

別の見地から述べると、この性愛的対象選択が自我変化に転ずることは、自我がエスを支配し、エスとの関係をふかめることができる一つの方法である。もちろん、その体験にたいする過度の従順さを犠牲にしてである。自我が対象の性状を身につけるとき、自我は、いわばエスにたいしてさえ、愛の対象としての関係をむすぶことを強いる。そして「見たまえ、お前は私をも愛することができる、私は対象にそれほど似ているのだ」といって、対象の喪失を代償することをもとめる。

このように、対象リビドーが、自己愛的リビドーに変わることは、明らかに性的目標の放棄をもたらし、非性化、すなわち一種の昇華をもたらす。*6

「私」の中のお前（エス）は「私」を愛することができる。というのは今や「私」は、エスがかつて関係を取り結んでいた対象（両親）と同一化したからだ、というわけです。無論この場合の両親とは、「私」が理想化し、自己の性状として取り入れたものですから、取り入れにどこまで成功しているか、その客観的な基準などありはしない。ある意味では「私は対象（両親）にそれほど似ているのだ」というのは、「私」が「私」自身に対し与える自己イメージとして、最も原初的な幻想であり、フィクションだともいえる。フロイトがこれを「対象の喪失を代償する」もの、と規定しているのは、とても意味深い。

というのは、両親の思う「私」でありたいというこの自己イメージには、同時に、そもそも「私」は両親のようにはなれない、という諦念が刻まれているからです。「私」の中に別の「私」を住まわせるには、フロイトによれば、両親との直接的な性愛関係の放棄を要します。

男児が父と母を放棄することは、エディプス・コンプレクスの図式からして当然です（母は結局父のものだから、です）。女児が父を放棄するのは、父になれない（＝父のようなペニスを持っていない）からであり、また母を放棄するのは、母は結局自分にとっては父をめぐる競争相手に過ぎないから、とされます。こうした対立の構図の果てに、少年（女）は、父母の他に性愛の対象を探すよう、促される。これが、エディプス・コンプレクスの克服です。とはいえ、フロイトによれば、かくして家族の外部に対象を探すに際しても、両親の影響を低く見積もることはできない。なぜなら、彼（女）が見出す相手とは、「私」が幼少期に喪失した、自分にない「欠如」を埋める存在に他ならないからです。

もはや手に入らぬ（とイメージされた）ものほど、聖化され、理想化されるというのは、幻想のメカニズムとしては、決して分かりにくいものではない。ある意味それは倒錯なのですが、フロイトはその日常的な例として、親が子を理想化し、溺愛するケースを挙げています。*7 つまり無垢で、汚れを知らず、幸福と全能感に包まれた子どものイメージを大人が抱くことは、自分たちが喪失した原初的な自体愛の投影の結果だ、と彼はいうのです。自体愛そのものが、事後的に形成される幻想だとさえいえますが、それはおそらく、人が自体愛の時期にケリをつけるのに際して必要な幻想なのでしょう。両親との性愛的な葛藤は収束し、よきにつけ悪しきにつけ、今の自分を形作る基準となった、という思い出だけが残る。極端にいうなら、これがフロイト的昇華です。

昇華・知性化・脱性化

昇華（sublimation）という言葉はそもそも多義的です。化学の世界では、化合物などが液体の段階を経ず固体から気体へ、または気体から固体へと相転移する現象を指す用語なのですが、近代の西洋美学の分野では、人知を超えた偉大な美的次元を、崇高（sublime）という言葉でいい表してきました。フロイトはおおむね、リビドーが性的目的以外に、そしてこの性的目的の代わりに用いられることを、昇華と呼んでいます。分かりやすい例が――昇華はまさにこの点で崇高と交差するのですが――芸術などの文化的創造行為です。ここではリビドーは、単に野放図に発散されて消える生理的過程を超え、ある永続的で社会的な形態へと練り上げられる。彼のダ・ヴィンチ論は有名ですが、フロイトは基本的に、宗教的儀式を含む文化活動全般において、人間自身の抑圧された性衝動との命がけの戯れ（Spiel）を見出そうとしました。彼の娘で、同じく精神分析家となったアンナ・フロイトは、思春期に突如として起こる知識欲を、知性という「運河」に性衝動を導くことでこの衝動の奔流を何とかコントロールしようとする試み、と捉えています。「知性化の目的は、衝動過程を言語的に表現し、意識的にして、統御しやすいようにすることである。[*8]」これまた、昇華の典型的な形式だといえるでしょう。

アンナ・フロイトが衝動の知性化、ないし言語化に言及していることは、私たちの考察にとって重要です。昇華における脱性化とは、性的快楽を直接的に得ることの断念を指しますからね。その意味で知性化は、性愛の満足を遅延させる、ある永続的な命令を含んでいる。

フロイトは周知のように、父が発した（去勢の脅しを含んだ）「してはならない」という禁制を「私」が内面化する過程に、超自我の形成を認めます。父性原理とは、ものすごく図式化していうなら、人は動物のように振る舞ってはならず、自然状態と一致してはならない、という「直接性の断念」を指令するもの、といえるでしょう。超自我をフロイトは良心とも呼びますが、良心はこの場合、リビドーを統御し、社会的現実と軋轢をもたらさないような形態において何らかの代償行為でもって満足するよう「私」に促す道徳的審級、と位置づけられます。良心の声、というありふれた言い方にも示されているように、この良心を特徴づけるのは、何といっても、指令としてのその言語的役割です。[*9] 無論、フロイトにとって最も始原的な指令とは、俺の妻（母）に手を出すな、というインセスト・タブーに違いありませんが、これをより一般化し、人間の行動を抑制したり、あるいは逆に、ある社会的に承認された行動をとったりするよう、絶えず自らに問いかけるような自己反省の機構へと練り上げたものが良心だといえるでしょう。

昇華は要するに、性愛の一般化であり、声（言語）によって特徴づけられる父性原理という第三者の視点を内面化することで、一－二人称的な母子関係（「私」と「あなた」）によって閉じられていた自然状態を、文化的レベルへと引き上げる作業だ、とまとめられます。とはいえ、これでも事柄としては、あまりピンとこないかもしれません。つまるところ、内面化が首尾よく成功する場合と、そうでない場合とでは、どう違うのでしょうか。

同一化の二つのケース――内で消化するか、外に吐き出すか

ここでアンナ・フロイトが「攻撃者との同一視」と呼ぶケースを取り上げましょう。*10 彼女は、精神分析を受けていた五歳のある少年の例を引き合いに出します。分析の中で、自慰やそれに関する空想に話題が及んだ折のことです。少年から、いつもの柔和な性格が後退し、彼は突如として攻撃的になりました。分析の間中、彼は自分を咆哮するライオンだといい、鞭を持って歩き回り、ときに台所の包丁を振り回しながら、周囲に当たり散らしたのです。

アンナ・フロイトは少年のこの行動を、去勢不安に対する防衛機制という点から解釈します。つまり少年は禁じられていた性的行為が露見した場合、罰を受け、自分の性器が切り取られるかもしれないと感じた。そして彼は、攻撃される前に攻撃する側のポジションと同一化し、不安を外に向ける戦略に出た、というわけです。攻撃者と被攻撃者との役割を交換することで、自分に向けられる攻撃を、自分が他者に向ける攻撃へと「転移」させる、ともいえるでしょう。この場合、少年は、自分が感じた不安を言語的に分節化する段階以前にとどまっている。性的行為の禁止は、それが道徳的に問題ある行為だ、という意味づけに向かう前に、単なる身

体的強迫（「性器が切られる！」）と受け取られ、彼はそれをそのまま外側に受け流す（「性器を切るぞ！」）。他者からの罰、伝統的には父が執行するとされる罰を受け入れ、それを罪悪感という道徳的規範として消化する（＝体内に取り込む）以前に、その罰への恐怖があまりに強烈なために、身体が拒否反応を起こして体外に吐き出した、とでも形容できるでしょうか。

アンナ・フロイトによれば、攻撃者（＝父）と自分の同一視は「超自我の正常な発達に必要な、一つの前段階であることが多い」[*11]とされます。しかし父の指令が回避されるべき身体的脅威にとどまっていては、指令を受ける側に生じるのは自己反省ではなく、受けた脅威の単なる模倣であり、ある種の反復強制に過ぎない（反省はこの点からいうなら、「私」の自己分裂、つまり責める「私」と責められる「私」との対峙という構図を、必然的に要請するものだ、といえる）。いじめや虐待を受けた者が、それ以上ターゲットにならないように、自分が加虐する側に立つことで、恐怖を避けようとするのと同じ機制です。フロイトはある論文の中で、強迫神経症者の特徴を、抑圧された衝動を単に行動として再現する点に見ています[*12]。神経症者は、かつて父に向けていた反抗的態度を、そのまま治療者へと向けるわけですが、この転移には、前回の講義でお話ししたT氏の行動と通底するものがある。彼の場合も、亡くなったO先生と取り結んでいた関係を、そのまま自分の弟子たちに投影していましたが、これも転移の再生産だと解釈できるでしょう。

想像界から象徴界へ

事柄を単純化していえば、超自我の形成に失敗した主体の心的世界は、誰かに攻撃される／誰かを攻撃せよという、調停不可能な闘争のイメージに占拠されている。ラカンの言葉を用いるなら、想像界へのとどまりです。ブルース・フィンクはラカンの「想像的なものは戦争であり、象徴的なものは平和である」というテーゼに依拠して、超自我の象徴性を、ラカンのいう「父の名（Nom-du-Père）」に見ています。*13 ただし、ここで論じられているのは、父がどういう名前を具体的に持つかということではなく、名、つまりある種の言葉や象徴形式と、父性機能とのつながりです。

私なりに理解するところでは、象徴的なものとしての超自我とは、誰もが従うべき道徳的規範を指令する中立的な座として普遍化可能な、動機づけの中心軸です。特定の誰かに攻撃されるから攻撃する、というのでないのはもちろんのこと、あの父にいわれたから「よき」行為を行う、というのでもなく、誰が見ていようが見ていまいが、「私」はそれを、他の誰がが「私」と同じ立場であってもそう行為する（もしくは、そう行為することを一度は考える）だろうと考えて行う——これが超自我に従う、ということの意味です。父の名という言葉に示唆されているように、この場合の他者と「私」との関係は、食うか食われるかの肉体的イメージ——これが行き過ぎると、関係妄想があまねく浸透する病的状態に陥るのですが——を脱し、名や言語、意味の一般化を担う象徴形式によって再構築される。想像界が象徴界へと「上書き」される、という言い方をフィンクはラカンから援用していますが、ここでは、言語の持つ、特定の誰かが占有できるものではない、という一般性規則（いわゆる私的言語の不可能性、というやつです）が効力を発揮することになる。「私」は、世界や両親が「私」だけのものである、という自体愛——これが、あなたは私たちに従い、私たちだけを愛さねばならないという、両親による支配と表裏一体の関係にあることは、今までの論述から明らかでしょう——をあきらめねばならず、第三者によって承認されるためのある「醒めた」形式へと、「私」の欲望を委ねなければならない。それが社会において、おのおのの「私」が自身の欲望を保持しうる、唯一とまではいわないものの、必要不可欠の道だというわけです。フロイトもこう述べています。「社会的公正の意味するところは、自分も多くのことを断念するから、他の人々もそれを断念しなければならない、また、おなじことであるが他者もそれを要求することはできない、ということである。この平等の要求こそ社会的良心と義務感の根源である。[*14]」

すべての者に平等に断念せよ、と指令する法的存在が「父の名」です。ただし、誤解のないように付け加えていうと、こうした断念を免れた唯一の例外として父がいる、というわけでありません。象徴するもの自体に実質がなく（例えば、日の丸は日本自身ではない）、言語が中心を持たないように[*15]、父は具体的にあれこれせよと命じ、欲望の赴くままに振る舞う権威的実体ではない。フロイトがたびたび論じた父殺しの神話に示唆されているように、父の名とは、母を独占する父を葬る、というフィクションから私たちが受け継いだもの、私たちの生存に不可欠なある代理的構築物に他なりません。ただし、フロイトやホルクハイマーのようなユダヤ系知識人がのちに体験せざるをえなかったように、葬ったはずの父のイメージが、我こそは社会全体を牽引し、国民や民族の「声」の代弁者となる、と僭称する政治的指導者や宗教家によって再び具現化し、私たちを止めどもない闘争や迫害の支配する想像界へと引き戻す、ということがないわけではない。個人間で繰り広げられていた食う／食われるの愛憎劇が、政治的により洗練され、より狂暴な制度的暴力へと発展する。ナチス時代に見られたこのエロスとナショナリズムの癒着を、スラヴォイ・ジジェクは「抑圧的脱昇華（repressive desublimation）」と呼んでいます。[*16]とはいえ、差し当たりここでは脱昇華という、非常に興味のそそられる術語の紹介だけにとどめ、話をこれ以上錯綜させないようにしておきましょう。

闘争を演じる——愛の語りはどこまで平和的か

さて、これまでお話ししたように、昇華は、性愛の衝動が外に出るのを抑制するだけでなく（↓超自我の働き）、衝動が外に出るための別ルートを与えるものでもありました。絵画や演劇、小説といった芸術媒体を介することで、止むことのない愛の蠢きはいわば結晶化し、その結果、客観的に眺めたり解釈したりするための枠組みが与えられる。当事者間の愛憎劇は文字通り、第三者（観客）が平和裏に享受しうる「劇」へと仕上げられる、というわけです。

ゲーテの『若きウェルテルの悩み』は婚約者のいるシャルロッテに恋をした青年ウェルテルが自殺するまでを描いた書簡体風の小説で、そこに込められたロマン主義がいかに画期的な影響力を発揮したかということは、小説の発表後、ウェルテルを真似て自殺する青年がヨーロッパ中に発生したことからもうかがえます。ですが、同時に見過ごすことのできないのは、この作品の持つ自伝的要素でしょう。シャルロットを忘れられないウェルテルには、シャルロッテ・ブッフという実在の令嬢に恋をし、自殺すら考えた青年ゲーテの姿が大きく反映しています。伝記的事実に従えば、ゲーテ自身の懊悩に加えて、当時の彼の友人の一人がこれまた人妻へのかなわぬ恋がためにピストル自殺をした、という出来事がきっかけとなり、ゲーテはこの小説をわずか一か月余りで書き上げたそうですが、これが本当だとすれば、彼は自己を滅ぼしかねない性愛の苦悩を『若きウェルテルの悩み』という愛の語りへと昇華することで、愛の葬送（と彼自身の人生の再生）を首尾よく成し遂げた、といえるでしょう。愛をその語りへと転化させることが、自己の心身を狂わす病に対する処方箋として機能したわけです。

無論、転化がゲーテのように「成功する」場合もあれば、そうでない場合もある。加えて、語りが事実を捏造する可能性も、ゼロではない。以前少し触れた江藤淳は晩年、幼少期に亡くした母と、年老いて亡くした妻との思い出が交差する自伝的なドキュメントを書き記そうとしましたが、結局彼はこれを完成させることなく、自殺してしまいます。

石川美子さんが「喪としての自伝」で紹介している現代フランスの小説家ロマン・ガリ（一九一四－一九八〇）の例も興味深い。*17 彼は第二次大戦に従軍しますが、戦地から帰ると、母は亡くなり、恋人は行方不明明になっていたということです。彼の小説『凧』には、ガリを思わせる少年、そして二人の登場人物が登場しますが、そこでは戦争の後、少年の叔父（ガリの母を思わせる）も、彼の恋人リラ（実際のガリの恋人はハンガリー人だったが、この小説の場合はポーランド人）も無事に帰ってきます。つまりガリは、小説として事実を再現したのではなく、こうであってほしいフィクションとして、愛の物語を再構築した、というわけです。けれども、ガリはこの小説を発表した数か月後に、やはり死を選んでしまう。

石川さんはガリの死を、喪の作業の拒否、と捉えていますが、私はさらに、この拒否は二重に解釈可能だ、と感じます。つまり事実を理想化している点からいうなら『凧』は、ガリが親しき者たちの喪失をそのまま受け入れることに失敗したことを物語っている。加えて彼の自殺は、作品を仕上げるという作業自体が彼にとって、過去と決別し、未来に向けて生存するための葬送たりえなかったことを示しているのではないでしょうか。

とはいえ、ガリの例を、単なる喪の失敗として価値評価するという愚かなことは、私はしないでおきたい。江藤と同じく、亡き母を葬送する喪の日々を書き綴った晩年のロラン・バルトは、生涯の最期に記したテキストの中で「人はつねに愛するものについて語りそこなう」という印象深い言葉を残しています。[*18] 語りの成功——それは理想としては、昇華の作業が最後まで成し遂げられることを意味するのでしょう——とは、自らが経験した性愛を、まるで第三者のように自在に、冷静に、誰にとっても公平な立場から、隠し立てすることなく語りきることとなのでしょうか。それを愛の語りの「成功例」と呼ぶことは、果たして可能なのでしょうか。バルトであればはっきり「否」といいそうです。

言葉が真実を開示することなく、むしろ捏造と隠蔽の道具として機能する場合が少なからず存在することは、くどくど説明するまでもないでしょう。フロイトは無意識のうちに抑圧された患者の願望を読み解く手段として自由連想法を採用しましたが、彼がそこで重視したのも、患者が気ままに話す内容をそのまま受け取ることではなく、いわば語りの「行間を読む」作業でした。言い間違いや、脈絡なく言及される特定の言葉に着目するというアンバランスで「不公平な」読解こそが、無意識下に眠る患者の性的葛藤を刺激し、表に引きずり出すきっかけになる、と彼は考えたのです。第三者的な語り、すなわち、どことなく他人事のような証言によってのみ構成されたストーリーは、フロイトにとって、むしろ病の症候を指し示すものに他なりません。

彼はまた、神経症者に過剰な昇華を迫る手法に対しても、あるいは、精神的な悩みを抱えた若者が宗教という「安易な」救済法に頼ることに対しても、批判的な態度を崩しません。[19] いかなる文化であろうと生物的本能を抑圧するものだ、と考えたフロイトにとって、リビドーを満足させる代用手段としての昇華の地位は、手放しで評価できるものではなかったのです。愛の単なる語りは、それが美しく、ストーリーとして整合的であればあるほど、何か大切なものを押し隠している、と彼には映ったことでしょう。

フィンクは精神科医（分析家）と患者（分析主体）との間で展開されるべき対話について、こう述べています。「葛藤の徹底作業とは、それらの葛藤を知的に眺めたり「操作」したりするということではない。そうではなくて、むしろ以前の誰かに対する症状的な関係をはらんだ内的なリビードの葛藤が、分析家との関係において反復され、演じられねばならないのである。もし、言語化（物事を言語にすること）が分析主体に許された唯一の方法であるならば、分析家あるいは分析からの真の分離は絶対に起こらない。[20]」

抑圧された葛藤を他者に転移することを繰り返してきた患者は、分析においても同様のことを精神科医に対して行う。しかしフィンクによれば、この生々しい転移、整合的な説明にならない感情の蠢きを欠いては、転移の反復強制からの患者の解放は望めない。転移を避けるのではなく、その安易な代用としての言語化に過剰に依拠するのでもない、いわばあらゆる攻撃的転移を分析家が引き受け、分析主体の抑圧されていた情動を煮詰める器そのものになることが、分析家に課せられた徹底作業だ、とフィンクは捉えているようです。

やや長くなりましたので、このあたりで話を閉じましょう。差し当たり私は、昇華は万能ではないし、愛の語りは常に平和を約束するものではないという教訓を、フロイトやラカンの遺産として確認しておきたい。フロイトは、例えばかつてのカトリックの告解師の如き、全てを見通す超越的なまなざしを想定しませんでした し、ましてや、分析家がそうした位置を占めることについても、常に懐疑的でした。女性に対し発言権を与えないルソーの博愛主義や祝祭劇についても、まさに女性的なもの、性愛の自然性を他人事のように切り離し封じ込めるもの、と看取したかもしれません。

結局のところ、真に「平和」に至るためには、昇華という中立的立場に過剰に頼ることなく、むしろ平和の内に隠された戦争状態が明るみに出されねばならないのでしょう。コーネル、そして次回お話しするアリス・ウェクスラーの自伝的テキストが、他者とのある種の闘争劇を再演せざるをえなかったのは、彼女らが、ある意味では伝統的に男たちによって管理されてきた社会的平和の欺瞞《ぎまん》に挑戦したからです。自分の隠れた出自について知ろうと、ウェクスラーは他者を巻き込み、周囲の者、とりわけ父の固く閉ざされた口をこじ開けようとします。必然的に、彼女の筆致は攻撃性を帯びざるをえませんが、その攻撃性は正確に、男たち、あるいは社会的にマジョリティの立場にいる者たちが構築し、彼女に強いてきた沈黙という「暴力」に釣り合うものだった、とさえいえるのです。

第7回講義

告白の（暴）力（1）——苦しみを共有することの苦しみ

苦悩の語り・語る術のないことの苦悩

しつこく繰り返しますが、「私」が「私」自身について語る場合、その語りは「私」以外のものに牽引されてもいる、その意味で、「私らしさ」の自然で純粋な発露が可能だという、近代的主体にまつわる常識を疑うことが、この講義の準拠点でした。「私」と他者、もしくはこうもいえるでしょうが、「私」について知り尽くしている「私」と、「私」についてまるで無理解な他者とを対比させ、前者の弁護と後者の告発に終始するルソーの自伝は、西洋の長い語りの伝統から見れば、むしろ例外的存在とさえいえそうです。[*1] ルソーのテキストには、アウグスティヌスとの対比だと歴然としますが、彼の自己理解に揺さぶりをかける他者は登場しません。そしてその「われ感じる、ゆえにわれ在り」のロマンチシズムは、若きゲーテにも受け継がれています。ゲーテの『若きウェルテルの悩み』が自伝的要素の強い小説であることは、前回の講義で触れました。実際この小説を占めているのは、ウェルテル（ゲーテ）のシャルロットに対する、一途で一方的な愛の告白であり、彼についてシャルロッテが「本当は」どう思っていたのか、その二人称的な立場からの語り、あるいは第三者的な（＝いわゆる「客観的」な）視点に立った語りは欠落しています。ルソーと同じく、ゲーテの筆致は観念的で、今の私たちからすると違和感を覚える部分も少なくないでしょう。例えばあれほど恋い焦がれたシャルロッテと、その夫であるアルベルトとの間の肉体関係について、懊悩《おうのう》なり嫉妬した形跡がウェルテルには一切存在しません。無論、それはゲーテの性愛の特異性を物語るというより、セックスに触れないという当時の文化的コードに対し、彼がルソーよりも忠実であったことの反映に過ぎないかもしれません。しかし、自殺する直前にウェルテルがシャルロッテに宛てた手紙の一節は、間違いなく、ルソー的な自己愛の論理を、もっというなら、フロイト的なメランコリーの論理を示しています。「よろしい、ぼくは自分を罰してやる。ぼくは罪をたっぷりと心たのしく味わったのだ、この罪を。いのちの香油と力を心の中に吸い込んだのだ。そのときからあなたはぼくのものだ。ぼくのものなんだ。[*2]」――かくの如く苦悩を楽しむことは、フロイトが教示するに、自ら創り出さざるをえなかった観念妄想（他者に愛されていたはずの「私」）との命がけの戯れを物語っていました。ゆえにゲーテのくだんの小説は、史実が伝えるその成立過程に従えば、彼自身がこの戯れを横断するという危険をかいくぐった結果、ということになるでしょう。

ところで、ルソーの場合、「私」（＝男性）の告白に際しては、女性の発言権は無視されていましたが、これは決して特殊例ではありません。フェミニストがしばしば告発してきたように、西洋の歴史上、女性は、発言し、想像する主体ではなく、男性によって見られ、覗かれ、想像される客体の位置に固定化されるのがほとんどでした。彼女たちが告白する場合でさえ、その促しは男性により主導されました。例えば、周知のように、アウグスティヌスは古代キリスト教会最大の教「父」と呼ばれていました。カトリックの告解の伝統においては、私たちが瞥見したように、聖職者たちは「私」の内面を見通す、いわば絶対的な他者としての神の代理人と位置づけられています。そして、「私」の悩みを指摘し、その歪みを矯正する治療者としての役割、まさにそれは超自我の原型たる父そのものです。近代科学の精神に貫かれたフロイトですら、この伝統と無縁ではいられませんでした。患者の無意識的な欲望の言語化を患者自身に促す精神科医の役割を、彼がしばしば、そうした家父長的なポジションと同一視していたことについては、いまさら多弁を要しないでしょう。ですからいっそうのこと、女性たちの告白には、よりはっきりと他者が、あるいは他者の巨大な影が登場せざるをえないのです——つまり、これまで自分たちから、語りにまつわるあらゆる力を奪ってきた男（性社会）という権威的他者の姿が。他者に自分のことを理解してもらうことは、彼女たちにとっては、自分たちについて彼らが持つイメージをまずもって揺さぶる、という困難な課題に取り組むことでもありました。

正常と異常の彼岸で

こうしたフェミニズム的構図は、以前紹介したドゥルシラ・コーネルの『女たちの絆』には顕著ですが、今から見てゆく『ウェクスラー家の選択』では、比較的抑えられています[*3]。ですが、これを書いたアリス・ウェクスラーの意図が、遺伝病患者に対する社会的イメージ——患者自身がセルフ・イメージとして身に着けることを強いられるイメージ——への挑戦にあったことは明白です。社会全体に浸透している、「正しき（＝正常な）生」とはかくあるべし、という制度的圧力に反駁するために、彼女はプライベートな事項の告白を武器として用います。一般的に流布している価値観に対し、別の一般論をぶつけるというのではなく、ある種権威づけられた一般論によって苦しんでいる個々の人間の生に着目することで、そうした権威が当然のものとして受け入れられている日常の「平和」そのものが胚胎する暴力性を告発する、というのが彼女の語りの戦略なのです。

アリスを含む、ウェクスラー家のメンバー全体が巻き込まれることになった病――染色体異常によって引き起こされ、メンデルの優性の法則に従って子孫に受け継がれる、遺伝性の難病――、それは現在、ハンチントン病という名で知られています。以前はハンチントン舞踏病とも呼ばれていましたが、舞踏という呼称は、この病気を特徴づける進行性の不随意運動に由来します。自分でも防ぎようもない筋肉の痙攣《けいれん》が、年を経るごとに進行してゆくわけです。その他にも、認知力の低下や情緒障害を伴います。抑うつ傾向や自殺願望に苛まれ、狂気に至る患者も少なくないといわれていますが、この病気は、三〇代以降に発症することが多いそうです。つまり、若い時分には、この不治の病に自分が侵されているかどうか、患者は知る術がなかったのです。不審な死を遂げた近親者と同じ「爆弾」が自分のうちにも眠っているのではという恐怖が、昼夜を問わずつきまとう――。

私は今「なかった」といいましたが、事態が急転したのは一九八三年のことです。この年の夏、研究者たちが発見したDNAマーカー（ハンチントン病患者に特有の遺伝子配列）が、ヒトの第四染色体短腕部に同定されました。それにより「病気の症状が出てくる以前に、何年も、場合によっては何十年も、病気に苦しむのが家族の誰なのかということも、マーカーは明らかにする。遺伝学者とカウンセラー、そして病気に苦しむ家族にとっても、長い間待望されていた予測の夢が叶ったことになる。[*4]」――アリスがこの本を書き上げたのは一九九五年ですが、当時は一九八三年の時点よりも、ハンチントン病をめぐる医療体制、診断の精度は、さらに向上していたでしょう。とはいえ、彼女の本は、アメリカの生命科学の進歩の偉大さを伝えるだけではない。むしろそのまなざしは、マーカーの発見以前の、沈黙と無為のうちに死んでいかざるをえなかった故人たちに向けられている。そして彼女自身の「沈黙」についても、より重大なメッセージを伝えています。というのは、彼女の本によれば、彼女は結局、マーカーの発見によって可能になった遺伝子診断を受けない、という選択をしたからです。自分は病人なのか、健康なのか、精神を病んで死ぬことになるのか、生き延びることができるのか、その境界をあえて不明瞭なままにした理由とは何でしょうか。

アリスの本心には、おそらく彼女自身にもうかがい知れぬ部分があるのでしょう。しかし少なくとも、テキストとしての『ウェクスラー家の選択』の立場は明白です。つまり、こちらが健常者で、あちらが異常者といった区分けは、彼女にとっては、重要でないとは決していわないものの、事柄の本質ではない。むしろ彼女の想像力は、選択や社会の側からの「診断」の背後に控えている沈黙の「声」、すなわち、正常と異常との間のグレーゾーンに属する、様々な感情の葛藤――病気の発症に怯える者たちにとっては、他者に大っぴらにできないこの葛藤こそが、生の大部分を占めていたわけですが――、ほとんどが発言の機会を得る前に消えていったこの葛藤に光を当てる。間違いなく、アリスはフロイト的な喪の作業の執行者たらんとしているのです。そうした彼女の念頭には、常に母の姿がある。レオノア・ウェクスラーという名のこの女性は、彼女の過去と未来を指し示す、もう一人のアリスに他なりません。ということは、アリスは母を「葬る」ことを通じて、母と結びついていた自分自身の大切な一部をも葬るという、二重の課題を引き受けたことを意味します。

共有を強いられた運命

ウェクスラー家を苛《さいな》む運命がどれほど苛酷であったかは、私がアリスの本から再構成した家系図（図3）を見れば判然とします。母方、つまりレオノアの父は、ヨーロッパからアメリカに渡ってきたロシア系移民ですが、その父を含め、祖父とレオノアの三人の兄全てが、ハンチントン病により命を落としたようです。そこに、やがて彼女自身が加わり、さらにアリスもそれに連なるかもしれない。「六歳のとき、自分の親指が太いことに初めて気がついた。親指は短くて横に長く、爪は長いというより幅広だった。（中略）母は私を座らせると、これは変異であること、つまり家族の中で遺伝されたちょっとした違いであるのだと穏やかに説明してくれた。母の父、私の祖父にあたるアブラハムもやはり太い親指の持ち主だったし、母の兄たちのうち二人も同じだった」[*5]。こう説明する母――無論、彼女の親指も太かったわけですが――は若い頃、コロンビア大学で修士号を取得した才女でした。専攻は、運命の皮肉とでもいいたくなりますが、動植物研究、特に遺伝学です。時は大恐慌の半ばで、まだまだ女性には狭かった研究者の道を選ぶことなく、彼女は高校の先生となり、やがて夫となるミルトン・ウェクスラーと出会います。

結婚当時、ミルトンは弁護士でした。が、結婚後すぐに法律事務所を辞め、コロンビア大学で博士号を取得ののち、精神分析家となり、やがてクリニックで確固たる地位を得る（のちにミルトンの愛人となるマリリン・バーナードは、このクリニックの臨床心理士でした）。その間、二人の娘（アリス、そして妹で、後に遺伝学・神経心理学者になるナンシー）に恵まれながらも、専業主婦としてのレオノアの生活からは、次第に知的な雰囲気は薄れてゆく。

母が三六歳のとき、彼女はある神経内科医の手紙によって、三人の兄たちがハンチントン病に罹患してい

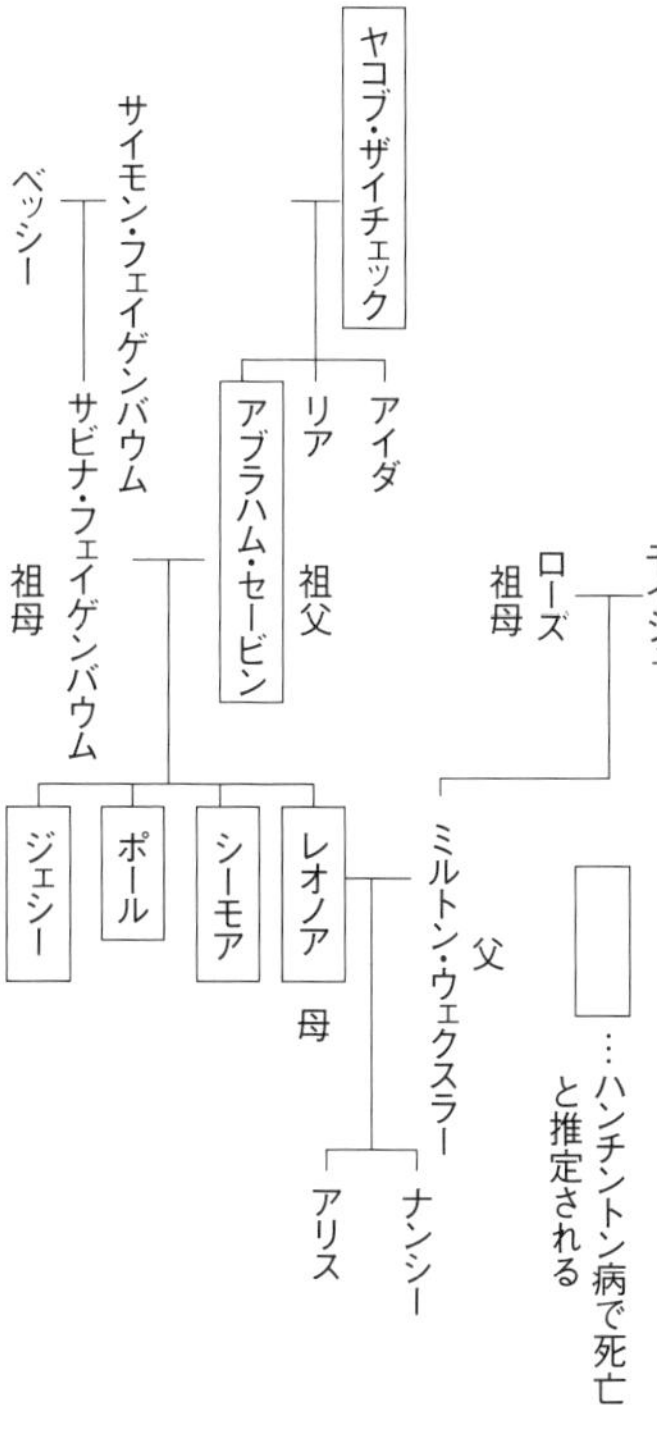

図３　ウェクスラー家の家系図

たことを「正式に」知ります。父がこの病気で亡くなったことは知っていましたが、レオノアの家系を苛むこの運命の存在について、夫のミルトンが知ったのはこのときが初めてでした。ここに私たちは、最初の重要なグレーゾーンを見出せるでしょう。アリスは問います。母は、自分がこの悪魔の遺伝病の潜在的な罹患者であることについて、どこまで自覚的だったのだろうか。そして、彼女は、やがて自分が子どもを産めば、その子にも病気の因子が受け継がれることを承知のうえで、自分たちを生んだのだろうか。遺伝学を専攻していた母が、このリスクについて考えなかったということが、ありえるのだろうか、と。

母は、しかし、次第に自分の世界に閉じこもりがちになる。それが病気の発症によるものか、夫婦生活の倦怠に起因するものか、アリスは判断を保留していますが、この二つは密接に絡み合っている。それに、アリスには無視しえない第三のファクターとして、一九五〇年代の復古主義的な雰囲気がある。第二次大戦が家庭から男を奪い、道徳的混乱をもたらした反動として、いわゆる「よき家庭」の維持がこの時期、ある種の社会的合意として推奨されます。社会という厳しい現実を生きる男の疲れを癒し、公的には抑圧されている彼の欲望を満足させるための避難所、いわば保護区域としての家庭――こうしたイデオロギーは、家庭を任された母たちをまさに「母」としてそこに閉じ込め、社会進出や価値の多様性、因習的でない人生選択を希求する娘たちとの対立や軋轢《あつれき》を生じさせることになります（コーネルとその母との関係もそうですが、アリスとレオノアの場合もそうです――少なくとも、レオノアを回顧するアリスの筆致には、明らかに、以上のようなフェミニズム的問題意識が感じられる）。家庭というプライベートな空間に、女性から「声」を奪う家父長主義的な権力構造が圧縮した形で現れる――。

結局夫婦は一九六二年に離婚し、レオノアは再び教壇に立つための勉強を始めますが、その一年後、メキシコで暴漢に襲われ、一団によってレイプされる。それでも彼女は大学に戻り、激しい神経症に悩まされながらも、教職免許を再び手にします。ハンチントン病の正式な診断が彼女自身に下されたのは、その一年後です。

亡霊との戯れ――その倫理的意味について

肉親が性的暴行を受けたという事実を告白するアリスには、暴露趣味もなければ、読者の同情を引こうという意図もありません。殊更に母の苦しみを問い尋ね、言葉として伝えられなかったその返答に輪郭を与えることと、そこにはむしろ、この苦しみが知られないことは不当である、という倫理的な怒りがあるように思います。死者からの応答（response）の引き受けを、アリスが自身の責任（responsibility）と感じている点は、疑いようもない。とはいえ、彼女は単なる道徳心から、母の人生の断片を拾い上げる作業を行うのでもない。ある意味、アリスは母に寄り添い、母に助けを求めることで（この二つは同じ事柄の両面だということは、強調しておく必要があるでしょう）、救いのない自身の死の不安から逃れようとしている、とも考えられる。ナラティブ（語り）を通した苦悩の共有。[*6] それは苦悩を一人で抱え込むという心的負担の軽減につながる、とクラウディア・ミルズはある論文で述べています。「私たちのたいていは、自分たちの抱える問題を他人と共有できなければ、結婚や子供の養育、人生そのものを切り抜けられなかったろうと感じている。人生は辛い。結婚も養育も、時に友人関係もそうだ[*7]」。アリスもまた、女性哲学者リュス・イリガライの一文を引用することで、こうした共有の持つ心理的効用を示唆しています。

とはいえ、ここで引用されるイリガライの言葉には、容易に嚥下《えんか》できないものがある。それは「And the One Doesn't Stir Without the Other」という言葉なのですが、私がはっとしたのは、その日本語訳です。「そして、人は他者を巻き込まずして奮起できない」――単に「他者なしでは」とせず、巻き込まずして、と表現した訳者の意図は分かりませんが、確かにアリスの行っていることは、半ば強制的に他者を巻き込むことであり、寝た子を起こし、過去を蒸し返し、（巻き込まれる者からすれば）平穏な日々を波立たせることだ、といえます。アリスが最も執着し、彼女の第一の「ターゲット」となるのは、無論、自身のプライバシーを暴露されることになる母レオノアに相違ありません。

そもそも彼女は、母に関する本を出版することについて、母に了解を得ているのでしょうか。レオノアが亡くなったのは一九七八年ですので、その可能性はないでしょう。ではレオノアは、アリスが自分のことを書くことについて、どう感じたでしょうか、それは正当であると、そして、自分の苦しみの引き受け手、代理人／代弁者として、あなたこそ最もふさわしい、という承認をアリスに与えたでしょうか――これは死者には答えようのない問いです。そもそも、苦悩の共有、苦しみの引き受けといいますが、アリスの苦しみとレオノアのそれは同じでしょうか。これら全てに、アリスは、万人が納得いく論拠を提出できるでしょうか。いうまでもなく、答えはノーです。しかし、忘れないでほしいのは、彼女に筆をとらせる起点となったのは、まさにこの死者の絶対的な沈黙であった、という事実です。

> 母に対する悲しみは、自分や妹、哀れな未来、持つことのないだろう自分の子どもへの悲しみとも混ざりあっていく。妹と私には共通の想いがあった。それは、母がすべての希望と絶望を告白してくれるような、人生をめちゃくちゃにしたこの病気の、彼女自身の歴史を語り尽くしてくれるような会話をしたいという想いである。私たちには一度として語られていないが、母自身はよく知っている、そんな癒しとなるような会話ができれば、私がこれまで抱いてきた母の受動的な態度への失望感は一掃されるだろうし、失ってきたものを補い合うこともできただろう。
>
> しかし、これまでも、そしてこれ以降も、母と私たちの間に本当の会話などなかった。*8

おそらくレイプの後遺症に苛まれながら大学で再び遺伝学に従事していた頃のことでしょうが、レオノアは、アリスに、自分の内心が家族に共有してもらえるという希望など、はるか以前からあきらめていた、そして沈黙が支配する家族の時間が、あなたにとって苦痛と無意味に満ちていたことを申し訳なく思う、といった内容の手紙を書いています。アリスは、これがレオノアの本心だとは思いたくないに違いない。しかし、事実は事実である。だから彼女は、いくつもの「証明不可能な」ラインを、世間や社会が与える常識的指針や価値観が通用しない領域を、超えてゆかざるをえない。確かにそう促される切迫した実情、夢とも現実とも判別できないグレーゾーンの脅威がアリスには存在したのでしょう。彼女は、自分を死へと誘う母の存在、その内心の奥深くまで侵入してくる亡霊的な——メランコリーにまつわるフロイトの教説を思い出してください——力を感じている。その不安は確かに、ハンチントン病に罹患した者だけが共有できる（！）不安かもしれない。アリスの本では、何度か、次のような夢が語られます。

病院船の夢を見たことがある。長くて白い廊下、高波が砕け、船体は前後左右に流されていた。私は乗客を助け、彼らから感謝の言葉をかけられている。私は古代の旧跡の間をすり抜け、いまにも崩れ落ちそうな部屋を飛んでいる。花畑の間をすり抜けて歩いていくと、頭蓋骨が割れて頭頂から血の出ている女の子を見つけるのだ。頭の中は脳幹がセロリのように突き出ていて、それ以外はほとんど空っぽだった。私たちは彼女を病院に搬送するのだが、時すでに遅かった。それから、ずいぶん後になって、私は壊れた人形の夢を見た。手足がしぼんでいて、身体を前に傾けている人形だった。それは私が産んだ赤ん坊の残骸で、私がほったらかしにしていたせいで死んでしまったのだ。私はしばらくの間、彼女のことを忘れてしまっていたというわけだ。[*9]

頭の割れた女の子、それに手足のしぼんだ人形は、いかにもハンチントン病患者を思わせますが、こうした隠喩的形象――フロイト的にいうなら、夢の内容は夢見る者の不安や欲望を隠喩的に指し示すものであり、アリスがこうした伝統的な精神分析の「文法」を意識しながら文章を綴っている点に、疑う余地はありません――が表しているのは、誰でしょうか。この赤ん坊の残骸は、恋人との間に子をもうけることをあきらめたアリスがひょっとしたら産んでいたであろう赤ん坊なのか、それとも、赤ん坊同様、やがて遺伝病を発症し、絶望のうちに死んでゆくかもしれない自分自身なのか。後者だとすれば、「私がほったらかしにしていた」という場合の私とは、アリスではなく、母レオノアということになる。

別の夢には、オーブンで蒸し焼きにされたひよこが登場します。「オーブンから取り出して、ひよこの頭を覆っているパイ皮やセロリの葉っぱを剥ぎ取る。ひよこは私を悲しそうに見つめている。どうやら死ぬことがわかったようだ。[*10]」――この場合の私も、アリスなのかレオノアなのか、判然としません。しかし、ひよこがアリスだとすれば、悲しそうに私（＝レオノア）を見つめるひよこは、苛酷な運命を人生に課した母に対する、アリスの曰くいい難い思いを代弁しているのかもしれない。

かくのごとく、母と娘の不安、絶望が、赤ん坊や人形、不気味な魚やピアノ――ピアノはアリスとレオノアの共通の趣味であり、また（鍵盤が正確に弾けるかどうかを否応なしに示す点で）病気の進行具合を伝える無慈悲なリトマス試験紙でもある――などのイメージの上に重なり合う。が、いずれにせよ、夢はレオノアが見たものではない。確かに、数々の夢は、母と娘との根源的な結びつきを証言するものなのですが、だからこそいっそう、アリスが救い出さねばならないのは、第一に、自分自身に他なりません。母の不安を代弁したいという欲望が、母のように死にたくないという欲望と交差する（私は母である／母ではない）。彼女はいいます。「私の夢の中に母が現れ、自分の元へ引きずりおろそうと私の腕をつかむことも、母の物語を書ければ、もしかして終わるかもしれない。[*11]」

ストーリーの前に、ヒストリーがある

アリスのこうした欲望を、単なるエゴイズムと片づけられるとは、私は思いません。それはあなたの物語であって、私のものではない、私には関係ない、私を巻き込む権利は、あなたにはない――こうした割り切り方が、特に身近な者同士にとって困難であるのは、私たちが日々経験していることです。それぞれに固有の縄張りを持つ主体が遭遇し、互いの領分を保持しつつ、関係性を築くという具合に、私たちは生まれ育つわけではない。人がいて、ストーリーのはっきりした物語が始まるのではなく、見通しがつかないほど絡まり合った家族の歴史（ヒストリー）がまずあって、そこに否応なしに投げ込まれ、共有と拒絶を繰り返す中で、私たちは他者に傷つけられること、他者を思いやること、あるいは他者から独り立ちすることの意味といったものを、それぞれの人生にとって固有の仕方で経験してゆくのではないでしょうか。そこには、万人が頼れる道徳マニュアルはもとより、関係者全員が完全に納得しうるような解決など、存在しないのではないでしょうか。アリス自身もこう述べています。「誰の声を聞くべきか。誰の話を正当なものとするのか。他者に関することも含んでいる物語を、誰が自分の物語として語れるのだろうか。これらの疑問は、「自伝」という、今にも割れてしまいそうな薄氷の上に乗り出そうとしている書き手であれば、誰もが直面しなければならない問題である。[*12]」

アリスの本には、彼女は決して「公平な」ストーリーテラーではない、と思わせる部分が、確かにある。例

えば、母への彼女のこだわりには――彼女自身、これを十分自覚しているのですが――「妹と私には共通の想いがあった。」という言葉とは裏腹に、母を裏切った父に似ており、父と同じ心理学者としての道を歩んでいる妹への、複雑な感情が作用しているように感じます。またアリスは、父の愛人であり、離婚した母を寛大にもケアするマリリンに対しても、妹ナンシーとは違った感情を抱いていたようです。「ナンシーによれば、マリリンは自立していて、生き急いで消え去ろうとしている母の代わりとなる、強い女性だと言う。私から見るとそれは逆で、マリリンとの友情は母に対する裏切りのように思えていた。長い間、私はマリリンの援助に対しては感謝と怒りの間で揺れていた。過去のことだけでなく、私の怒りをどこか不当で不適切なもののように感じさせる、彼女の感性に対しても腹を立てていた。[*13]」

母レオノアと違い、この本の出版時に、マリリンは存命でした。従って彼女を物語に組み込むことは、当然、彼女のプライバシーに抵触することを意味していました。どうやら、出版事業は、アリスとマリリンとの「友情」を瓦解させる決定打になったようですが、その顚末については「マリリンは議論するのを望まず、一九八七年に脳梗塞を患って以降、たぶん議論をすることができなくなってもいた。私が望んでいたとおりのことを書くことについて彼女が「許可」してくれた頃には、もはや遅すぎて、私たちは仲たがいしていた。[*14]」と書かれているだけです。

ストーリーの不均衡――あなたの安心は、私の不安

アリスによれば、マリリンは彼女をシャーロック・ホームズになぞらえていました。お前は真実に関心があるのではなく、ただ裁判官になりたいだけだ、というのは、家族の過去についてあれこれ詮索するアリスに関する、父ミルトンの弁だそうです。ミルトンはハンチントン病の原因究明に関わる巨大な医療プロジェクトの

一翼を担い、科学者同士のネットワーク構築や支援財団形成に奔走する重要人物でもありましたが、そうした公的な立場からすれば、プライベートな部分をあれこれ蒸し返し、解決しようのない議論を要求するアリスは、遺伝病克服という「大義」に向き合わず、ごく些細な過去にこだわる厄介な娘に映ったことでしょう。しかし、ミルトンのいう「真実」とは何でしょうか。母も父も、病気についてあまり話し合うことなくアリスをもうけた、そうした事実以上でも、以下でもないのでしょうか。アリスにとっての真実とは、この事実に彼女が抱く感情的部分を指す、これは間違いない。しかしそれは、あなたの個人的心情の問題に過ぎない、といって済むものなのでしょうか。[*15] そうではなく、何十年にもわたって秘密裏に共有され、触れることがタブー視され、平和な日常からそれとなく放逐されてきたその心情――あるいは、心情のそうした扱いの蓄積そのもの――こそが、彼女のみならず、ウェクスラー家全体のヒストリーを形成する核心に位置していたのではないでしょうか。だからこそアリスは、母の病気の「正体」が発覚すると同時に、「知ることと知らないことの問題、秘密と沈黙の問題が突然大きく課せられた。妹と私が家族について知っていると思ったことは突然方向転換して、もう一度、すべてのことは再検討し、解釈し直さなければならなかった。私たちが誰なのかということが突如として疑問の対象となり、すべてのことがこの病気を前提に再構成される必要があった。[*16]」と述べざるをえなかったのではないでしょうか。

しかし、この再検討、再構成とは具体的には何を意味するのでしょう。大変難しい問題です。走り書きのような形になりますが、思うところを最後に述べておきます。

アリスは、母の死の予感と自らの発症リスクに苛まれ、深刻な鬱状態になっていた時期に「ちゃんと悲しんでおく」必要を強く感じていた、と記しています。[*17] 印象的な言葉です。一家を蝕む病因が明らかになるにつれて、それぞれが人生行路において決断し、選び取ったもの、不本意に選択したもの、不首尾に終わったもの、そうした出来事の一つ一つに改めて光が当てられ、解釈する余地が与えられる。それは、病気でなければ可能になった人生の可能性を数え上げ、今の状態を嘆くこととは違う気がします。事実は事実として変更できません。しかし、こうもできたはずだ、という（行為の）想像がある。もしくは、あのときは、こういう具合に本当は感じていたのではないか、という（気持ちの）想像がある。これは決して、今から過去を振り返りつつ、事後的に気持ちを「捏造」することではない。確かにそのような側面もあるでしょうが、過去を再発見し、それに情動を通して輪郭を与えることは、自分にできたこと、そしてできなかったこと、その限界を自分自身の心の目で確かめることのように思います。そうした作業にどんな意味があるのか、はっきりとしたことはいえませんが、ともかく人はそうやって、苦々しい過去を色々な角度から捉えることで、不安なく前を向いて生存の足掛かりをつかむことができる、そうしたメカニズムは、確かに存在するのでしょう。かくして情動自身が浄化される。つまり、他ならぬこの「私」に巣食う亡霊的な他者との命がけの戯れに、それなりの決着がつく。再構成とは、こうしたプロセス全体のことだ、とやまだようこさんは示唆しています。「ことばを発するには、情動から「はなれ」、文脈から「はなれ」、私から「はなれ」、他者にも通用する「ことばの世界」へと再構成する働きを必要とする。語るという行為は、過去という倉庫のような場所にしまわれていた「記憶」をそのまま現在という場所に引っ張り出す作業とは、根本的に異なっている。[*18]」事実としての過去は変わらないが、言葉をはさむことで、過去への愛着の仕方が変わる、とでも表現できるかもしれません。

記憶については、ドイツの哲学者テオドール・アドルノは次のようにも特徴づけています。決して平易な言葉ではないのですが、ひとまず掲載しておきましょう。「たとえば記憶にしても、亡びて行くものをなんとかして繋ぎとめようとする愛情の念と切り離すことができないのではあるまいか？　どんな想像の働きも、現存するものの要素を——それ自体を裏切ることなく乗りこえながら——転位させようとする願望の所産ではあるまいか？」[19]

アドルノはまた「精神分析においてはその誇張された面だけが真実である。」という有名な言葉を残していますが[20]、夢や想像、抑圧されてきた沈黙に言葉を与える作業は、ときに、そうした作業を行う者自身の感情を暴走させ、心身を苛み、より深刻な妄想へと巻き込んでしまう。アリスの場合、恋人や妹、父との対話が独白の底なし沼から彼女を守っていたようですが、しかし、アリスの見る「真実」と、周囲が見るそれとは、同一ではない。終わりのない討論をしかける彼女には一時の安心が与えられるかもしれないが、巻き込まれる他者からすれば、お前の描く事実は正しくないし、レオノアは、決してお前の考えるような人間ではなかった、といいたくなる場合もあるでしょう。

しかし、そもそも母をめぐる沈黙、母に触れないでいることからもたらされる周囲の者の安心が、彼女の不安の核にあったことを忘れるべきではない。質問を繰り出す自分を邪険に扱う父について、アリスはこうも述べています。「父が欲していたのはほんのわずかな平穏と静寂であって、手に入れたはずの将来のことを考えたかったのだ。でもここで私はいつも父に尋ねる。この日やあのときには何を考えていたのかと。そして父は答えられない。」[21]

喪の作業が、アリスには毒にも薬にもなるように、言葉は、ある者にとっては力となり、その同じ言葉が、言葉を敬遠する者にとっては暴力となる。同じ家族、同じヒストリーを有するとはいえ、それぞれが自己の人生の取り換えのきかない著者（ストーリーテラー）である限り、苦しみの共有は容易ではありません。死者と生者の間だけでなく、生者同士においても、複雑に構造化された力の不均衡が存在するからです。

告白の（暴）力（2）

——苦しみは誰のもの？

「私」の語り・同一性・暴力

自伝研究の泰斗フィリップ・ルジュンヌは自著の中で、自伝を次のように定義しています。すなわち「実在の人物が、自分自身の存在について書く散文の回顧的物語で、自分の個人的生涯、特に自分の人格の歴史を強調する場合を言う。」[*1]と。ルジュンヌはここで、いくつかの事柄の同一性、ないしは首尾一貫性のようなものを、自伝という文学ジャンルの前提に置いています。例えばそれは、語り手と主人公の同一性であり、主人公の生涯の同一性——つまり、その一生が他の誰のものでもない「私」固有のものとして、首尾一貫した仕方で「私は~した」という一人称の形式のもと、言表しうること——、そして、そこに書かれたストーリーに人格としての「私らしさ」が一貫して反映していること、等々です。無論、これらは一種の理念型であって、実際にはこうした条件から逸脱する「自伝」も少なくないでしょう。[*2]

にしても、ルジュンヌの規定は、文章形式に特化したものであり、語り手＝主人公が手さぐりで進まねばならない、あの不透明な倫理的空間の存在を、あまりに等閑視しているように思えます。アリス・ウェクスラーは「誰の声を聞くべきか。誰の話を正当なものとするのか。他者に関することも含んでいる物語を、誰が自分の物語として語れるのだろうか。」というとまどいから出発せざるをえませんでしたが、[*3]自伝の書き手は「私」のものでないはずの物語を、「私」の視点――それは観察者の視点であり、その物語を創り出した一人としての、行為者の視点でもある――から再編せねばならないのはもちろんのこと、「私」自身の物語であるはずのものも、どこまでが「私」個人のものなのか判断しきれないという、混乱と無知を覚悟しなければならない。家族の物語において、「私」は「私」の欲望を、「私」以外の家族メンバーに仮託しつつストーリーを構築する場合がある。アリスとレオノアの事例がそうであったように、この場合、「私」が「私」について自伝的に語ることは、「私」が他者について伝記的に語ることと重なります（母の救済は、「私」の救済でもある、という図式）。また、こうしたグレーゾーンを取り上げるまでもなく、他者（第三者）の方が「私」（当事者）について、より「正確に」語りうる場合もある。アリスの父ミルトンから見れば、彼女とは違ったレオノアの伝記、そしてアリス自身の伝記が存在するでしょう。

要するに、私がいいたいのは、自伝と伝記は、ジャンル的な区別はともかく、実質的に峻別することは難しいし、また自伝の方が「私」についての真実を首尾一貫した仕方で提示するわけでもない。むしろそうした一貫性そのものが、他者や「私」の真実を覆い隠す、その意味で暴力的に作用する場合も少なくない、ということです。

苦しみの証言、そしてその共有

「私」の告白が他者の「声」を聞こえなくさせる、もしくは、他者の意図とは違う「声」を吹き込む、その動機には様々あるでしょうし、それに応じて、自伝という文学ジャンルの抱える問題も際立ってくるでしょう。差し当たり、思いつくポイントを四点、列挙してみます。

第一に経済的な問題。端的にいえば、金や世間的注目を得たいがための出版事業である可能性です。芸能人や、いわゆるセレブリティと呼ばれる人種の出す暴露趣味の自伝に、この類の疑いがいつもつきまとっていることは、今さらいうまでもありません。

第二に法的問題。これまた自明な事柄ですが、特に、明らかに実在の個人が特定できる登場人物が作品中に描かれる場合、プライバシーの侵害や名誉棄損のリスクを背負うことになる。自伝ではありませんが、三島由紀夫の『宴のあと』をめぐる法廷闘争が、その典型例だといえます。

第三に、実証的な正確性の問題。つまり、そこに描かれている内容が、現実とどこまで符合しているか、という問題です。これは第四の問題、すなわち、「私」が他者の声を代弁することの倫理的正当性という、この講義で特にこだわっているテーマとも交錯するので、詳細に論じたいと思います。

グアテマラのマヤ系先住民出身で人権活動家のリゴベルタ・メンチュウは、その活動が評価され、一九九二年にノーベル平和賞を受賞しました。彼女の名を一躍世界中に知らしめたのは、インタビューによる聞き取りを元にした自伝的著作（一九八三年出版）で、*4 そこには彼女の出生、そして活動家としての目覚めに至る歴史的経緯が生々しく綴られていました。当時の軍政府が経営するコーヒー農場の劣悪な労働条件のもとで、彼女の二人の兄弟が死亡したこと。軍による誘拐、拷問の末に、母と別の弟も殺されたこと。メンチュウの父と他の活動家が政府の人権侵害に抗議するためスペイン大使館を占拠した際、グアテマラ政府が兵に発砲を命じ、父を含む三九人の命が奪われたこと――。

弟のペトロシニオが殺されたとき、彼女の目が捉えた光景は何だったのでしょう。「彼の体の様々な箇所が切られていました。頭は剃られ、深い切り傷がありました。爪もなく、足の裏は削ぎ落とされていました。古い傷は感染し、化膿していました。仲間の女性、もちろん私は彼女だと分かりましたが、彼女は私たちの近くの村からきていたのです。連中は、彼女の大事な部分を剃り落としていました。乳首の片方はなく、もう片方の乳房は削がれていました。体のあちこちに、噛まれた痕跡がありました。あちこち、全体に、あれは彼女でした。耳もありませんでした。他の人々の舌は、いずれもが、抜かれるなり、切り裂かれるなりという惨状です。現実だと見定めるのも困難な光景でした。*5」

事実を証言し、出来事の詳細を記述することは、倫理や道徳を「上から」説法するより、はるかに私たちの倫理的感性に訴えることが少なくない。アリスの母にまつわる報告がそうだったように、メンチュウの証言からは、政府の迫害に対する恐怖、そして人種差別への怒りが、ほとんど肉体的な感覚として伝わってくる。実際、メンチュウの半生は、彼女や家族、仲間たちに理不尽に課せられた痛みの歴史でもあり、そこから、人権活動家としての彼女の良心（conscience）が生い立ってきた、といえるでしょう。自伝の英訳タイトル「My Name is Rigoberta Menchú and this is how my Conscience was Born」が示唆しているように、これは単なる人生の個人的記録ではない。はっきりとした倫理的メッセージに貫かれた作品でもあったのです。

想像力の目覚めは、自己保存の欲望とそれを満たす能力との均衡を狂わせる、というルソーの教えを思い出しましょう。メンチュウの証言には、他者を巻き込む力がある。その力は、読者の想像力を刺激し、彼女が感じたであろう感情の共有を促し、「語り手と読者との間の感情的同一化を促進する」*6。この力はメンチュウの著作を読んだ英語圏の読者をも目覚めさせ、彼（女）らに、グアテマラ政府に対するアメリカの外交政策への批判をも促したがゆえに、ある種の政治的「権力」として作用した、とすら形容できる。

それだけに、デヴィッド・ストールがメンチュウの証言の捏造疑惑を調査・告発したことは、大変な衝撃をもって迎えられました。人類学者のストールは、彼女以外の関係者とのインタビューを綿密に重ねた結果として、メンチュウ一家の経済状態や教育環境は、彼女が記述している内容と大きく食い違っており、さらに自伝で彼女がいい立てている内容は、実際に彼女が見聞きしたものではない事柄が多い、と結論づけたのです。

フィクション――苦しみなく、苦しみを共有するために

ポール・ラウリッツェンは、メンチュウを擁護しストールに反論しようとする試みが、かえって彼女の証言行為の中心軸を揺るがすことになる、といった内容の議論を展開していて、大変興味深い。これはストール自身認めていることですが、自伝の詳細部分はどうであれ、彼女がグアテマラ政府によって父母や兄弟を失うことになった事実に変わりはないし、そもそも圧政が先住民たちに多大な犠牲を強いた、という歴史に偽りはないのです。メンチュウが意図したのは、彼女の個人史を詳細に綴るということ以上のものであり、従って、自伝に込められた倫理的メッセージは正当に評価されねばならない。実際、多くの住民たちは、彼女が描写したような有様で殺されたのであって、メンチュウの声は、一九八〇年代に圧政に苦しんでいたグアテマラ人の声なき声を極めて適切に代弁するものであった。そもそも、軍部による反体制派への陰惨極まりない弾圧を告発する、という大義に比すれば、個別的な報告内容の若干の齟齬《そご》に何の問題があるというのか――かくして、メンチュウを擁護する陣営からすれば、彼女の証言がフィクショナルな部分を含んでいたとしても、自伝のコアな部分を疑うに足る論拠にはならない、ということになる。

では、メッセージが正当なものであれば、その「肉づけ」は副次的な問題なのか。ラウリッツェンは極端な例として、ビンジャミン・ウィルコミルスキーのケースを引き合いに出します。ウィルコミルスキーはその自

伝『断片――戦時の幼年期についての回想録』において、ラトビア出身のユダヤ人としてナチに捕えられ、いわゆる絶滅収容所に連行・収容された経験を描きました。戦後、ホロコーストを生き延びた証言者の声を如実に伝えるものだということで、ウィルコミルスキーのこの自伝は絶讃され、欧米各国で数々の賞を受賞するに至りましたが、のちに判明したのは、彼は収容所で幼少期を過ごしておらず（戦後、旅行者として訪れたというのが真相）、従ってその証言はフィクションに過ぎず、さらにはユダヤ人という出自だけでなく（実際はスイス人）、ウィルコミルスキーという名前そのものが偽りのものだった、という事実です。

さて、ここで幾分挑発的な問いが立てられるでしょう。自称ウィルコミルスキー氏の本が売れ、高く評価されたのは、収容所で遭遇した数々の地獄が、生々しく、説得力ある仕方で描かれていたからだ。この本が含意する倫理的メッセージに疑いの余地はない。ナチの非人間性を告発する氏の証言内容は、彼が実際には見聞きしていなかったにせよ、おそらく多くのホロコーストの犠牲者が経験したものであろうし、彼らが生き延びて、再び「声」が与えられるのであれば、おそらく発したであろうメッセージとそれほど大差ないに違いない。大義が問題である限り、重要なのはメッセージ、すなわち事実全体の意味をいかに効果的に伝えるかという点である。個々の事実の細々した点に拘泥する必要があろうか。なぜ事実を、ありのまま、見聞きしたままに報告する必要があるのか。そもそも、ありのままに伝える、という場合の「ありのまま」とは何か、と。

「フィクションを用いて物語を共有すること、私は友人や家族について書く際、ずっとこの選択肢を採用してきた。フィクションを書き、名前を変え、感情的にコアな部分だけが残るように、起きた出来事のたいていを改編するのである。[*7]」――これは前回の講義にご登場いただいた哲学者クラウディア・ミルズの言葉です。彼女は家族や子どもを題材にした作家でもあり、そのモチーフはほとんどの場合、ミルズ自身や身近な友人たちの実生活から採られているようです。が、ミルズは彼（女）らの、そして自分の「ありのまま」を、実際の地名や人物名を用いて暴露することは、倫理的に避けるべきと考えます。なぜでしょうか。

　ミルズがフィクションに依拠する理由は、一つには「物語を共有するメリットを最大化する一方において、そうした共有が引き起こすデメリットを最小化する」という、幾分功利主義的に響く格率を彼女が採用しているからであり[*8]、さらには、いかなる悪人や人でなしであろうと、大いなる憐れみと寛容さの視点から捉えねばならないというヒューマニズムに、彼女が従っているからです。要するに、実名を挙げて他者を非難することがナラティブ（語り）の目的ではない、ということです。人間は弱い生き物ですから、どんな「善人」にも欠点や、隠し通したい秘密がある。家族の不和、子どもとの反目、病気や障害にみまわれること、等々、これらは全て、有限なる身には意のままにできない、世の現実を表していますが、それは全ての人間に妥当する真実でしょう。うまくいかないのが人生であっても、最初からその破滅を切望する人間など、存在しない。であれば、語りの役割とは、執拗に個人攻撃を展開することではなく、まして他人の性的志向や行為を暴露することではない――そのようなストーリーは「私がランチの時間に友人と共有するものではない[*9]」。そうではなく、生きる希望や教訓、生活の知恵のようなものも含めて、読者をよりポジティブな方向に向かわせる帰結を、ある種の純粋で洗練された感情のカタルシスを伴う仕方で打ち出すことが、ストーリーメイキングの肝に他ならない。おそらく、フィクションを重視するミルズの思想的スタンスは、以上のようにパラフレーズできる。

　ミルズが「感情的にコアな部分」という場合に、何を念頭に置いているのか、その詳細までは彼女の論文からはうかがえません。が、そのスタンスは明瞭です。彼女は、決してハッピーエンドで終わる物語だけを推奨しているわけではない。とはいえ、特に家族や子どもを題材にした作品において重要なのは、読者に、「私」の悩みは決して「私」だけが感じているものではない、と気づかせることでしょう。子育ての事例などが典型的に示すように、同じような苦しみや葛藤を抱えた多くの他者の存在を身近に感じること、それは苦悩の負担軽減というメリットを「私」にもたらします。よく練られたストーリーには、ある種の心の処方箋として、より広範囲に作用する治療的効果すら期待できるでしょう。

ミルズの論理に従えば、フィクションに導入された否定的プロット（離婚、子育ての放棄、学校でのいじめ、心身のハンディキャップ、等々）の数々は、最終的には物語全体の流れを、その登場人物を含めて、よりよい方向へと導く触媒やアレゴリーとして規定できるかもしれません。悪人でさえ、あるいはそういう人であればなおさら「憐れみのレンズを通して眺められる必要がある」[*10]というわけです。

共有という大義、そして苦しみの陳腐化

感情の共有をナラティブの主要目的に据える彼女の主張は、私には、ルソーの例の憐れみの劇場を思い出させます。実際ミルズの、物語を共有するメリットを最大化する一方において、そうした共有が引き起こすデメリットを最小化すべしというモットーには、他者への同情と「私」の自己保存との間の均衡の上に成立する、ルソーの博愛主義に通じるものがあるのではないでしょうか。しかし、ここでは少々の意地の悪い、別の比較を試みてみましょう。すなわち、ミルズとルソーではなく、ミルズと自称ウィルコミルスキー氏との比較です。両者の間に、明確で本質的な差異を見出すことは可能でしょうか。文字通り虚構（フィクション）だらけのウィルコミルスキーの自伝は、それが広範な読者にもたらした感情的な作用という点からいうなら、ミルズのモットーを最も理想的な仕方で具現化したものではなかったでしょうか。ウィルコミルスキーが虚偽の報告をしたからといって、傷つき、苦しんだ者がいるでしょうか――何しろ、書かれているのは虚構の世界であり、かつ子どもの視点からの経験ということで、実在の人物との絡みで問題視される可能性は非常に低いわけですから。確かに、最初からフィクションであることが前提の前者の物語と、そうでない後者の自伝とでは、物事

の立ち位置そのものが異なっており、この相違を見過ごすわけにはいかない。しかし、差し当たり、読者の心を動かすという「大義」からすれば、フィクションとノン・フィクションとの質的な相違は、あまり見当たらないように見える……。

けれども、おそらくこの洞察は正しくないのでしょう。ウィルコミルスキーの自伝は、つまるところ、ホロコーストの関係者全てを傷つけ、歴史そのものを侮辱したのです。

ヴァルター・ベンヤミンは一九四〇年代のパリにて、ナチの追跡の足音を身近に感じつつ、歴史について断片を残しました。彼はいいます。歴史は常に、勝者や支配者の立場から書かれ、伝承されていった。人類の称えるべき足跡を伝える文化であっても「その存在を、それを創り出した偉大な天才たちの労苦のみならず、その同時代人たちの言い知れぬ苦役にも負うているのである。*11」国家の繁栄、文化の洗練、科学技術の発展、それらの記録からは、他ならぬそうした人類の「進歩」を支えた無名の人民、敗者、犠牲者の苦しみの記憶は抹消されているが、その抹消という事実こそが、進歩自体が内包する野蛮さを物語っているではないか。けれども、「歴史的認識の主体は戦う被抑圧者階級自身なのである。*12」だからこそ、抑圧された者たちに光を当てようと試みるものは、歴史の大いなる流れに迎合するのではなく、むしろ「歴史を逆撫ですること*13」を己の使命とみなさねばならない、と。

ベンヤミンのいう、言い知れぬ無名の者たちの労苦を浮かび上がらせること、それは彼の畏友アドルノが主張したところでは、全体より部分、中心より周縁、普遍なるものより移ろうもの、精神の偉大さが約束する未来より、過去の痕跡として切れ切れに残された生の身体性へのまなざしを要請します。というのは、個々の生に刻まれた痛みの経験層以上に、国家や制度といった「大文字の他者」（ラカン）が彼（女）に強いた暴力を如実に証言するものはないからです。アドルノの主著『ミニマ・モラリア』（一九五一年）のタイトルが示唆するように、戦う被抑圧者の武器、それは微視的でミニマルなものへの、執拗なまでの愛に他なりません。

様々な大義のもとで、いったいどれほどの命が失われたことか、それは人類の歴史を学ぶたびに、私たちがうんざりするほど立ち返らねばならない真実でしょう。そしてラウリッツェンがメンチュウの自伝、それにメンチュウを擁護する陣営に対し疑義を唱える理由も、まさにここにある。先ほど私は、弟ペトロシニオが惨殺された光景についての彼女の証言を引用しましたが、実際には彼女はこれを見ていない。ストールの調査に従えば、遺体の様子についての細かな記憶違いではなく、そもそもその現場に、彼女は居合わせていないのです。しかし、この遺体についての生々しい記憶ほど――それがもしあったのであれば――、歴史の勝者の暴力を告発するにふさわしいものがあるでしょうか。圧政を告発するという大義のもとにこの記憶を捏造することは、まさしく本末転倒ともいうべき暴力であり、「政府の手によってもたらされたペトロシニオやその他の者たちの痛みと苦しみを、完全に陳腐化すること」[14]につながるのではないでしょうか。加えて、もしグアテマラ政府への怒りや人民への同情をかきたてること自体を目的と考えるのであれば、最悪の場合、メンチュウの著作を読者が読んでただ涙すればいいという、安っぽいセンチメンタリズムだけが残ることになる。そしてラウリッツェンによれば、そうした感傷主義はたいていの場合、事柄の細かなニュアンス、現実の両義的側面や複雑さなどを顧みず、単純で分かりやすいストーリーを求めるものなのです。私は、こういう具合に自伝が読まれることをメンチュウ本人が容認するとは思えない。少なくとも、彼女のストーリーが「ランチの時間に友人と共有するものではない」のは確かでしょう。

亡霊再び、しかし――「汝を傷つけた槍のみが、その傷を癒すことができる」[15]

とはいえ、私は、日々の生活ではなく歴史を舞台とする場合、フィクションよりノン・フィクションに頼るべし、などといいたいわけでもない。現実には、両者の関係は複雑です。確かに、様々な事実を、意味の全体性が包み込み、反論も許さぬ巨大な物語に仕立てる場合もあります。そこでは、国家や宗教、社会的マジョリティといった歴史の勝者によって制度化されたヒストリーが、誰もが共有すべき公認のストーリーとして押しつけられることになるでしょう。けれども、こうした大なる物語を志向するのとは違う、全く逆の意味希求が存在します。

文筆家の千野帽子さんは、とりわけ私たちが物語を求めるのは、ある出来事がなぜ他者でなく「私」に起きたのか、その出来事が他ならぬ「私」にとって何の意味があるのか、という問いの前に、私たちが否応なしに立たされる場合だ、といった考察をされています。[*16] そこに「私」にしか見えない、フィクショナルな光景が浮かび上がる（アリス・ウェクスラーが見た夢を思い出してください）。ここには、主観主義だとか、自己満足だといった断じ方では済ませられない問題が潜んでいるように思いますが、私自身、うまく説明できるでしょうか。

作家の小川洋子さんは、著書『物語の役割』の中で、「私」が作り上げたフィクションに他ならぬ「私」自身が悲しみ、苦しむ二つの事例を紹介されています。

一つは、ユダヤ人文学者で、ホロコーストを生き延びたルート・クリューガーのケースです。彼女はアウシュヴィッツに移送された折、年齢を一五歳と偽り（年少の子は労働力とみなされないため、すぐにガス室に送られるからです）、やがて母親と脱走しますが、その途中、ユダヤ人の行進に出会う。「それはついこの前まで苦悩をともにしていた人々の行進です。本当ならその中にいるべきなのに、自分は嘘《うそ》をついてそこから抜《ぬ》け出《だ》した。命を守るために嘘をついてしまった。十二歳なのに、生きてきた年数の丸々四分の一を足して十五だと言った。偽の身分証明書でドイツ人に成りすましました。自分はあの人たちを裏切ったのだ……。ルート・クリューガーは助かった喜びに浸るどころか、自分の嘘に苦しみます。[17]」

二つめに挙げられているのは、一九八五年の日航ジャンボ機の墜落事故で、九歳の息子を亡くした母のケースです。幼い息子を大阪に送り出すのに、スチュワーデスがいる方が安心だという配慮から、彼女は新幹線でなく、飛行機を選択する。そして羽田で別れ際に「ママ一人で帰れる?」といったのを最後に、息子は帰らぬ人となります。「なぜあの飛行機に乗せたのか。九年の人生で一番怖《こわ》い思いをしただろう時に、どうしてそばにいてやれなかったのか。お母さんの文章は、始終自分を責める言葉で埋《う》まっていました。直接そうは書かれていませんが、自分が子供を殺してしまった、という思いが伝わってきました。[18]」

ともに、生存者が死者に対して抱く罪悪感、生存者の自己処罰感情がうかがえます。事実としては、クリューガーや遺族の母が、悲劇を引き起こした直接的な原因主体であるはずがない。しかし、断言するほどの自信はありませんが、おそらく、この悲劇はあなたには無関係である、あなたがいようがいまいが、事は起こるべくして起きたのだといわれる方が、死ぬより辛いに違いない。「自分が子供を殺した、というフィクションの中に、苦しみの源を持ってくる。そういう苦しみ方をしなければ受け止めることのできない悲しみが、この世にはあるのでしょう。[19]」

小川さんのこの言葉は、ある意味、人をメランコリーの闇に閉じ込めることを肯定するようにも見える。死者は葬送されず、例の、第三者が介入できない「私とあなた」、あるいはこの方が正確でしょうが、「私と、私の中のあなた」との幻想的な関係性のうちに、亡霊として浮かび上がる――。

そう、ここでは全てが再び、「私」と、「私」の問いに容易には答えてくれない「あなた」との関係性を軸として形成される。「私」は決して、「あなた」から目をそらすわけにはいかない。そのために、「私」が自己自身に課し、繰り返し設定する舞台を、ジュディス・バトラーなら呼びかけの光景（scene of address）と呼ぶでしょう。お分かりかもしれませんが、ここで問われているのは、事実が客観的にどうであったかという認識ではなく、他でもない「私」にとっての事実の意味なのですが、同時に、事実に対して「私」がどう向き合うか、その倫理的姿勢も問われている。倫理とはこの場合、「私」にしかできない仕方で、「あなた」に向き合うこと、もしくは、そう促され、呼びかけられているという感覚それ自体だともいえるでしょう。しかしそれは、事実、つまりこの場合、「あなた」の死の責任を「私」が背負い、償うという意味づけによって、「あなた」に応答すること、すなわち、死んだ者の後を追うように自らも死を選ぶこと、もしくは、そこまでいかなくても、喪を拒否し、亡霊とともに夢うつつの世界に自らを閉じ込めることを意味しているのでしょうか。

父の命令を受け入れ、橋から身を投げる息子ゲオルクを描いたカフカの短編にバトラーが与える解釈は、こうしたメランコリー的帰結を完全には否定していないように見える。[20] 他方、小川さんの解釈はどうでしょうか。クリューガーをめぐる彼女の言述には、これとは別の方向性が垣間見えるように、私には思えます。

> 自分は生き残って幸運だったと単純に喜べず、むしろ、どうして自分は生き残ったんだろう、という疑問に突き当たる。あの人もこの人も皆殺されたのに、自分が生きているのは何故《なぜ》なんだ、と答えの出ない問いを自らに投げ掛け続ける。こうした心の動きは、人間の良心とつながっているように見えます。クリューガーやフランクルの抱える苦悩は、むやみに自分を苦しめるためだけのものではありません。ここにこうして存在しているのは、決して当たり前のことではない。自分とは、さまざまな犠牲の上に成り立つ、ほとんど奇跡《きせき》と呼んでいい存在なのだ、という良心に基《もと》づいた物語を獲得するための苦悩なのではないでしょうか。[21]

私はこの言述を事あるごとに読み返すのですが、分かるようで分からない感覚に、いつもとらわれる。いや、これは言い方が適切でない。私は小川さんの言葉を、うまく解説し、パラフレーズすることができない。別の言葉に置き換えてみようとしても、いつも失敗します。あえていうなら――ずいぶん使い古され、陳腐化してしまった言葉ですが――、かけがえのなさの自覚、といったようなものが、ここにいい表されているように思える。「私」が存在していることは、何とありがたい（在り難い）ことか、そういう思いが、まさしく、存在しない者たちと向き合う中で、その不在に苦しみつつも、彼（女）らへの哀惜を介して生まれ、やがて「私」を再び、生きることへと振り向かせるのかもしれない。しかし、間違いなくいえることは、かけがえのなさはこの場合、何か人間の生物学的属性や社会的ステイタスとして、それこそ当たり前のように各人に与えられるものではない、ということでしょう。「あなた」の苦しみは「私」の苦しみでもある、こうした過剰ともいうべき同一視を可能にするのは、まさに「私」が「私」自身に見せるフィクショナルな光景を通してのみです。その意味で、語りという行為には、劇的で極端なところがある。その語らいが毒にも薬にもなりうるような問いかけを、クリューガーも遺族の母も、死者との間で経験し、そこから生還したのでしょう。

固有化と脱-固有化とのはざまで――「分かる」ことのパラドクス

しかし、講義でこれまで紹介したケース――マリ・カルディナルやウェルテル、バルトや江藤淳、ロマン・ガリ、アリス・ウェクスラー、ゲオルク、それにルート・クリューガーや墜落事故で息子を失った母――にて展開されていた「私」と「あなた」との間の自問自答が抱える隘路は、やはり単純ではない。喪失した「あなた」との接近は、「私」の死を誘う。その誘い方には、愛や償い、責めなど、様々なパターンがあるが、いずれもが、「私」の欲望を満足させるフィクショナルなシナリオを「私」自身に提供する（「私」は死ぬべきなのだ、「私」と一緒にいたいと「あなた」はいっているに違いない、等々）。ゲオルクは橋から身を投げることで父の愛に応え、カルディナルは死者としての自分を想像することで母の愛に応えようとする。クリューガーはユダヤ人の行進に、自分のいるべき場所を見出す。無論、それらが「実際に」他者が抱いていた思いや愛であるかは、第三者には分からない。分からないということは、その結果を安易に価値判断できない、ということでもあります。江藤やガリ、ゲオルクは死にました。カルディナルやクリューガー、遺族のお母さんは生き残りました。ウェルテルは死を選びましたが、そのモデルであったゲーテは、その死を描くことに満足しました。いずれが「正しい」などと、誰がいえるでしょう。

けれども、こうした自問自答――「あなた」の苦しみを、「私」の生存が脅かされるまでに重く受け止め、「私」にしか答えられない、「私」固有の苦しみとして我有化すること――がどれほど深刻であっても、そこに欺瞞《ぎまん》とセンチメンタリズムが介入する可能性がないわけではない。私はハイデガー的な我有化（an-eignen、「私」の固有性を形成するものとして受け入れ、我がものにすること）という術語を使いますが、これは「独占する」という意味にも通じている。「あなた」の想いを、「私」は独占する。「私」だけが、この想いを厳粛に、正確に管理し、そして代弁しうる……。

確かに、「私」の苦しみなど、容易に他者に分かるものか、そういう思いは、真実を含んでいる。できるだけ多くの他者に涙を流させることを第一目標として書かれ、編集される本やテレビ番組がかくも日常的に垂れ流される現代社会に生きていれば、「私」の苦しみ、あるいは、「私」にとってかけがえのない他者であった者の苦しみを、感動ポルノまがいのシナリオでもって脚色しないでくれ、そういいたくなる瞬間は、確かにある。「あなた」の苦しみは「私」の苦しみであり、つまり万人の苦しみである、こういう論理――それは論理としては、アウグスティヌスの隣人愛にまで遡ることができることを、私たちは確認しました――でもって、死者の苦悩が一般化（＝脱-固有化）され、消費されることには、何か受け入れがたいものがある。それはそうでしょう。にもかかわらず、そうしたシナリオに、「私」自身が依存してしまう可能性も、決して否定できないのです。

第1回講義に登場した『何者』の理香さんは、お定まりの文化・社会的コードで自分のプロフィールを作り上げ、他者（希望の企業）に売り込むとともに、その欺瞞に気づきつつも、そうした既製品まがいの「私」を、自分に固有の物語として受け入れていました。こういう分かりやすいシナリオを、人は他人に求める場合もあれば、他人から提供される場合もあります。あなたという人間が、私にはよく分かる、あなたはこういう人間である、あなたの悩みの原因は、これこれこういう点にある……。

バトラーは、無意識のうちに主体を拘束し、抑圧している「隠れた」物語を効率よく引き出すのが精神分析家の役割だと、しばしば世間では思われているが、これは大いなる誤解だと述べています。そういう拙速なフィクションの構築は、「私」を知る道だけでなく、「あなた」に近づき、「あなた」を知る道からも「私」を遠ざけるだろうと、彼女は主張する。「私たちが他者を知ろうと努める際に、あるいは他者に自分が最終的、決定的には誰であるかを述べるよう求める際に重要なのは、絶えず満足を与え続けるような答えを期待しないことだ。満足を追求せず、問いを開かれたままに、さらには持続したものにしておくことで、私たちは他者を自由に生かすのである。というのも、生とはまさしく、私たちがそれに与えようとするいかなる説明も超えたものと考えられるからだ。（中略）「ああ、ようやく私はあなたが誰だかわかった」と言った瞬間、私はあなたに呼びかけることをやめ、あるいはあなたに呼びかけられることをやめてしまう。[*22]」

とはいえ、バトラーがいいたいのは、結局のところ他人の苦しみなど誰にも分からないし、誰のものでもないそうした苦しみについて、知る努力をする必要などない、ということではない。そうではなく、他者や自己理解につきまとう限界や「失敗」には、むしろ本質的で何かポジティブなものがある、という洞察が重要なのでしょう。

けれども、やはり現実は単純ではない。呼びかけを止めることが暴力的＝非倫理的であるにせよ、その逆、すなわち、他者に呼びかけ続けることが、必ずしも倫理的である保証などないのです。

第9回講義

家族愛の神話に抗して
――野坂昭如の様々なる「私」(1)

『火垂るの墓』、あるいは神話化する犠牲者の語り

私事で恐縮ですが、私は今、兵庫県は西宮市の満池谷《まんちだに》という町に住んでいます。住まいから歩いて二、三分のところに、ニテコ池という貯水池があるのですが、この池を舞台にしたアニメ映画が、一九八八年に上映された『火垂るの墓』です。私以降の世代であれば、映画を見たことがなくても、毎年のように終戦記念日の前後にテレビ放送がされていますから、何らかの機会に、目にしたことがあるのではないかと思います。幼くして栄養失調で亡くなる兄と妹を描いたこのアニメは、見る者に戦争の悲惨さを訴えて止みません。

スタジオジブリが制作した(監督・脚本は高畑勲)このアニメの原作となったのは、野坂昭如《あきゆき》が一九六七年十月に発表した同名の短編です。焼夷弾によって家と母を失い、幼い妹とともに戦時体制下の社会の混沌へ放り出された中学生、清太のモデルとなったのは、一九四五年六月の神戸大空襲で父母と妹を「失う」[*1]ことになる

野坂自身の少年期の経験です。短編「火垂るの墓」は、従って、非常に自伝的な色彩の濃い小説だといえるわけです。

この小説は、同時期に彼が発表した短編「アメリカひじき」とともに、翌年の直木賞受賞の対象作品に選出されました。そしてこれを機に、野坂は、彼が自称するところの「焼跡闇市派」の語り部として、文壇やマス・メディアに確固たる地位を築いてゆくことになる。すなわち、戦争により家族を失った犠牲者、あるいはまた、戦争のそうした悲惨さを伝えるにふさわしい際立った代弁者として、戦後社会に認知されてゆく。それを象徴するのが、アニメ版の中心に据えられた四歳の節子というキャラクターであって、その弱く、だが無垢なイメージは、彼女に最後まで付き添った兄清太（野坂）のイメージともども、時に原作者の意図にそぐわない仕方で流通し、共有されてゆくことになる。

世間のこうした理解は、現在、『アメリカひじき・火垂るの墓』文庫本の最新版のカバーが、ちょうどそれを目にする読者に相対するように、正面を向いて無邪気に敬礼のポーズをとる節子（アニメ版の作画監督だった近藤喜文氏によるもの）となっている点からもうかがえます——原作「火垂るの墓」は、この文庫本に収められた六本の短編のうちの一つに過ぎないのですが。

後でゆっくり検討してゆきたいと思いますが、登場人物の年齢も性別も一致しない主人公たちが登場するこの六本の短編には、全てにわたり野坂昭如の「実体験」が色濃く反映しています。それだけではない。「火垂るの墓」から晩年の「現代語訳ワタクシ神話」に至るまで、彼は繰り返し自分について語ってきました。彼自身がそれと認める数々の自伝はもとより、発表された小説の中にも、野坂昭如という人間のバイオグラフィーと無関係な登場人物を探すのが難しいほどです。清水節治さんは野坂を「本質は私小説家である」と規定していますが[*2]、実際、彼ほど「私」という存在に固執し続けた作家を、私は知りません。

しかし、それだけではない。晩年の『死刑長寿』のあとがきに「ぼくは、もの心ついて以降、嘘ばかりついてきた。子供のころは無邪気な嘘。十四歳で焼け出され、生きるための嘘が身についた。糊口を過ごすようになって、嘘と現実の別が無くなった。ここに収められた作品群は、その一部。わが嘘に終りはない。[*3]」とあるように、野坂は繰り返し、自分が物した自伝の虚構を暴露し、それを訂正するという行為を、彼自身の自伝の中で展開してきました。発表する作品は、以前の作品の修正案であって、この修正案が新たな修正案を産むという具合に、彼の自伝は、現在進行形の営みとして、まさに野坂昭如という人間の生の営みに限りなく近づき、そこに組み込まれる。否、彼の生そのものが、生を証言するだけでなく、当の証言自身を告発し、反省を迫るという自己対話の営みなしには成立しないような、そうした複雑な様相を帯びることになる。

最初に述べておきますが、「火垂るの墓」以降、彼が行った最初の「歴史修正」は、まさに彼自身の社会的アイデンティティの形成に寄与したこの短編の本質的部分、すなわち、「私」＝妹思いの兄、という無垢なイメージの抜本的な訂正――そもそもこの妹は、彼とは血のつながりのない家族だったことが、後の自伝で改めて語られます[*4]――なのですが、そうした無垢性を揺るがせにする「ノイズ」[*5]は、実は著作『アメリカひじき・火垂るの墓』に収められた他の五つの短編がすでに鳴り響かせていたものでもあったのです。しかし世間は、野坂自身が描くアイデンティティ・イメージのそうした揺れに注目することなく、雑音のない、純然たる無垢性、戦争犠牲者というポジションを単純に受け入れてきた。[*6]ノイズは、戦争の悲惨さを伝えるという「大義」に比すれば、あまりにプライベートな問題だと思われたからでしょうか。しかし、私がひかれるのは、まさに彼が彼自身、そして家族について語る際に垣間見せる嘘（フィクション）の彩なのです。これは断言してよいとも思いますが、野坂にとっての畢生のテーマは、戦争以上に、家族です。すなわち、三人の母、二人の父、祖母たち、血縁のない妹たちと自分との関係を問う中で、いつも焦点がぼやけたままに浮かび上がっては消え、その時々に微妙に異なった様相を見せる様々な「私」こそ、野坂を繰り返し自伝的な語りへと促す当のものに他なりません。

家族という「他者」

前回の講義でジュディス・バトラーの議論を少し紹介しました。彼女が固執する「あなたはいったい誰なのか」という問いかけ／呼びかけは、単に相手の人生の履歴書的な情報を求めてのものではない。それは、「私」を「私」たらしめているはずの「あなた」とは誰か、という問いかけ／呼びかけを通して透けて見えてくるであろう、「私」と相手とのつながりを回収する試みでもあったわけです。バトラーは、問いかけ／呼びかけを安易に止めることを、ある種の非倫理的で盲目的な暴力とさえ呼びます。というのは、「私」は「私」自身について、完全に掌握し、知り尽くしているという具合に、いわばアイデンティティの自治権(autonomy)を宣言することは、ときに、「私」を形作る他者の存在に対し盲目になるだけでなく、「私」の視野に入ってくる他者について、その見え方そのものが果たして正しいのか、「私」が見ている「あなた」は、本当の「あなた」であるのか、そうした自己批判的な懐疑の契機をまさしく「私」の外部に追いやることにつながるからです。

「私」が「私」の意のままになる所有物でないのと同様に、「あなた」は「私」だけの——「私」に固有の——所有物ではない。バトラーは繰り返し、この「脱-固有化の促し」とでもいうべきテーゼを主張します。とはいえ、レヴィナスを想起させずにはいられない彼女の議論は、私には、やや思弁的で具体性を欠いたものに映る。彼女が問いかけ／呼びかけの向かう先とみなす「あなた」とは、単独の他者であるのか、それとも複数の「あなたたち」であるのか、それさえも判然とはしません。しかし、もし後者に目を向けるなら、私たちはアリス・ウェクスラーが試みたように、家族についての、そして家族「との」語りを省略するわけにはいかないでしょう。そして野坂ほど、この語りに執着した作家はいない。以下、私が紹介するのは、そのわずかな一端に過ぎません。

家族という制度ほど、所有と共有の論理を体現しているものは、他にないでしょう。住まいを共にすること、喜怒哀楽を共有すること、互いの人生に介入し、ときに堂々と、互いの「クローゼット」の中身を見聞し、検閲し、指導と矯正を施すこと。こうした相互依存の体制のうちで、家族は、家族にしか分からない濃密な交わりを積み重ねる。家族のために自己の人生の大半を捧げる者がいる一方で、好みや考え方、生き方までを当たり前のようにメンバーに押しつけ、陰惨な袋小路へと巻き込む者もいる。それというのも、とりわけ親子関係を考えた場合、血を分けた者たちが、互いについて知り過ぎるほど身近に存在し続ける、という事態があればこそです。特定の対象との過剰なまでの結びつきを、人は端的に「愛」と呼びますが、それは極端な場合、暴力と区別がつきません。

あまりに身近すぎて、他者が見えなくなる、つまり他者が自分を確認するだけの「鏡」と化す場合がある（バトラーはここに、暴力の起源を見ました）。他者に意見を聞いているようで、単に自分への同意を求めているだけの人間は、私たちの周りにザラにいますし、私たちの生活は、たいていの場合、そうした他者との地続きの関係を自明視することから成立している、とさえいえるでしょう。

しかし、野坂にとって家族がリアルな存在である所以は、これとは少し違う。自分の家族をモチーフにしつつ、他方で彼は当の家族について、何だか他人事のようだ、と事あるごとに述べます。

野坂昭如の問いかけ／呼びかけ、それは、自分は家族について知らない（＝関わりがない）という感覚にいつも裏打ちされている。あえて最初に図式的に述べておくなら、「私」の与り知らぬところで、与り知らぬ者たちによって、「私」という存在は規定された——そこに関与した「あなたたち」とは誰なのか、こうした問いかけ／呼びかけを、彼は、もはや返事を与えない「あなたたち」に向けます。従って彼の自伝的語りは、二重の喪失（「あなたたち」は不在であり、そもそも「あなたたち」と「私」とつながりは、自明でも何でもない）を抱えているといえる。家族に対する野坂の固執は、矛盾した物言いですが、この喪失自体への固執であり、そこに彼の自伝的語りの比類なき固有性がある、と私には思えるのです。

家族愛の挿入——「火垂るの墓」から『火垂るの墓』へ

アニメ『火垂るの墓』は、戦災孤児となった清太が神戸三宮駅内で衰弱死するシーンから始まります。遺体を検分していた駅員は、彼の服からドロップの缶を見つけ、それを駅の外に投げ捨てますが、そこには節子の小さな骨が入っていました。缶の周辺を飛び交う蛍とともに、節子、そして清太の霊が浮かび上がる。アニメはこの二人の霊が、自分たちが亡くなるまでを回想する形で展開します。その内容は、私たちのたいていが見聞きしているとおりの内容です。すなわち、空襲、母の焼死、満池谷の遠い親戚に身を寄せ、やがてその親戚一家に邪険にされた末、ニテコ池のそばの横穴で二人だけの生活を始める。しかし社会とのつながりを断った二人の食糧事情は苦しく、清太は妹のために、夜は農家の野菜を盗み、さらには空襲にまぎれて民家の衣類を盗み、金銭に換えるなど試みますが、うまくは続きません。虱《しらみ》と疥癬にまみれた節子は下痢が止まらず、衰弱し、横穴の中で亡くなる。物語の終盤、丘の上で妹の遺体を焼いた清太の周囲には、蛍が飛び交います。そこに二人の霊が再び現れ、元気だった頃の仲睦まじい様子を一瞬だけ見せた後、節子は清太の膝の上で安らかな眠りにつく。清太が見下ろす先には、現代のきらびやかなビル群が現れますが、そこで映画の幕は下ります。

短編では、この二人の霊も、ビル群も登場しませんが、空襲から死に至るまでの流れはアニメとほぼ同一です。しかし、アニメにのみ挿入されたファクターとして私が見過ごせないのは、ドロップ缶の扱いです。アニメでは、母の不在や生活の先行きに不安を覚える妹を気遣う兄を印象づける形で、ドロップを与える清太の姿が描かれます。彼自身は一粒も口にせず、最後は空の缶に水を入れてジュースを作ってやるのですが、原作ではドロップ缶は、節子の骨の単なる入れ物として、物語の冒頭で軽く言及されるだけです。

原作では、節子の死の直前に、すでに衰弱著しい彼女を連れ外をさまよい、食べ物を空想する場面が描かれています。長めに引用してみましょう。

「腹減ったなあ」「うん」「なに食べたい？」「てんぷらにな、おつくりにな、ところ天」ずいぶん以前、ベルという犬を飼っていて、天ぷらのきらいな清太、ひそかに残してほうり投げてやったことがあった、「もうないか」食べたいもんいえ、味思い出すだけでもましやんか、道頓堀《どうとんぼり》へ芝居みにいって帰りに食べた丸万の魚すき、卵一コずつやいうのんで、お母ちゃんが自分のくれた、南京町の闇《やみ》の支那《しな》料理、お父ちゃんと一緒にいって、飴煮《あめに》の芋糸ひいてんのを、「腐ってんのんちゃう？」いうて笑われた、慰問袋へ入れるくろんぼ飴、一つくすねて、節子の粉ミルクもようくすねた、お菓子屋でニッキもくすねたった、遠足の時のラムネ菓子、グリコしかもってえへん貧乏な子に林檎わけたった、考えるうち、そや節子に滋養つけさせんならん、たまらなく苛立《いらだ》ち、ふたたび抱き上げて壕へもどる。*7

同じ場面は、アニメでは「「腹減ったなあ……なに食べたい？」「てんぷらにな、おつくりにな、ところ天」「もうないか？」「アイスクリーム……それから、またドロップなめたい」「ドロップか……よっしゃ、貯金全部下ろしてくるわ、何かええもん買うてきたる」」と続くのですが、確かにアニメと比較すると、原作は、妹思いの兄という単純なイメージに還元できない、複数のコンテクストを含意している。アニメでも原作でも、二人の父は海軍大尉で、空襲以前には比較的裕福な生活を営んでいたことが描かれています。それを考慮するなら、原作の「ずいぶん以前、ベルという犬を飼っていて、天ぷらのきらいな清太、ひそかに残してほうり投げてやったことがあった」「グリコしかもってえへん貧乏な子に林檎わけたった」などのくだりには、確かに、特権的地位を剥奪された清太への――つまり作者の自分自身に対する――冷笑、あるいは、一家団欒《だんらん》の日常そのもののもろさを指摘する、野坂の突き放したようなまなざしがうかがえる。越前谷さんの論考は、アニメの脚本を手がけた高畑勲が、こうした視点をかなり粗雑な形で改変・抹消した事実を指摘しています。*8

ドロップという神話装置・粉ミルクというトラウマ

しかし、何より見過ごせないのは、妹思いの兄の演出に欠かせないドロップの不在ではなく、原作にしかない「節子の粉ミルクもようくすねた」という何気ない一節でしょう。野坂の熱心な読者であれば、抑制の効かない食欲というものが、彼が回顧する少年期の自画像の重要な部分を占めていることを知っているはずです。

野坂と、亡くなった妹（↓清太と節子）が実は血縁関係にないことは、前に言及しましたが、実は彼にはそれ以前に亡くなった妹――こちらも養子として迎えた女の子です――がいます。彼女（紀久子）の死について、彼は「火垂るの墓」以前のエッセイで、こう述べています。「悲しくなったのは、遺品のすべて、父の配慮で処分され、ただ厖大《ぼうだい》に買い占めた煉乳や、粉ミルクが防空壕にしまいこまれていて、食べ盛りのぼくは義母の眼を盗み、入りこみ、釘で缶に穴をあけ、ドロリとしたミルクを吸いこむ時、湿気の多い、昏《くら》い穴の中にひっそり坐っている時、わけもなく涙があふれ、無性に紀久子があわれに思えてくる。いったい何のために生まれてきたのだと、腹立たしくさえなった。」*9

さらに、空襲後、節子のモデルとなった妹「恵子」を世話するくだりは、エッセイではこう書かれています。「ぼく自身十四歳で、食べ盛りなのだ。水ばかりといっていい粥《かゆ》を、ぼくが山からとってきた薪と、七輪はないから、まるでキャンプのように石をならべたカマドで炊き、いくら恵子に食べさせなければと考えても、粥をよそう時、どうしても底に沈んだ米粒を自分の茶碗にとり、重湯の部分を恵子に与える。いや、さじでその口に運ぶ時、つい熱いのをさますつもりでふうふう吹くついでに、自分がつるりと飲んでしまう。ぼくは一人っ子で、こらえ性がなくわがままに育った。両親を失い、急速に大人びはしたが、食欲だけは、どうにもならぬ。(中略)ぼくは、恵子を愛していたと自信もっていえるが、食欲の前には、すべて愛も、やさしさも色を失ったのだ。[*10]」

戦時中の飢えをモチーフにした作品は『アメリカひじき・火垂るの墓』にもいくつか収録されていて、とりわけ興味深いのは「死児を育てる」という短編です。

主人公の主婦久子は放送局に勤める夫貞三との間に女の子(伸子)をもうけますが、三歳に満たない伸子を絞め殺してしまう。それは、久子の戦時中の体験がある種のトラウマとして作用した結果だ、と作者は示唆します。中学生だった彼女は、終戦のわずか一日前に、当時二歳半ばの実妹、文子を亡くしていたのです。

「死児を育てる」には、育ち盛りの久子が、食欲を我慢できず、赤ちゃん用の粉ミルクをなめるシーンがあります。「今考えても、私は文子をかわいがったと思う、(中略)かわいがったけれども、粉ミルクをなめることはやめなかった[*11]」。東京大空襲により母を失った久子は、医師として仕事を離れられない父から、知り合いを頼って妹と二人、新潟に疎開するよう指示される。そこで体験する疎外感と困窮、さらに泣き止まない文子を、久子は何度も殴り、無理に寝かしつける。「すぐに手がうごいて、これが子守唄だった。[*12]」エッセイ「プレイボーイの子守唄」でも、死んだ妹、そして戦後に結婚し、産まれた実子に捧げる野坂自作の子守唄がセンチメンタルな調子で歌われていますが、妹の死と子の誕生という状況は同じでも、子守唄の意味合いが「死児を育てる」ではまるで異なることに注意しましょう。

さらに久子は、妹を殴るだけでなく、わずかな配給も、自分の食欲を満たすために使う。「だから文子はたちまち痩《や》せおとろえて、父からの手紙と、それに現金が送られてくれば、白山《はくさん》神社のそばの汁粉屋で、闇《やみ》のぜんざいを買いぐいし、私は、自分が生きるためには、文子などどうでもよかったのだ。[*13]」終戦の月、疎開命令は新潟にも及び、憔悴しきった妹を土蔵に残したまま久子は一人で逃げ出すが、翌朝再び戻り、そこで妹を発見する。「土蔵に一歩ふみこむと、パっと黒いかげが十近くはじけて、なにか赤いものがある、赤いものが文子で、はじけたかげがねずみ、文子の体がねずみにかじられていたとわかるまで、どれくらいの時間がたったろう、気がつくと、白山《はくさん》神社の境内の防空壕に私はうずくまっていて、ラジオが、大阪地方の爆撃をけたたましくさけび、私はきこえるはずもないのに、ヅシンヅシンとその地ひびきを肌《はだ》でうけとり、わなわなとふるえていた。[*14]」

戦後、久子は結婚し、幸せな家庭を築きますが、生活はどこか上の空。何かを喪失したのだが、それが何であるのか、自分でも分かりかねるなか、伸子が誕生し、そのあどけない赤子の存在に、久子は激しい不安を覚える。特に赤子の伸子がお菓子をぞんざいに扱う姿が耐えられない。さらに貞三が読む新聞記事から、赤子を叩くと寝つくが、それは脳震盪を起こして気絶しているに過ぎないと知るに至って、妹の死——というより、死へと妹を追い詰めた（と久子が捉える）自らの所業と対峙せざるをえなくなる。実子がすくすくと成長すればするほど、ねずみに食われながら死んだ妹が、まるで陰画のように実子を通して浮かび上がり、罪悪感に耐えられなくなった久子は、伸子の顔を布団で覆う——。

神話の解体——様々なる「私」の創造／想像

久子は、ある意味では、清太より野坂昭如に近い。彼が妹を失ったのは、実際には西宮ではなく、福井県であり、[*15]妹を殴って寝かしつけたことも、「プレイボーイの子守唄」ではっきりと語られていました。文子の年齢も、野坂の主張する妹の死亡時の年齢——彼によれば一歳四か月で、これは、四歳で亡くなったという設定の節子とは、幾分の開きがある——に近い。それに何より、久子は野坂と同様、戦争を生き延びたのですから。さらに私は、久子と、彼女を新潟に向かわせた父との関係に、野坂自身の非常に複雑な感情が投影されているように思うのですが、それは最後に触れましょう。ここでは、同時期の別の作品をもう一本紹介したいのですが、そこにうかがえるのは、野坂が後になればなるほどあからさまに表明する、家族愛への徹底した懐疑に他なりません。

短編「子供は神の子」の主人公、洌《きよし》は小学二年生。父母と祖母、四人で暮らしていて、一か月半ほど前に洌の妹であり、生後十か月の赤子「久恵」を亡くしているが、[*16]それは実は、洌が布団を顔にかぶせ、おとなしくさせようとしたことが死因であった、という何ともグロテスクな物語です。洌は妹を日頃からぞんざいに扱い、妹用のミルクをむさぼるだけでなく、家の金をくすねる窃盗癖もありましたが、いわゆる「子ども」を演じるのが得意で、その無邪気さを誰も疑わない。「葬儀がすむと、棺のふたが開けられて、花にうまった久恵の表情はどす黒くふくれ上ってみえ、それをママや祖母がなめまわさんばかりに顔近づけ、きたならしくて洌は、その後、石でふたに釘をうつ時、腹いせのように力いっぱいたたき、それがまた葬儀屋に、「上手上手」と賞められる。」[*17]葬儀がすめば、父は仕事へ、母と祖母はいつもの諍《いさか》いへと、妹の存在などきれいさっぱり忘れたように、それぞれの日常に戻ってゆく。

ある日冽は、ふざけて祖母と相撲をとっていたところ、倒れたはずみに彼女が発作を起こす。もともと心臓に持病をかかえていた祖母は、薬をとるよう必死に目で合図しますが、その背中に冽は乗り、ぴょんぴょん飛び跳ねた後、公園に遊びに出かける。彼女は絶命し、再び葬儀、そしてめぐりくる日常。多忙な父母は冽にかまわぬが、冽は妹と祖母の遺影をながめながら「結局、自分の友達はこの二人のように思えてくる。[*18]」と不気味な感慨にひたる。そんな物語は、台所で酔いつぶれた母の横で冽がガス栓をひねり、ママの葬式を夢見る場面で終結します。

この、まるで人間性を欠いた家族物語は、「死児を育てる」よりさらに野坂の家庭イメージ、そして彼自身のアイデンティティ・イメージに近いのかもしれない。それは祖母と母の不仲、という関係性のみならず、窃盗癖についてもそうなのですが、何より酷似しているのは、彼自身が後に繰り返し口にすることになる、家族との心理的距離です。『火垂るの墓』の呪縛を断つ！と銘したカバーの施された自伝『わが桎梏の碑』が出版されるのは一九九二年、その中で彼は、焼夷弾が直撃したわが家から逃れ、一人町を歩いていた折のことをこう振り返ります。[*19]「ここでぼくは、両親、妹の死を確信した、悲しみはない、解放感があった。母の表情口調物腰考え方、すべてを嫌い、ひたすら父を慕っていた。その前で、優等生ぶり、父が素直に、ぼくの嘘出まかせを信じると、罪深く思い、また重荷でもある。一切合切消えてしまった、先きのことは考えない、自分自身どうにか生きのびたという安堵が何より強いが、両親が死んでホッとした気持も確かなのだ。[*20]」

この気持ちを二〇年以上前、野坂はひそかに、誇張を加えつつ、「火垂るの墓」と同時期に発表した「子供は神の子」に含ませていたのです。[*21]この点を考慮するなら、アニメと短編との結末の相違も、意味深なものに思えてくる。というのは、清太の膝の上で眠る節子という二人の霊が描かれるアニメと違い、短編「火垂るの墓」は、実のところ、家族とのつながりを徹底して排除するような帰結となっているからです。「昭和二十年九月二十二日午後、三宮《さんのみや》駅構内で野垂れ死にした清太は、他《ほか》に二、三十はあった浮浪児の死体と共に、布引の上の寺で荼毘《だび》に付され、骨は無縁仏として納骨堂へおさめられた。[*22]」――以上のことは、何をいったい意味しているのでしょう。

焼跡闇市という新天地

清太、久子、冽、それに、とてもここで紹介しきれませんが、『アメリカひじき・火垂るの墓』の他の短編の中だけでも、マスコミで働く俊夫（「アメリカひじき」）、芸能プロダクションに勤める善衛（「焼土層」）、少年院に収容された高志（「ラ・クンパルシータ」）、少年院を出て、実父の家庭に身を寄せることになる辰郎（「プアボーイ」）、これら全て、野坂のバイオグラフィーのある部分を引き受けているキャラクターたちだといえるのですが、それぞれに虚実の部分があり、またその虚実の部分が互いに異なり、これこそ野坂その人だ、という人物を特定することができない。その意味で、どの人物も野坂の正確な「鏡」ではない。作家本人に関して、書き過ぎるか、書き足りないか、いずれにせよ、ある種のズレを含んでいる。しかしこの語りそこないは、むしろ語る人、野坂昭如の欲望の本質的部分を構成しているのではないでしょうか（私は、第6回講義で紹介したバルトの「人はつねに愛するものについて語りそこなう」というテーゼのことを考えずにはいられません）。従って、自伝的テキストを網羅的に集約すれば野坂昭如の全体像が確定するというのではなく、それぞれが野坂本人であり、様々な「私」が存在するのです。そしてその複数性は、まさに彼がその折々に、テキストという仕方で問いかけ／呼びかけを試みる家族（「あなたたち」）との複雑な関係性を反映したものだ、と私には思えるのです。

野坂昭如は昭和五年、父相如《すけゆき》、母ぬいの次男として鎌倉に生まれます。相如は東大出のエリート役人。結婚当初から父母の関係は悪かったようですが、昭如が生まれてすぐ、母ぬいは亡くなり（その後すぐ、相如は以前より関係を持っていた芸者の笑子と結婚）、昭如はぬいの妹で、神戸で暮らしていた愛子のもとに養子に出される。愛子の夫（つまり野坂の養父）は石油商の張満谷《はりまや》善三。ここにさらに女児二人が養子として加わりますが、前述のとおり二人は幼くして死亡。善三自身が張満谷家の外から養子として迎えられており、張満谷家の血縁を示すのは、善三の養母ことの夫重蔵ただ一人です。彼は遊び人の船乗りで早死にしますが、性病持ちで、そのためことは卵巣を除去したそうです。愛子も卵管狭窄で、子どもに恵まれませんでした。

血のみならず、言葉もまた、自明な自然的所与ではない――。

こと、愛子は東京育ち、善三は東京、昭如は鎌倉生まれ。神戸の張満谷家では、関東弁が話されており、昭如が関西弁に接したのは、主として学校生活、それに戦後の大阪時代に限られます。これは考えてみれば、驚くべきことではないでしょうか。すなわち、「火垂るの墓」で清太と節子が交わす関西弁は、野坂にとって「母語」ではないし、そもそも四歳に引き上げられた妹との会話そのものが、創作なのです。それだけではない。初期のエッセイ「プレイボーイの子守唄」に、空襲後の惨劇、それに自らの出自について「養父は、二百五十キロの焼夷爆弾の直撃を受けて、五体四散し、養母、祖母もなくなり」「養父母の死亡届を出す時はじめて、戸籍抄本によって自分が養子と知ったが」とありますが[*23]、これも事実ではない。おそらく養父は爆死したのでしょうが、養母は――「火垂るの墓」とは異なり――祖母ともども生存しており、また自分が養子であることを知ったのも、昭和一六年、昭如が小学四年生のときで、この出来事について、家族に抱いていた違和感に改めて合点がいく思いがした、と彼は後に何度も書くことになります。

なぜ野坂は嘘とその訂正を繰り返すのでしょう。母たちの生存は、家族の中の唯一の生存者という犠牲者イメージを揺るがす「ノイズ」であり、戦争の語り部としての野坂昭如のアイデンティティ・イメージの確立にとって邪魔だと考えたのでしょうか。無論、その側面は否めない。しかし、清太というキャラクターを育て、その無垢性を「発見」したのは、野坂以上に、戦後社会ではなかったか。これとは逆に、彼が戦後に描き出す家族たちは、「子供は神の子」にその一端が示されているように、皆「まとも」ではない。

彼の深層心理を精神分析的に詮索することは、私の趣味ではありませんが、私には、彼が三島由紀夫から聞いたとされる言葉が気になります。「われわれは死者のことをなるたけ早く忘れたいのです。憎まれ嫌はれてゐた死者のことほど早く忘れたいのです。そのためにはほめるに限る。ですから死者に対する賞讃には、何か冷酷な非人間的なものがあります。死者に対する悪口は、これに反して、いかにも人間的です。悪口は死者の思い出を、いつまでも生きてゐる人間の間に温めておくからです[*24]」。いずれにせよ、戦後の焼跡が野坂にとって、死者を埋葬し、賞讃のうちに忘却する場では全くなかったことは確かです。

戦争は家族という制度を瓦解せしめた、というより、戦争はむしろ、制度の欺瞞、家族愛という「虚構」から自らを解放する契機となりました。戦後、彼は福井で妹を荼毘に付したのち、大阪に戻り、こと、愛子と三人で暮らし始めますが、食糧事情厳しく、また女二人の間の諍いに悩まされる。すさんだ生活に、たまらず東京に移り、愛子の実家で窃盗を働いた罪で逮捕、少年院に留置。その後、新潟県の副知事をしていた実父相如に引き取られ、再び野坂性を名乗ります[*25]。彼のいわゆる「焼跡闇市」は、張満谷から野坂へと、自らの所属先が移行する、いわば制度の空隙期間に経験されたものです。そこで彼は、おそらく、戦後の混乱と貧窮の中で自らの欲求・欲望をむき出しにし、生き延びざるをえない他者たち――そこには、祖母や養母、また野坂自身も含まれる――、そして彼（女）らの、箍《たが》が外れたような生々しい言葉を「発見」したのでしょう。（続く）

第10回講義

覗く者・除かれる者
――野坂昭如の様々なる「私」(2)

家族(について)の語り

(オート)バイオグラフィーにまつわる様々な問題は、家族(について)の語りをめぐって――カッコを多用し恐縮ですが、このカッコは、家族が語りの主体になる(「家族の語り」)ケースと、家族が語りの客体になる(「家族についての語り」)ケースが、互いを巻き込む仕方で併存せざるをえない事態をいい表すものです――、それこそ、とりとめもないほどに噴出してくるように思われます。全てを網羅することなど到底不可能ですが、改めて、いくつかの論点を列挙しましょう。まずは、語りの特権的位置をめぐる問題がありま す。ある家族メンバーについて証言するうえで、誰が作者(author)としての権威=権限(authority)を主張しうるか、つまり、誰が彼(女)について、最も理解している、といえるのか――これはアリス・ウェクスラーが家族について書く際、いわば回避しきれない躓きの石として自覚していた問題でした(第8回講義のサブタイトル「苦しみは誰のもの？」を思い出して下さい）。母について、その苦悩を知り、証言する代理人（representative）として、本当に「私」がふさわしいのか、と彼女は問います。

しかし、さらに疑問は湧出する。どうしてウェクスラー家全体を覆う悩みの代表者（representative）として、母レオノアが指名されるのか。一家を語るうえで、とりわけアリスとレオノアの関係性が特権的位置を占める理由は何か。確かにレオノアは、他の家族メンバーと異なり、命と声を奪われた、最も悲惨な犠牲者であるかもしれない。しかし、父ミルトンにも、彼の愛人であったマリリンにも、それぞれの、ハンチントン病にまつわる思いが存在していたでしょうし、それを軽視してよい根拠など、ありません。アーサー・クラインマンによれば、病者の痛みを終息させるだけでは、病の根本的解決にならない場合が数多くある。というのは、特に病が慢性的で、さらに数世代にまたがるものであれば、病は当事者のみならず、そこに巻き込まれた数多くの家族メンバーの人生をも変容させ、彼（女）らの死後もある種のスティグマとして残存し、あたかも特定の民族や共同体に特有な本質的異常性を示すものとして記憶される場合すらあるからです。病（illness）は、社会的に評価され、文化的に意味づけられる存在であるがゆえに、疾患（disease）と違い、ある個人の身体的・生理的な痛みに還元できるものではない、とクラインマンは述べます[*1]。

その意味で、病気の当事者とそうでない者との境は、それほど明確なものではない。しかし、病という文脈から離れて考えたとしても、そもそも家族について、すなわち家族全体というものについて語ろうとする場合、何がその家族に固有の事柄といえるのか。どこまでを「一族」として、振り返り、想起し——ちなみに想起（remember）とは、一族のメンバーとして再登録（re-member）することでもあります——、囲い込むことができるのか。この囲い込みは、家族の内側から提示されることもあれば、外側からそう診断されることもあるでしょう。「私」の家族と呼べるものは、これこれこういう特徴や伝統、あるいは、より踏み込んだ物言いをすれば、これこれこういう「運命」をともにする者たちだ、という言明によって、当事者である「私」がストーリー・メイカーとして物語る場合（オートバイオグラフィカルなプロセス）が前者です。対して後者は、第三者の視点から、関係者の証言や物的証拠を積み上げたうえで、事実に即したヒストリーを確定させるケース（バイオグラフィカルなプロセス）だと、差し当たりはいえます。とはいえ、前者より後者の方が優れている、例えば、より客観的で事実に即している、とは、必ずしもいえない。先住民族や「非文明国」の住民と生活をともにし、その生態を科学的に解明したと称する民族学者たちの調査報告に、様々な価値評価のバイアスが混入していたのは、遠い過去の話ではありません。一見すると価値中立的な存在である「知」というものに、特定の立場から捉えられた「正常さ」を押しつけ、文化的「改善」を強いるような権力の側面があることは、いまさら指摘するまでもないでしょう。

ストーリーからヒストリーへの誘い——家系・コード・運命

個人を超えた一族、というより、個人をその一例として位置づける一族についての語りは、内側からされようが外側からされようが、リスクを伴います。そのリスクの一つは、あるかけがえのない存在について語るはずが、当の語り自身が、その唯一性を掘り崩す帰結をもたらす、というパラドクスとして現れます。

ここでは、アメリカの自伝研究者トーマス・コーザーが展開する議論を、できるだけ端的に紹介しておきます。彼が取り上げるのはアメリカの人類学者で小説家でもあったマイケル・ドリスが物し、大変有名になった著書『壊れたコード』（一九八九年）です。[*2] ドリスはモドック族というネイティブ・アメリカンの血筋を一部受け継いでおり、その機縁もあってか、同じく先住民族であったラコタ族の少年を養子として迎え、育てようとします。ドリスの行為は、息子との人種的な絆（コード）を通じた自己のアイデンティティの確証だったのでしょうか。しかしここで問題が起こる。というのは、ドリスが著作の中でアダムと呼ぶ息子——実際の名前はアベルだそうですが——は先天的な障害を抱えており、しかもそれは、アダムの実母がアルコール中毒だったがゆえの、胎児性アルコール症候群の結果だというのです。

『壊れたコード』は、コーザーに従えば、いくつかのジャンルをミックスした作品として特徴づけられます。つまりそれは、あるネイティブ・アメリカン個人のオートバイオグラフィー（父ドリスの物語）であり、同時にバイオグラフィー（息子アダムについての物語）であり、かつ、ラコタ族というネイティブ・アメリカン全体についての病跡学《パトグラフィー》でもあるような語りだ、というのです。そして彼から見てこの作品が問題なのは、意思疎通の不自由な息子の内面を息子に代わって父が代弁する、という一方向的な「翻訳」作業が散見されること以上に、次の点にあります。つまりドリスはアルコール中毒の原因をアダムの母の個人的事情に帰するのではなく、彼女の出自であるラコタ族に一般的な特性とみなすのです。コーザーによればここには、父のまなざしから文化人類学者のまなざしへの、視点の横滑りが密かに起きているのですが、それは別の角度からいうなら、父と子の意思疎通の困難さが、ネイティブ・アメリカンを「正常な」人間として文明社会に加えることの困難さとして語られる、ということを意味します。個人的であるはずのストーリーが、そのままヒストリーとして一般化されることで、ドリスは状況の受け入れがたさ（自分のアイデンティティを示し返してくれるはずの息子に、どうしてこんな異常な欠損があるのか）を軽減するような説明図式を手に入れる（この欠損は、息子だけの問題ではないがゆえに、人類学者としての自分にできることは少なくない。もしかしたら、息子との出会いは、種族全体の救済という「大義」へと自分を導くための、大いなるめぐり合わせではなかったか……）。

コード（cord）——ときにそれは、臍帯《さいたい》のような生物的連関を意味します——という語が使われたタイトルが読者に与える効果は絶大なものです。アダムの物語は、最悪の場合、はじまりの人間《アダム》——このあまりにも西洋的な術語が、ネイティブ・アメリカンの名前としてあてがわれたという不気味さを考えてください――から ずっと残存し続けた欠損、世代を超えて、まさに次世代を壊しつつ伝えられた本質的欠損を証示する史実として理解されることになるでしょう。内面を見通せない息子とは逆に、ラコタ族全体に対しては、首尾一貫した異常性という、見通しの容易な意味づけが可能となる。ドリスの真意はともかく、理解できない相手を二級国民以下の存在にカテゴライズすることは、知の帝国主義以外の何物でもないでしょう。

ところで、以上見たような、ある全体について語ろうとするときに衝突せざるをえない様々な問題を捨象し、無視し、当該の全体について、あたかもそれを語ることが自明であり、必然であるような態度を押しつけるケースが存在します。私は民族や国家についての語り、そして愛国心、郷土愛のことを考えているのです。これは次回に詳しくお話ししますが、愛は、それが生物学的に彩色された政治的イデオロギーと結びつくとき、個々人の力量を越えた暴力性を発揮します。というのは、民族への愛は、何より、個人や世代を超えて受け継ぐべき何かへの参与とその受け入れ、そしてそのための滅私奉公を求めるからです。しかし、意味の首尾一貫性、あるいはその自明性は、考えてみれば不可解です。

例えば個人レベルでも考えてみてください。あなたが最も「あなたらしい」といえるのは、あなたの人生のいつの段階でしょうか。幼少期でしょうか、青年期ですか、それとも、死の直前でしょうか。大病を患い、さらに認知症や心身の不具合をこうむった人からは、その人らしさが失われた、と判断してよいのでしょうか。個人ですらこんな有様ですから、一族全体、民族全体についての語りに関してはいわずもがなです。しかしときに人は、同一の価値観を常に共有するグループを想定し、その囲い込みから逸脱する者たちに、敵や外部、異常性といったカテゴリーをあてがうのです。

一族は「再会」するか——江藤淳の場合

以前、江藤淳の『一族再会』に少し触れましたが（第5回講義）、この自伝-伝記的著作は、佐賀藩の下級武士だった曽祖父、江頭嘉蔵に淵源する彼の家系をたどりつつ、江藤「一族」が日本の近代化と運命をともにしたことの意味を探ったナラティブであり、ストーリーともヒストリーとも区別しがたい側面を持ちます。それにしても、この本のタイトルには、ドキっとさせるものがある。「再会」とは何でしょう。一族の再会、死者たちが一堂に会する機会、そんなことがありうるのでしょうか。常識的には、答えはノーです（この途方もない機会を、途方もない規模で発明／見しようとした神話的プロジェクトとして、おそらく靖国神社の慰霊・顕彰の事業は記憶されることになるでしょう）。江藤自身、この本を次のような言葉で締めくくっています。「恐らく読者は、著者である私に対して、『一族再会』第二部はいつ書くのかとたずねられるに違いない。私はやがてそれを書くであろうが、それは多分私の最後の仕事になるだろうという予感がする。何故なら、一族が本当に再会すべき場所は、言葉の世界にしかないのだから。そして、私自身の骨が土に還るときまで、一族のすべてが言葉の世界に帰属するという状態は、おそらく実現されないだろうから。[*3]」

江藤はまた「世界を言葉におきかえること——それは実在を不在でおきかえることだ。[*4]」とも表現します。言葉とは、不在のもの、リアルでないもの、要するにフィクションです。であれば江藤の真意は、物語という虚構の上でのみ、一族の再会が果たされる、という点にあるのでしょうか。おそらくそうだ、と一応はいえるでしょうが、その語りは、単に彼の家族メンバーのバイオグラフィーを、ときに史実に即して、ときに想像で補いつつ、一冊の本の俎上で再構成することではない。そうではなく、彼の狙いはおそらく、歴史に翻弄され、様々な断念や不如意を内に抱え、その沈黙をわれ知らず次の世代に伝えていった家族メンバーのそれぞれの沈、黙に声を与えることにある。江藤が四歳半のときに死んだ生母、父である古賀喜三郎の海軍士官学校建設のためにイギリス留学を断念した祖母、一家の将来を一身に担い、海軍中将としての職務に邁進《まいしん》し、四七歳で病死した祖父、戦後、軍人恩給でつつましい生活を送るもう一人の祖父――彼（女）らを描く江藤の念頭には、次のようなテーゼが置かれています。「歴史を生かしているのは実現されなかった恨みの集積である。それは「正義」でもなければ「不義」でもない。人間が人間でしかない以上どうすることもできぬ暗い力の所産である。[*5]」

無論、彼は、薩長に比して日陰に置かれた佐賀藩の「恨み」の継承を江藤一族全体の運命として捉えるのではない。保守系批評家と位置付けられることの多い江藤ですが、少なくとも『一族再会』は、そのような暗い仕方で郷土との絆を確認するような、短絡的な論述にはなっていない。人間の生が有限であり、人と人との出会いがあらかじめ仕組まれたものでない以上、家系の連綿たる縦軸、そしてそれを貫く首尾一貫した「コード」を想定することは無理がある。にもかかわらず人は、いうなれば、「ただでは死なない」、そういう思いが確かに、江藤にはあります。彼は時代との軋轢《あつれき》を常に抱えつつ生きてきた祖母を思い、こうもいいます。「女が男に依存して生きる以上、男が歴史からうけた傷は女の上に投影せざるを得ない。そしてこの影を子や孫につたえるのはまさしく女たちである。[*6]」そして彼が日本の近代化を支え、同時に近代によって忘却された家族たちの沈黙から読みとろうとするコンテクストは、確かに、明治という時代、明治という「大きな物語」に深く係留されている。

沈黙は一様ではなく、おそらく複数の沈黙があるのだ――これはフーコーの言葉ですが[*7]、江藤は一族全てのそれぞれの沈黙の意味に、それぞれに固有の声を与え返すことを企図したと思われる。しかし、あえていうなら、沈黙にも序列が設定されている。曽祖父たち、祖父たち、そして祖母にとりわけ声が与えられるのは、広義において彼（女）らが日本の近代化の功労者だからではないか。そこでは沈黙の複数の意味は、一つに溶け合うとはいわないものの、ある種の同心円上に置かれるのではないか、そういう意地の悪い見方も可能でしょう（例えば江藤の叔父にあたり、チッソ株式会社の元社長だった江頭豊は、『一族再会』では全く居場所を与えられていません）。断っておきますが、私は江藤の歴史観に文句をいいたいわけではない。そうではなく、家族をテーマにしたナラティブの、構成上の問題を指摘したいのです。家族メンバーの一人一人ではなく、家族というもの、しかも特に、親子関係に代表されるような世代間の連関を描き出す際に避けては通れないコード的なものとは、いったい何でしょう（お分かりでしょうが、私は生物学的コードを無条件に想定し、これを擁護するつもりは全くありません）。

もちろん、そんなコードは端的に虚構だ、と捉える見方もある。それは江藤が、近代の個人主義とみなす見方であって、私たちがルソーやルカーチ、ルジュンヌらに見出した思想と重なるものです。「私」の中にても、「私」以外の他なるものを、まさに「私」の代えがたい構成要素として見出そうとする近現代の思想家にあっても、世代の連続性、世代間の影響関係を重視する者はあまり多くない。コミュニケーション論の構築者として知られ、他者との合意形成を重視するドイツの哲学者ユルゲン・ハーバーマスにおいてもそうです。彼は、例えば生殖医療やバイオテクノロジーの分野で「正常性」というバイアスが強烈に機能することに警鐘を鳴らしています。[*8] 親が将来のわが子のことを思って、受精卵の性差や形質決定にまで介入することは、万人が有害無益だと認める遺伝性疾患などを例外として、因習的なパターナリズム（父権主義）以外の何物でもない、というわけです。その際彼はハンナ・アーレントのいう「出生性（natality）」という概念に依拠する。それは人が自分の人生を「一から始める」ための権利であって、ハーバーマスにいわせれば、どれほど「私」が人生の設計、人生の選択において他者に学び、他者をまさに自分の「共著者（co-author）」として認めようとも、その承認の決定を行う主体、これぞ「私」の人生だと最終的に署名する主体は、「私」以外にはありえないのです。

孤独な者たちの群像劇——野坂昭如の『同心円』

しかし、近年目まぐるしく発展を遂げつつあるバイオテクノロジーが、私たちのバイオグラフィーにどのような変革を促す可能性があるのかといった問題は、本書の終盤で改めて行いましょう。私は野坂昭如の存在を忘れたわけではない。そうではなく、彼のバイオグラフィーに立ち入る前の予備考察として、家族を書き出す際の様々な論点を提示しておく必要を感じたわけです。

前講義からの続きとして、野坂家に還って後の彼のプロフィールを概観しましょう。新潟の野坂家には、昭如の実兄、実姉、父相如の後妻である笑子、それに父が彼女との間にもうけた弟がいました。昭如は表向き、父と同じ東大を目指しますが、酒癖は止まらず、継母笑子との関係を周囲に疑われつつ、鬱屈《うっくつ》した日々を過ごす。新制の新潟大学に入学後、すぐに退学届を出し、一年後に早稲田大学に入学、実家に経済的に助けられながら様々な職を転々としたのち、ＣＭソングの作詞家やＴＶライターとして地保を固めてゆきます。

一方、神戸の養母（愛子）は、同居していた祖母（こと）の死亡後——野坂は自殺ではないかと推定しています——、東京の実家に戻り、実母かね、妹久子と暮らし始める（これにより、神戸の張満谷家は断絶する）。空襲により大やけどを負い、顔半分にケロイドの残る愛子は、保険会社の外交員やキャバレーの集金などで身を立て、昭和四九年に癌で没しますが、作家野坂昭如は長い間、この養母に対し、戦災死という役回りを与えてきました。「火垂るの墓」がそうですし、同時期に書かれたエッセイでも、母は神戸で死んだことにされました。[*9] 実際は、意外と野坂の近くに住んでいたことになりますが、彼はあまり養母に会うことなく、その臨終にも立ち会っていない、と主張しています。[10] 他方、この養母を金銭的に援助していたのは、野坂によれば、彼の実父相如です。この実父の家系もずいぶん変わっていて、野坂が一九七〇年代後半から連載を開始した自伝–伝記的フィクション『同心円』で描き出すところでは、相如には上の兄が三人、姉が一人いました。三人の兄は、いずれも東大出の相如より秀才だったようです。が、絵師を目指した長男（同作では康之）はアメリカで行方不明、台湾の事業家のもとに養子として出た二男（正之）は仕事もせず遊びほうけ、戦後に列車にひかれ轢死。軍人となった三男（仲之）は日中戦争の最中に戦病死、と壮絶なものです。

『同心円』は面白い構成となっており、一三ある各章に別々の主人公があてがわれ、それぞれの人生が描かれる。[11] この主人公たちは皆、野坂家と張満谷家の家族メンバーです。が、メンバー同士が抱えていた心理的軋轢や性愛的葛藤の連関は、この本を通読する読者（そして作者自身）にしか推量できず、しかも、各章がほぼ自己完結的な物語となっているがゆえに、全体を明瞭に俯瞰《ふかん》する位置に、読者も作者も立てない。自伝や伝記は、一人の人生の縦軸をその時々に当人に起きた出来事や行為選択を追跡しながら組み立ててゆく特性上、人物間の会話や心の交流が主たるコンテクストになりにくいのは仕方ありませんが、にしても『同心円』は家族全体の物語のはずです。主人公たちは、それぞれの想いを抱え、抱えながらも互いに不十分にしか伝えられず、沈黙に絡み取られ、それぞれの終息を迎える。たとえていえば、一三本のマッチ棒が互いにわずかに重なりながら床にばらまかれているような構成ですが、野坂昭如が「一族」の運命として導出せんとしたのは、まさにこの断片性に他なりません。

血縁の薄さを演出する仕掛けは、形式のみならず、『同心円』の内容にも及びます。相如（『同心円』での名は孝之）を含む五人の子を育てたのは、酒飲みで大して働かず、おまけに母親と性的関係にあり、最後はとある女の元であっさり死んだ重太郎の妻きよでした。そんな彼女ですが、亡夫に似合わず、貧乏に忍従し、懸命に働く。そして子ども、特に四人の男たちは、皆学業目覚ましく、成人し、妻を娶《めと》り、ようやくきよに平安が訪れたかのように見える。家族に対する彼女の想いは、重太郎の三回忌の折に一家の墓を新たにし、兄弟たちの絆《コード》を確認したい、という宿願へと結集する。きよは、なけなしの金を全て使って、豪華な料理屋に兄弟夫婦たちを招きます。しかし――

十三人分用意した席に、着いたのはきよと伸之夫婦だけ、五人欠けの分は、土産に持たせてと考えていたのだが、これでは始末に困る。女中が気の毒そうにながめるのに、「いいんですよ、みんないただいちゃいますから、ねえ、好きなものだけちょいちょいと、お行儀は悪いけど」伸之が酒を頼み、徹子も当然のように盃を持った、きよは、帰ってしまった子供や孫の席を、順番にまわりながら、名物の雀焼きをつまみ、芋田楽を口いっぱいに頬張り、のみこめなくて唇に手を当て、四苦八苦、仕立賃仕事、和裁の束脩は、これですべて消えた。とにかく、重太郎との、ささやかな結婚披露以来の、御馳走にはちがいなかった。*12

野坂の作品では、どんなに食事が豪華であっても、家族同士で食べることの喜びが描かれることはありません。が、特にここでは、あからさまに団欒《だんらん》の破綻、一族再会の不如意が、情感の介入する余地のない乾いた文体で表現される。母と通じた重太郎を筆頭に、まともな夫婦生活を営む家族は、ついに一組も現れません。絵師としての才能の無さにぶつかり、人生の蹉跌《さてつ》を味わう康之は春画書きに落ちぶれ、妻として何一つ欠点のない多恵と結婚した正之は子をもうけず、酒に溺れた伸之は妻徹子が別の男と通じても文句一ついわず、多恵に懸想した孝之は考えなしに別の女を迎え、その妻が健治（すなわち野坂昭如）を妊娠中にさらに別の女（後の昭如の継母）と通じてしまう。

しかし『同心円』には、単なる群像劇――群像劇ならざる、孤独なる者たち同士のモノローグ――に還元できない何かが感じられる。四人の兄弟のうちで、破滅をかろうじて逃れたのは孝之ですが、『同心円』の連載が、孝之のモデルとなった実父の死の年に始まったことは、偶然とは思えない。おそらく野坂は父方の家系について、生前の実父から聞く機会があったのでしょうが、「君の、ちゃらんぽらんなとこ、ルーズなとこ、嘘つくとこ、自分勝手、みんなあたしの中にあるよ。[*13]」と吐露した父を思いつつ、少年時代には実感できなかった彼とのつながりを、『同心円』という創作のうちで確認しようとしたのではないでしょうか。

上の兄弟三人の破滅を身近に見ていた孝之は、何とかうわべの生活だけは整えようと、形式にこだわる、だがその分、自分の本心さえ自分自身にうかがえぬ人間になります。役人としての社会的生活はそれでもいい。しかし私生活では、酒に溺れぬまでも、兄の嫁に惚れたあげく、愛しているかどうか実感のない女性を娶り、彼女は健治を産んだ三か月後に死亡。のちに芸者だった礼子（つまり笑子）を後妻に迎えるが、九年後にようやく生まれた礼子との実子（『同心円』での名は信一）に対しては、まるで愛情がわかない。にもかかわらず孝之は体裁にこだわり、家系の安寧を第一に考える。父以来の性愛のゆがみの「コード」を自分にも感じながら、後妻、そして先妻と後妻の子らへの家産の配分を、遺言上に事細かく記す。

太平洋戦争末期に召集令状を受け取った孝之は、このとき初めて遺言状を用意しますが、家族にどんな言葉を残そうかと思案してみれば、教訓めいた空々しい一般論しか思いつかない。けれども「孝之は、書きつづけた、この時は自覚しなかったが、二十九年の暮、三十年、三十二年、三十四年、以後は年ごとの暮に、同じような遺す言葉と、四十年以降は、法律的な遺言を起草し、無駄といえば無駄なこの作業にふけっている時、孝之は、ようやく肉親の存在を近くに感じ得たのだ。[*14]」――私は、この孝之に、繰り返し自分と家族についての物語を創作する野坂昭如自身の姿が重なって見える。次の一節など、さらにそうです。

「いよいよいつ死んでもおかしくないとなってから、相続問題が複雑な様相を呈し、孝之べつにおもしろがるわけではないが、年中、「遺言」の文面を、家族にかくれていじくりまわしていた、いじくるうちいろんな妄想が湧き、それは孝之の死後、信一が乗りこんで来て、権利を主張する、アパートを建てる時、動産のほとんどを処分したから、信一の要求をかなえるには、土地を切り売りするしかない、どこをどう売ればいいか、思案にふけるとけっこう暇つぶしになった。[*15]」家庭の不和、性愛のゆがみへの飽くなき妄想が、どこまで現実を忠実に反映したものであるか、それは誰にも分かりません。けれども、それが野坂の創作にとって必要不可欠なものであったという事実は、どうやら確かなようです。彼自身が事あるごとに吐露するように、そこにはマゾヒズム的快楽がある。

自明さの淵を覗く

子育てのノウハウや夫婦円満の秘訣など、いわゆる家族間で起こる問題解決のためのアドバイスを野坂の作品に求めることは、はなはだ無意味でしょう。皆さんは、家族愛をあの手この手で覆そうと、破綻した性愛の悲喜劇を同工異曲の如く再生産し続けた野坂に、露悪的なポルノ趣味、非生産的な敗北主義、あるいは、身内をダシにして世間の好奇心に媚びを売る、流行作家の下品な商才を見出すかもしれません。さらに、妻も娘二人も宝塚歌劇の女優であり、品の良さを重んじた野坂の実生活を見聞きし、[*16]デカダンスを売り物にしていた作家像との矛盾を――こんなことは、文学者にはありふれたことですが――感じるかもしれない。それは決して間違いではない。

「ぼくの小説に出てくる男と女の間柄は、すべて不自然、まともな「愛」はない。現実においても同様、ひたすらたてまつるか、道具扱いである。そもそもぼくは、女としらふでしゃべれない。今や孫までいながら、これはおかしいのだが、妻や娘としゃべる時も、うろたえている。*17」これが野坂の本音かどうか、私たちはいくらでも疑うことができる。とはいえ、彼がこの不自然さ、うろたえを、自分の小説の論理として読者に共有するよう促していたことは、疑いえないでしょう（読者という「第三者」を介在させること、もしかしたらそれは、例のメランコリーの論理に陥らないために彼が選んだ所作だ、とさえいえるのかもしれません）。「私」は「あなた」を理解している、そしてそれと同程度に「あなた」も「私」を理解しているはずだ、こういう合意、別言すれば、「理解の対称性」への信頼は、彼のストーリーに入り込む余地はない。メンバー全員にとって自明であり、自然であるようなヒストリーの核が、彼の眼には、存在しないのです。

ある意味、この不在はまさに外傷《トラウマ》として、彼の幼少期に到来していたものといえる。養子であることを小学生の折に知りつつ、それを家族にいうことなく「よき子ども」を——神戸での戦災まで——演じ通した野坂にとって、家族についての「正史」など存在しないからです。どうして自分は養子に出されたのか、子が産まれないことについて、養父はどう思っていたのか、家族の衣服まで盗み、買い食いのための金に換えていた息子について、養母はどう考えていたのか、答えを——つまり言葉を——作家、野坂昭如に返し与える当人は、もはやこの世にいない。いるときに聞けばよかったではないか、と人はいうかもしれません。しかしあえていうなら、肝胆相照らす、というわけにはいかないのもまた、家族であるように思います。家族の問題は、食事のメニューについて合意するように、それぞれの生き方や性向、価値観について、その場の会話だけで取り決められるものではない。あのときああすればよかったとか、もっと違った解決の仕方があったのではないかという思いは、ルソーが郵便的と表現したように、事後的に意識にもたらされる、そういう場面は、決して少なくないはずです。家族についての想いは、それぞれの心の底に、自然と、だが確実に積み上がってゆきますが、それが全て即座に外に出され、そのつどチェックにかけられるわけではない。長期にわたり、自分自身の無意識を覗き見るようにせねば、家族への想いと向き合えない場合が、確かにあります。断っておきますが、私は家族同士のコミュニケーションの習慣を、決して軽んじているわけではない。そうではなく、理解の対称性から漏れたであろう事柄への、野坂の病的なまでの執着、偏愛に、どうしても引き寄せられるのです。

覗き――除かれている者の特権？

皆さんは、この偏愛はルソーや中島義道さんに見たマイナスのナルシシズムではないか、と思われるかもしれません。確かにそういう面はある。ルソーや中島さんの「私」を下支えしていたのは、繰り返し、また一方的に他者を表象し、覗き込むという、「私」と「あなた」との関係の絶対的な非対称性でした。そしてルソーの場合、彼のナルシシズムは、博愛主義という「大義」に裏打ちされたものでもあった。この大義の対極は、特定の他者への偏愛ですが、それはルソーにとって、「私」の感受性、「私」の性愛が揺るがせにされることを意味していました。だからこそ他者と一定の距離を取りつつ、その他者から盗み取った性愛をイメージ化し、反復し、その快感に慣れ親しむことで、ルソーの「私」の地盤は形成されていったのです。

けれども、野坂の「私」の根底に、このような慣れ親しんだ、同一の快楽の源泉を見出すことは不可能でしょう。「つねに聴き耳をたてていたせいか、ぼくの聴覚は、人の二倍ある、遠方の、自分と関りのない声、物音を聴き分けて、また怯える[*18]。」血縁の自明さとは無縁の少年だった野坂は、家族が自分のことを話題にしているのを少し耳にするだけで、アイデンティティが崩壊する予感を抱いたのでしょうが――そういう野坂を、神戸の祖母は取り越し苦労の気質があると、無邪気に断じていたようです――、家庭内での自分の地位、それは決して安穏としたものではないのだ、そういう怯えが後年、「私」と家族に関する様々な物語への妄想となって花開いた、といえなくもない。

覗きに関していえば、野坂には、タイトルもずばり「除かれる者、覗く者」というエッセイがあります。その中で彼は、文字（文学）を通して他者（作中人物）の生活を覗くことは、決してその人物との心理的一体化を引き起こさない、と述べる。覗きはむしろ、他者との距離を覗く者に自覚させる。ここには、彼の理論的洞察というより、ある種の経験的信条が吐露されているように思うのですが、野坂は他者の性行為を覗いた自身の体験について、こう記します。「すべて滑稽な感じが、この行為に伴っていたが、二人の、他のいかなる場面においてもかなえられぬ一体感というものが、当事者としてはどうであれ、こちらには伝わってくる。そして、ノゾくぼくは、たしかに「除かれている者」に違いなかった。[*19]」覗く者は、この性愛の自明さ、一体感へと溶け込む、例の理解の対称性をついに受容できない。家族の生活を覗き見、聞き耳を立てることが習性となった野坂もまた、この欠如、聞き損ないの自覚につきまとわれており、それがまた、彼を、その都度微妙にストーリーが異なる語り直しへと際限なく駆り立てた、と見ることはできないでしょうか。「読者の、もっとも求める小説は、永遠に最終頁のこない、もちろん、これを読みつづけるだけの魅力がなきゃ駄目だが、作品であろう。そして時に、デーモニッシュな物書きが、これに挑戦する。[*20]」この信条は、彼の作家としての自画像そのものではないか。田辺聖子さんは野坂の物語の特徴をこう表現しています。「終わらんとして終わらず、永久に未完であるような不気味な余韻がただよう。怨念めいたあと味が残る。[*21]」

母親たちのメッセージ——野坂昭如の「一族再会」

もう少しお話しして、野坂については一応の区切りをつけましょう。家族を題材にした彼の著作については、身近な者、昔の知人や見知らぬ読者からの影響・反響や情報提供もあったようで[*22]、特に一九九六年に集中的に連載した『ひとでなし』に関していえば、読み手側から知らされた衝撃的な「事実」に基づき、彼は家族物語の核であった部分、すなわち、母子関係についての自己イメージの変更を自ら申し出ます。これまで述べてきたことですが、彼のオートバイオグラフィーは、彼自身が予感はするが、完全には彼の前に現前せざる、無数の「共著者」がいる、そういう構造を呈していましたが、今やこの共著者たちが、野坂にある種の「回心」を促す様子が描写される――これは彼の作品の中では稀有の出来事です。詳しくはすぐ述べますが、私がここで注目したいのは、『ひとでなし』の後半で顕在化してくる、郵便の――そう、かのルソー的な――モチーフです。例えば、東京に出てきた折に窃盗で少年拘置所に収監されていたことについて「あの時、東京出張所に収容されていた少年と逢いたくて、この体験をずい分文字にした、まだ誰とも逢っていない。*[23]」と書かれていることに、私ははっとさせられました。ある意味では野坂の家族物語全体が、宛先不明であるけれども、いつかもたらされるかもしれない返答、いうなれば、まだ知らぬ自分のバイオグラフィーの織り糸を期待した手紙や郵便の類ではなかったか、そういう思いがしたのです。

　野坂によれば、彼が文筆活動によって名を成し、社会的地位を確立してゆくのと反比例するように、継母笑子の生活は零落してゆく。彼女の唯一の実子は、野坂の後を追いかけるようにマス・メディアの世界で身を立てようとしますが、うまくゆかず、結婚と離婚を繰り返し、面倒を見る笑子ともども、経済的に行き詰まる。新潟県副知事であった夫（相如）の遺産も食いつぶし、野坂自身に無心をし、果ては彼の生活をストーキングするようになる。*[24]

　『ひとでなし』は野坂の娘の結婚式の当日、彼のもとに笑子から郵便物が届けられる、という出来事から始まりますが、中身は、父相如がひそかに残していた位牌でした。そこに書かれていた実母の没年から、野坂は、今まで自分の出生後すぐに死亡したと聞かされていた実母ぬいが、実際には八か月程生きていたことを知る。継母が位牌を送ってきた理由について、野坂ははっきり断定していませんが、筋立てからすれば、あなたは知らなかったかもしれないけれども、あなたが他家に養子に出されるとき、まだ生きていたあなたの母はどういう気持ちだったでしょうね、そういう含みを読み込むことも可能でしょう。それをこともあろうに、野坂が娘の門出を祝うタイミングで告げ知らせたとすれば、ここには、他者の幸福への羨み以上のものを感じずにはいられない。あなたさえ引き取らねば、私も、私の息子もこんな人生ではなかったはず……そんなメッセージと彼が受け取ったとしても、決して不自然ではない。

しかし、彼はそう受け取らない。さらに『ひとでなし』連載中に、養母愛子の晩年を知るという読者から郵便物が送られてくる。それは、養母が死の床まで手放さなかった手紙類で、そこには養母に仕送りをしていた父相如の手紙、さらには、張満谷の姓を棄ててのちの野坂家での生活の様子を伝える、養母に宛てた野坂自身の青年時代の手紙もありました。

連載中には、生母ぬいを知るという、別の読者からの手紙もあり、その内容と、継母が送ってよこした位牌の記録から、確かに生母は自分の生後しばらく生きていたのだ、という確信を野坂は得る。継母の行為を恨む気持ちは、もとより彼にない。それより、確かに自分は実母に抱かれていたのだという実感、それに、死の床まで継続していた継母の自分への気遣いを改めて感じ、彼は「さまざまな想い[*25]」にとらわれる。かつてそれは彼を様々なる「私」の創作へと向かわしめたものでしたが、ここではむしろ、「私」を支える様々なる他者がいたのだ、という自覚へと収斂するようにも思われる。「愛子の愛情をたしかにぼくは貪ぼり、きちんと受けとめていた。善三には、はっきり父というより男として敬意を抱き、まさに理想像に思えた。ぼくの娘に対する父親ぶりは、かなり善三を真似ている。鏡に確かめたわけじゃないが、ちょっとした仕草は、時に相如を倣うらしい。これは笑子に指摘された[*26]。」

皆さんは、いささか出来過ぎのプロットではないかと、いぶかしく思われるでしょう。しかし、これが演出、フィクションだとしても、バラバラの手紙、断片的な一族を、まさしくその断片同士の不意のめぐり合わせによって再会へともたらそうとする野坂の力技には、心揺さぶられるものがあります。これは家族愛の復権なのでしょうか。そうかもしれません、が、この愛には、アイデンティティの自明性を標榜する生物学的コードに還元できない何かがある。血縁の一致しない者たちが、まさしく野坂のフィクションの俎上で、彼の言葉を通して再会を果たしている、そういう光景が垣間見える。いくつもの覗き穴から射しこぼれる光が、時と場所を超えて交錯する――。

物語の終盤、継母の笑子は息子ともども、金に困り詐欺を働いた揚句、新潟で逮捕されますが、この二人の保証人となることを決意した野坂は、かつて自分に「第二の生」が与えられた新潟に向かう。笑子がいなければ、今の自分はいない。今度は自分が助ける番だ、というわけです。これまた、野坂にしては大団円過ぎる終結ですが、物語は二人に関する次のような想いとともに締めくくられます。「笑子と弟は、また二人一緒に暮すことだけを考えているという。親離れ、子離れなど関係ない。これぞ母子なのだろう。[*27]」

驚くべきことに、彼は家族愛、その生物学的コードを肯定する。肯定したうえで、自分がその外部に除かれていることも肯定する。そしてその外部の人間として、自分が受け取ったメッセージに応答しよう、彼らの生への責任を引き受けようとする。除かれていた者が、その覗きの様々な実践の果てに、観察する者から行為する者への転回、跳躍を読者に表明した瞬間だ、ともいえるでしょうか。

第11回講義

「私」を捧げよ
——愛国心・民族主義・バイオグラフィー

戦争と告白、あるいは大量生産される「私」の声

第2回講義で紹介しましたジャン・ドリュモーによれば、中世キリスト教世界において聖職者たちは相当な数の告解マニュアルを駆使し、信徒たちの告白の聴取と贖罪の手続きに従事していました。これは、社会的な制度としては「語る」テクノロジーよりも「聞く」テクノロジーが先行していた、といいますか、前者を後者が包摂していたことを示唆します。いうまでもなく、何を聞き、何を聞かないでおくべきか、明るみに出すことと暗がりにとどめ置くことの線引きの技術を占有していること、ここには、知という権力の一つの側面が示されています。フーコーもまた、告白に対する聴取の優越について触れていますが（患者は語るが、それを聞き、書きとめ、診断を下すのは医者の方であり、そして聖職者が長らく、精神の治療者として認知されてきた歴史を考えて下さい）、ベンヤミンも述べていたように（第8回講義）、人の歴史の中には、聞き取られなかっ

た様々な沈黙の方が圧倒的に多い。換言すれば、通常私たちが歴史、あるいは正史とみなすものは、そうした沈黙をまさに沈黙として否認することで成立している。異常者として排斥されてきた者はいうに及ばず、市井の人が自らの声を公的な場面へと響かせるまでには、様々なハードルが存在するということです。生きることと書くことは違うし、書くことと、それを出版することも違う。*1 誰もがウェブ上で自己アピールが可能となった現代ではもう想像しづらいかもしれませんが、ほんの十数年前まで、自伝や告白録の類の公刊は知識人、文学者を含め、一部の社会的エスタブリッシュメントの特権でした。アウグスティヌスやウェルテル（ゲーテ）、ルソー、そして野坂昭如の苦悩がいかなるものであれ、彼らは等しく、社会全体からいえば例外に属していたわけです（そして「彼ら」は圧倒的に男性たちでした）。

一般市民が自身の意見や感性を表現し、それが文章として伝達されるには、様々な条件が必要です。識字率の向上とマス・メディアの発達はその代表ですが、筆記の技術に関していえば、古くは綴り方と呼ばれる作文の教育がありました。というより、まさに近代的な市民とは、国民に共通の言語、筆記法を習得させるという近代国家の教育制度とともに現れてきたといっても過言ではない。自分の「内」面をありのままに表明するはずの近代的な主体（subject）の発生は、その主体が生誕以来常に従う（subject）べき唯一無二の「外」部にしてその主体の集合体でもある国民国家という「共通の身体」の成立と不可分の関係にある。この相反的な構造は、例えばよく論じられるように、紙の上で自己を主張する修練が最も徹底され、マニュアル化された場面が軍隊であるという事態にも表れている。国民が「主役」の――これがどれほど欺瞞《ぎまん》的に聞こえようとも、制度はこの欺瞞を徹底してなぞる必要があります――国家においては、兵士育成は、武家の親が子に直接行うエリート教育から離れ、一般人を兵士にするべく整えられた諸制度に委ねられます。そこでは軍の構造自体が細分化・官僚化され、大量の情報がエクリチュール（書かれた言葉）として行き交うことになる。従って、一般人を徴兵したところで、彼が字の読み書きに通じていなければ使い物になりませんし、何より、離れて生活する家族とのやり取りにも難儀することは、容易に想像できます。

しかし、一九世紀以降の戦争は、ある意味では、市井の人々が文字通り歴史の表舞台に立たされ、発言を、すなわち戦場で何を見たか、何を経験したかを述べるよう促されるに至った、稀有な局面といえるでしょう。

軍事郵便というものがあります。これは戦地に派遣された軍人・軍属を対象とした制度で、日本では日清戦争直前に整えられました。日露戦争期に交わされた郵便の総量は、一説によれば四億通をはるかに超えるそうです。戦線をアジア・南洋の遠方まで拡大した太平洋戦争期となると、さらに凄まじい総量であったに違いありません。

いかなる英雄も例外もなく、男女の区別もなく、関わる者が等しくその歴史的事件、ならびに大量死というカタストロフィー（破局）を、それらを最も「素直に」伝える声とともにイメージし、共有せねばならないという意味で、近代戦とは、ベネディクト・アンダーソンのいう「想像の共同体」の成立機構そのものでした。それはオートバイオグラフィーの理念や伝統と背馳するものだったのでしょうか。容易に答えられる問題ではありませんが、一ついえるのは、オートバイオグラフィー、「私」の告白は、まさに「私」を否定し、その愛を国家に、あるいは超国家的な民族の理念――例の生物学的なコードの最たるもの――に捧げるための教育装置として利用された、ということです。先ほどの軍事郵便のケースでいえば、この告白の大量生産の背後に、大量生産される沈黙があったことにも留意せねばならないでしょう。いうまでもなく、軍事郵便はその特性上、伝えられる情報に対する検閲を不可避的に伴うものでしたから。

つまり、様々なる声が無条件に容認されたのでは決してない。同様に、声の共有も、決して自然発生的に生起したわけではないのです。そういうわけで今回、そして次回講義では、危機の時代、ないしは時代の危機

（と国家が喧伝する機会）にオートバイオグラフィーやバイオグラフィーが果たした意味についてお話ししたいと思います。

伝記という教育装置

児童文学者の勝尾金弥さんによれば、一八七二年の学制による学校教育の普及と連動するように、言文一致体で平易に書かれた子ども向けの伝記出版の事業が本格化します。*2 西洋人も日本人も、ともにモチーフに選ばれましたが、歴史的英雄の立身出世物語、という傾向が一般的だったようです。ただし、そこに描かれるのは、決して私利私欲に走った人間たちではなく、国家や科学技術、時代という「大義」に身を捧げた偉人の姿であり、彼らを通して子どもたちは、いち個人という枠組みを超越した、文字通り大いなる「物語」が存在することを知る——こうした教育効果には、それが伝記出版の主たる動機だと拙速に断じられないのは当然ですが、見過ごせないものがあります。そのような伝記の書き手には、職業的な文学者のみならず、教育者も含まれている。例えば戦前から戦後にかけて数多くの伝記を物した池田宣政は東京の小学校の教員でした。とはいえ、バイオグラフィーの担い手が誰かという問題は、見かけほど単純ではありません。

一九三八年に内務省警保局図書課が出した「児童読物ニ関スル指示要綱」は児童図書の出版事業全体に対する、事実上の国家の積極介入を意味するものでしたが、そこに記載されていたのは、「仮作物語ヲ制限」し、さらに半数以下に減らされた仮作物語（要するにフィクション）に関しても、「時代小説ノ幾編カヲ少国民ノ生活ニ近イ物語又ハ日本国史ヨリノ建設的ナル部分ニ取材セルモノト代エ又冒険小説の幾篇カヲ探険譚、発見譚ノ如キモノニ代ユルコトヲ考慮スルコト」という注意事項でした。*3 分かりやすくいうなら、子どもの自由な想像力の発露を抑え、民族精神に殉ずるようなメンタリティの育成を目指せ、ということでしょう。さらに、減らされたフィクションに代わって奨励されたのは伝記の出版ですが、その条件は露骨に国家主義的・家父長主義的なものです。勝尾さんの叙述から一例を挙げましょう。「歴史的知識ニ関スルモノ――忠臣、孝子、節婦等ノ伝記ハモトヨリ国民全体又ハ一ツノ集団ノ困難、奮闘、発展等ヲ叙シタルモノ、即チ国民史的記事ヲ取上ゲルコト」*4

伝記を読む国民は「想像の共同体」を形成しますが、そこで想像すべしとされる対象は、フィクションからノンフィクションへと制限され、しかもそのノンフィクション自身も、現在進行形の戦争という、肌感覚に近接した現実と重なってくる。死と同時に英雄視され、大東亜共栄圏という「物語」の模範的担い手になった一人は、山本五十六です。真珠湾攻撃を統括する連合艦隊司令長官だった山本はニューギニアでの前線偵察中に米軍機に撃墜され、一九四三年四月に死亡します。約一か月後、東京の日比谷公園にて大々的に国葬が行われ、すぐさま彼の伝記が出版されますが、子ども向けのものだけでも九点あり、執筆者の顔ぶれも多彩です。例えば四三年一一月に公刊された『少年五十六』を執筆したのは、朝日新聞論説委員で軍事・外交評論家でもあった武藤貞一でした。無論、これらは全て、国威発揚に資すべく用意されたものと推察されます。

モニュメント化する「私」

児童向けの五十六伝は、文学者だった大佛《おさらぎ》次郎も一九四四年に書いていますが、こうした軍神の「発見」を、軍が直接手掛けたケースもある。

山本五十六のようなトップリーダーでなく、末端の兵士の死が神話化された最初の例は、新谷尚紀さんによれば、日露戦争中に没した広瀬中佐です。戦艦朝日の水雷長だった広瀬武夫（従軍中は少佐、没後に階級特進）は一九〇四年、第二次旅順港閉塞作戦に第二番船福井丸の指揮官として従軍中、頭部を撃たれ戦死する。

その様子は、広瀬の上司に当たる山田彦八（戦艦朝日の艦長）から司令長官東郷平八郎に宛てて報告されますが、その報告書より早く広瀬の死を伝えたのは、三月二九日付の大本営海軍幕僚広報です。以下、内容を新谷さんの本から引用しましょう。「本船を離れ敵弾の下を退却せる際、巨弾中佐の頭部を撃ち、中佐の體《からだ》は一片の肉塊を艇内に残して海中に墜落したる者なり。中佐は平時に於いても常に軍人の亀鑑たるのみならず、その最後に於いても万世不滅の好鑑を残せるものと謂うべし*5」

新谷さんが傍線を引いている箇所は、同日付の東京朝日新聞にそのままの表現で転用されます。それが四月八日の同新聞ではさらに「故海軍中佐従六位《じゅろくい》勲四等功三級《くんよんとうこうさんきゅう》広瀬武夫氏の遺骸《いがい》は、敵弾《てきだん》のために飛散《ひさん》して僅《わず》かに残れる二銭銅貨大《にせんどうかだい》の肉片《にくへん》は、昨日午前九時十四分新橋着汽車にて到着したり。*6」と、回収された遺体のより詳細な報告とともに伝えられる。しかし、広瀬中佐――彼は、彼の死が最初に書かれた時点ですでに「中佐」として扱われている――の死の瞬間、そして彼の遺体を確認したものは誰もいません。近くにいた機関士、栗田富太郎は個人宛ての手紙で「拙者《せつしゃ》の軍帽《ぐんぼう》、軍服及び其他《そのた》、傍《かたわら》に居合せたる下士卒《かしそつ》の被服に灑《そそ》がれたる脳《のう》漿《しょう》 肉片《にくへん》及《およ》び鮮血等《せんけつなど》によりて、正《まさ》しく頭部を撃たれたるものなる事を推定したるに止《とど》まる次第《しだい》に有之《これあり》候《そうろう》*7。」と述べていますが、考えてみれば、死亡後すぐさま彼に下される「平時に於いても常に軍人の亀鑑たるのみならず、その最後に於いても万世不滅の好鑑を残せるものと謂うべし」という顕彰表現は、中佐の人となりをよく知る者の評価でないのはもちろんのこと――そもそもこれは、山田彦八の報告には出てこない――、まるで事前に用意された定型文のようでないでしょうか。

新谷さんが注目しているのは、広瀬の帰京を伝える東京朝日新聞の記事に登場する、大本営海軍参謀小笠原長生という人物です。彼は広瀬と兵学校の同窓生でしたが、日露戦争当時は新聞および雑誌の校閲係を務めていました。ありていにいえば、戦時のプロパガンダを担う中心人物の一人だったわけで、実際小笠原は海軍各部に、戦死者が出るたびに報告をあげる、しかも特にその死に様に関しては、美談としてふさわしいものであればそれだけ詳細に、周囲のものが記録を残しておくよう依頼しています。

日露戦争後、愛国志士広瀬中佐の銅像が東京の神田に建設されます。その「発見」に寄与した小笠原は文部省教科用図書調査委員会主査などを務め、また自身も国定国語教科書の尋常小学読本に中佐にまつわる短編や歌詞を執筆します。さらに満州事変の勃発より四年後、日露戦争戦勝三〇周年にあたる一九三五年には、中佐の故郷である大分県竹田町に広瀬神社が創建される。彼のバイオグラフィーはまさに、戦争とともにあり、戦争に沿って、戦争によって形作られた、と形容できるでしょう。

皆さんは、神社は時代の都合で建設されるものか、と訝るかもしれませんが、案外そういう例は少なくないのです。神武天皇を祀る橿原神宮は一八九〇年に明治天皇により創建されましたし、天智天皇を祭神とした近江神宮は一九四〇年、日中戦争のただ中に皇紀二六〇〇年を記念し建てられました。ちなみに現在、宮崎県の平和台公園にある巨大な塔「八紘之基柱《あめつちのもとはしら》」もまた、皇紀二六〇〇年に合わせて同年に計画・建設されましたが、建設に使われた石は万里の長城や南京など、当時陸軍の前線が置かれた地域から「寄贈」されたものです。[*8] 八紘之基柱という名は無論、戦争を正当化する文言として知られる「八紘一宇」に由来します。ついでにいうなら この塔は戦後、東京オリンピックの聖火ランナーのスタート地点にもなりました。アジア初のオリンピック開催、その起点に選ばれたのは、日本を中心としてアジアを一つにというイデオロギーのもと、当のアジア諸国から強奪してきた石で造られた記念塔だったわけで、いささか出来過ぎのブラックジョークとさえ思えます。

記念建築物は、その意味合いがどう解釈されようとも、記念という機能を果たすべく運命づけられているのでしょうか。私はサミュエル・ベケットのアフォリズムを想起せずにはいられません。「神殿を建てるのはやさしいが、そこに礼拝の対象を降臨させることはむずかしい。[*9]」――仰々しい建物の中で目撃しうるのはほとんどの場合、喜劇、パロディー、あるいはせいぜい、その時々の参列者の俗物的な欲望が投影されたまがい物の神に過ぎない、とでもいいたげな言葉です。

ある意味では、記念事業は、記念日が毎年、繰り返し再帰するものであるように、そして伝記が繰り返し読まれるように、バイオグラフィー的な要素を含んでいる、と私は考えます。そしてその読解は、思うに、単なる個人的営為ではなく、共同体的で、政治的な力すら発揮する。またその制度化された儀礼は、死者を称える宗教的意味合いを通して、国家事業でありながら国家以上のものの崇高な経験へと、参与する者たちを誘うのです。かくして英雄たちの伝承、その伝統は、彼らの真意がどうであれ、彼らに最適の代弁者を自認する者たちによって事後的に創作されてゆく。そうした「作られた伝統」の最たるものこそ靖国神社に他なりません。しかし、これを論じる前に、さらに別の——実は別では全くないのですが——伝承の担い手たちについてお話ししましょう。死者にとって最も身近な存在であった女たち、すなわち、戦争未亡人について。

未亡人たち——戦争という「美談」の語り部

前線で敵を殺傷する男たちに比して、銃後に残される妻たちは、戦争によって夫を失う危険と隣り合わせに置かれた被害者でありつつも、戦争から除かれた傍観者なのでしょうか。川口恵美子さんの論考『戦争未亡人——被害と加害のはざまで』はこうした常識的見方に疑問を呈します。例えば彼女が取り上げる一枚の絵に注目しましょう。それは一九三九年に雑誌『婦人倶楽部』に掲載された軍人遺族図（現在は「かたみ」という名で収蔵）という絵です（図4）。「絵の構図は、巻き紙の文を手にした紋付き姿の若い未亡人を真ん中にして、左手には晴れ着を着た少女が袖を眼にあてている。右手は黒い着物姿で正座した小学生と見受けられる横向きの少年が、母子の前に置かれた父のものとおぼしき軍刀を凝視している。[*10]」この絵はもともと日清戦争時に描かれ、長らく宮内省に御物として保管されていましたが、「時局にかんがみ御貸下げになり、東京帝国博物館表慶館に陳列公開されました」と雑誌に解説されています。絵が表すところは、おそらく、日清戦争における夫の戦死の報を受け、それを子らに伝える未亡人の様子でしょうが、その身なりから、亡くなったのが相当階級の高い軍人であることが推察される。静かに父の軍刀を凝視する息子と、それを同じく凜とした居住まいで見守る母のまなざし、ここでは明らかに、泣きはらす娘は絵の意味する「物語」からは浮き上がって見える。

遺族図がそれを見る者に示唆するメッセージ、それは父の自己犠牲の精神を息子に伝える母の役割の重要性、その崇高さでしょう。男なら泣いてはいけません、男なら覚悟を決めねばなりません、男なら立派に国のために尽くさねばなりません、あなたの父がそうであったように――別言するなら、それはいわば、現実の男以上に男の論理（倫理）を代弁し、それを子（当然、男です）に伝えることで、文字通り男性的価値観の「再生産」に寄与すべく期待された母性でもある。母は、表向き、誰に強制されることもなく、日本男児というイメージをドラマチックに伝えるバイオグラファーのポジションを受け入れる。そういう仕方で彼女は、戦争に寄与するわけです。

図４　松井昇《かたみ（御物）》（三の丸尚蔵館蔵）

母を媒介項として、父から子へ愛国心が継承される一方で、その母はどう形作られるかといえば、母の母（もしくは妻の立場からすれば義理の母に当たる、夫の実母）の世代が重要な位置を占めることになる。川口さんが挙げる例でいえば、雑誌『主婦之友』に掲載された「読者の経験――戦死軍人の妻が遺児を立派に育て上げた苦心」が興味深い。[*11] 掲載されたニつのエピソードは、ともに夫を戦争で亡くし、残された子らを苦心の末育て上げた「先輩」未亡人のもので、そこにはより大なるものへの犠牲の尊さを説諭する姿勢はあれど、夫の命を奪った責任を国に問う発想などあるべくもない。日露戦争で夫を亡くした未亡人の一人は、再婚することなく、遺児である息子を航空兵少佐に育て上げますが、その息子も日中戦争で失うことになります。この悲劇の連鎖を、雑誌は「天晴れ父子二代の尽忠血涙悲話！」といった美辞麗句により、あるべき滅私報国の「コード」として提示する。

川口さんが取り上げる雑誌（『婦人倶楽部』と『主婦之友』）がともに婦人雑誌であるのは偶然ではありません。主婦、すなわち母の立場を代表（代弁）すると標榜するメディアが、実際に女性たちによって主導されたものか、彼女たちの生の声を反映したものか、それは定かではない（編集やコンセプトの決定が現実には男性によりなされている婦人雑誌は、今も昔も少なくない）。しかしここに登場する（させられる）未亡人が比較的裕福な軍人家系の女性であり、また当時、雑誌の購読が可能な階級が現在ほどの裾野の広がりを持たなかったことは確実です。犠牲の尊さを説く崇高な精神を支えるのは、生活に困らぬほど潤沢に支給される遺族扶助金ですが、代々軍人の家ならともかく、徴兵によって召集された末端の兵士にはそのような厚遇などありえない。しかし川口さんも再三指摘するように、雑誌の購読者自体が僅少な田舎では、夫を亡くした妻の声が吸い上げられることも、それが戦争経験者の欠くべからざる声として注目されることも、極めて稀だったといえます。様々な沈黙の抑圧・否認という歴史の日常がここでも確認できるわけです。加えてここには、世代間のギャップも存在する。日中戦争から太平洋戦争にかけての時代、軍人遺族図のようにメディアに再掲された未亡人の経験は、日清・日露戦争のもの、つまり大日本帝国にとっては忘れがたい「成功」体験でした。再読により期待されているものも、過去のそれと変わりありません――情勢は常に変化しているにもかかわらず、です。かくのごとく、過去の経験が「過去」のものとして反省され葬送されることなく、そのまま機械的に繰り越される構図は、精神医学的には、トラウマの反復的回帰以外の何物でもない。

悲哀の抑圧、あるいは終わりなき犠牲者の再生産

川口さんの論考の副題「被害と加害のはざまで」が投げかけるテーマは、大変重いものです。母たちは一方的で純然たる被害者ではない。むしろ彼女たちは、国家が児童に推奨した「忠臣、孝子」の倫理の継承の役割を積極的に担い、自分の息子を戦地に送り出し、またそうした模範的な家族像を配信することで、国民を死と自己犠牲の物語へと巻き込んでいった、そうした意味では、母性の代弁者となった女たちには、加害者的な側面が否めないのではないか、と川口さんは問う。被害者が加害者へと反転し、暴力の継承が世代を通してスムーズに展開される。これは構造のみに注目すれば、フロイトの回に取り上げた「攻撃者との同一視」を思わせます。もちろん事態を完全に重ね合わせることはできないでしょう。アンナ・フロイトによればこうした同一視は、対象――アンナが取り上げたケースであれば、去勢するよう脅す（と子どもがイメージする）父親――への恐怖がゆえに、脅しが実行されるに先んじて、自分の抱く父親像に子ども自身がなりきる、という転移のプロセスを意味していました。ありていにいえば、やられる前にやる側につく、という終わりなき闘争の連鎖です。戦時における母親たちの振る舞いがこうした、野蛮とすらいえる生物的リアクションで説明できるとは私も考えません。とはいえ、O先生への愛着を廃棄できないT氏が、その関係性を自分の弟子たちにそのまま投影する、という転移の別の例は、未亡人に強いられる行為の幾ばくかに光を当てるように思われます。彼女たちの内に解消されないままに残存する情動が、息子らに対する「父のようになりなさい」という促しへ

と表れるのではないか、これは間違っているのかもしれませんが、ともかく私には、川口さんが例示した未亡人の声に、型通りの模範的な母親像をなぞるだけでない、もっと生々しくも、抑圧されている何かを感じざるをえない。メランコリー的症例として紹介されたT氏同様、彼女たちには「きちんと悲しむ」ことが禁じられていたのですから。個人としての悲哀や葬送より先に、国民としての顕彰とセレモニーの引き受けが来る。苦悩がすぐさま賛美へと上書きされる母たちの美談からは、息子よ、生きよという漠たる思いは引き出せるでしょうが、それは「死ぬな」という強い要請へと昇華されることはない……。

おそらく川口さんが提示しようとしているのは、戦争という暴力の担い手が男であったか女であったかという二者択一的な解答ではない。そうではなく、両者がコインの両面のように癒着し、その結果として、互いを支え合う家父長主義的な家族構造が戦争という総動員体制に都合よく作用したことこそが問題なのでしょう。

リ・メンバー・ヤスクニ

「私」を否定するために「私」が動員されるという犠牲の論理が結集した存在こそ靖国神社です。この神社をめぐる問題については膨大な量の文献がありますし、私は現代史の専門家でもないので、ここでは、バイオグラフィーという切り口に関連するポイントだけを急ぎ足で見るにとどめます。

靖国神社と、そこで行われてきた「招魂祭」という儀式は不可分の関係にあります。否、むしろ後者を行う目的で創建されたのが靖国神社だ、というべきでしょう。最初の招魂祭が行われたのは明治二年六月二九日から五日間、そのとき、皇居の向かいの九段坂の上に置かれた神社は靖国ではなく、東京招魂社という名を冠していました（靖国神社への改称は明治一二年）。新政府と旧幕府勢力が覇権を争った戊辰戦争が終結したのは同年五月一八日です。招魂祭とは、この戦争で命を落とした兵士の魂を軍神として招き、顕彰するものでした。最初に招かれた魂の数は三五八八柱、その後この数は、帝国の領土拡大と戦役勃発のたびに増えてゆく。しかし、新選組関係者をはじめ、白虎隊で有名な会津藩の少年兵や西南戦争で逆賊となった西郷など、新政府に敵対した者たちはもとより、戦争に巻き込まれた一般人は、東京大空襲や二度の原爆投下の犠牲者を含め、現在に至るまで一切招かれていません。他方、戦争当時日本国民とされた朝鮮・台湾の兵士たちは、みな一様に帝国という「大義」に尽くしたメンバーとして、その名を靖国神社に登録されている。つまり、招魂の儀とは、単に死者の霊を想い、その栄誉を称えるにとどまらない。そこでは数ある霊が、その意向を同じくした存在として、死してなお一つの運命共同体へと統合されるわけです（これを「合祀」といいます）。日清・日露戦争、第一次大戦、満州事変……大量死のたびに、合祀祭、すなわち崇高なる想起／再登録《リ・メンバー》のセレモニーもまた繰り返されます。太平洋戦争期には大規模な臨時大祭が昭和天皇の行幸とともに挙行されますが、最大のものは終戦直後に仮の形式で行われたもので、ここで二〇〇万以上の軍人・軍属が一挙に軍神へと、いわば再身体化されました（魂の存在について身体という表現はそぐわないと思われるでしょうが、すぐ後述するように、靖国における死者の慰霊と顕彰は、大量死の生々しい思い出、破壊され、遺棄された膨大な量の死体の想起を伴わないわけにはいきません）。戦前、戦後を含め、これまでに行われた合祀は実に百回以上を数えます。

合祀ほど無「私」の精神を体現した儀式はないでしょう。戦争期に亡くなった大量の「私」のうち、評価すべき者とそうでない者とが選別され、前者はさらに、いわば一つの大なる「私」へと融解する。しかしこの「私」は、独自のバイオグラフィーはおろか、固有の声も持たない。その生も死も、大日本帝国という「大きな物語」への尽力というコンテクストによってのみ、意味づけられる。というより、尽くす、身を犠牲にするというシニフィアン（意味志向）そのものだという方が正確かもしれない。つまりそれは、そのシニフィエ（意味するもの）であるはずの具体的な内容が明確でない、空虚な——あるいは、空虚であるべき——「私」

です。驚くべきことに、この「私」は、数ある「私」の代表ではないし、そもそも何かの代弁者ですらないのです。それは、天子さま（天皇）のためにといいながら、彼個人は本当は何を欲しているのか、という問いを立てることが最大のタブーであったこと、そして統帥権を持つ天皇の意志を忖度《そんたく》し、これを代弁すると自認していた当時の政府・軍関係者が、実は天皇の背後にある（と彼らがみなした）皇統という幻想的「コード」の保持の方を優先していたことにも表れている。[*12] かくして、犠牲行為は称えられるが、それは犠牲により何かが成就した（成就するはずだ）からではなく、犠牲行為それ自体を理由として称えられるのだ、という論理が導かれる――というより、それしか引き出せない。靖国のこの限界なきトートロジー的特性を、高橋哲哉さんは「日本人の生と死そのものの意味を吸収しつくす機能」と呼んでいます。[*13]

兵士は二度殺される――称えられる死・遺棄される死体

高橋さんの書かれた『靖国問題』には、岩井益子という女性が登場します。夫をフィリピンのルソン島で亡くした彼女は、二〇〇二年、ちょうど当時の小泉首相の靖国参拝が国内外で物議をかもし、賛成派と反対派がともに裁判に訴え、政教分離の原則や日本の戦争責任をめぐる問題が改めて再燃していた最中、大阪地方裁判所に一通の陳情書を提出する。その一部を引用しましょう。

　さて、今回、首相が靖国神社に昨年八月一三日に参拝されたことを不服とする方々が、全国で裁判を起こされているようです。とりわけ、ここ大阪におきましては、あろう事か、靖国神社までもが被告とされています。私ども遺族といたしましてはこのような原告の方々の主張はとても放っておけるものではありません。私のような靖国の妻をはじめ、ほとんど全ての遺族の怒りと、血涙《けつるい》を絞らしめるものです。

もし、首相が靖国神社に参拝されたことで心が傷つけられると言う方がおられるのならば、靖国の妻といたしましては、靖国神社が国家護持されず、外国の意向に気兼ねして首相の参拝すら思うにまかせず、天皇陛下の御親拝も得られない現状はその何万倍、何億倍の《(ママ)》心が傷つくことでございます。私にとって夫が生前、戦死すれば必ずそこに祀《まつ》られると信じて死地に赴いたその靖国神社を汚されることは、私自身を汚されることの何億倍の屈辱です。愛する夫のためにも絶対に許すことの出来ない出来事です。**靖国神社を汚すくらいなら私自身を百万回殺してください。たった一言靖国神社を罵倒する言葉を聞くだけで、私自身の身が切り裂かれ、全身の血が逆流してあふれだし、それが見渡す限り、戦士達の血の海となって広がって行くのが見えるようです**[*14]

太字の文言のみならず、何より繰り返される「靖国の妻」という言葉に、岩井さんが継承せざるをえない、夫との――そして夫が身を捧げた国家との――生々しい絆《コード》、断ち切りがたい情念がうかがえます。断っておきますが、私はこの情念がナンセンスなものだとは思わない。戦争を知らない平和――ある種の人々にいわせれば、アメリカの核の傘の下でつくられた欺瞞《ぎまん》的な平和――を生きる世代に、戦争当事者の気持ちの何が分かる、そういう思いも、無視したくありません。しかしあえていうなら、彼女の情念の背後には、夫の死を証言するものが紙一枚の死亡認定書のみだったという、身体的な絆の断絶が存在する。アジアの戦線にて亡くなった陸軍兵の多くが餓死や戦病死である事実はよく知られていますが、岩井さんの思い描く戦士たちの血の海、その肉体的ヴィジョンは、逆説的ながら、およそ戦士とは呼べないほどみじめで孤独な最期を迎えた肉親の存在を身近に感じたいと切望し、死者のそばを離れることのできない遺族の無念さを物語ってはいないでしょうか。

岩井さんには、前述した戦争未亡人と同じく、夫の死のリアルな手触りの不在、ある種の「非」当事者性がある。だからこそ彼女たちは当事者に「なる」ことを欲した、とも考えられます（意地の悪い指摘だとお思いでしょうが、メランコリーに特有の被虐的欲求を想起してください）。

繰り返しますが、合祀という制度には、戦争という大義を代弁する「私」の数を最大化するという、あからさまな力の論理が見られます。と同時にそこには、肝心の「私」の否定（死）、そして軍神としてのその集団的想起／再登録《リ・メンバー》が、最初から最後まで、「私」という当事者が不在のままに遂行されるという構造がある。内海愛子さんによれば[15]、一九三七年十月に司法省民事局が出した通達は、戦地で死体が発見できない場合でも、海軍官庁が戦死と「確認」した場合、検視調書などなくても死亡認定が行われるよう、手続きを簡素化する旨を伝えています。

東条英機は終戦直後の八月二八日、連合国軍の日本進駐を前に、側近に「自決者モ合祀スベシ」との提言を残し、後に自らも自決を試みました。餓死であれ病死であれ、行方不明であれ、敵と戦火を交えることのない自決であれ、死それ自体が顕彰すべき名誉とされたわけです。

ＧＨＱが去った一九五二年に公布された戦傷病者戦没者遺族等援護法は、先の大戦で亡くなった人々のうち、まず軍人・軍属の遺族救済を念頭に作られたものですが、田中伸尚さんらによれば、この救護法に基づく遺族年金の申請に必要な書類の中に、靖国神社の合祀通知書がありました[16]。厚生省が保管する死亡認定データが、いち宗教法人に過ぎないはずの靖国神社に優先的に送付され、そのまま合祀手続きがなされることに対し「当時は民間から何ら異議の申し立てはなされず、むしろ、合祀事務を国の責任で早急に進めよとの議論が国会で堂々と討論されていたほどであった[17]」といいます。兵士は単に命を奪われるだけでなく、その死の意味さえ、第三者によって剥奪される――。

「人は嘘をつく、あるいはもしこう言った方が良ければ、愛国主義的な「理由」によって真実を歪曲する、「国家的理由」によって殺すように、嘘もつくのだ。[*18]」これは第一次大戦に動員され、終戦までの四年間をほとんど前線で過ごしたフランスの樽職人、ルイ・バルタスの言葉です。彼が残した膨大な手記は、ナショナリスティックで扇情的な戦争プロパガンダに全身で異議を唱え、戦場での究極的な経験の諸相を私たちに伝える。が、忘れてはならないのは、この手記が歴史家によって見出され、出版されるまでに半世紀以上の時間を要したという事実でしょう。この遅延と回り道の対極に、国家公認のバイオグラフィーを可能な限り早急に、国民全体に叩き込まんとする政治的意志がある。そこに潜むのは、ひたすら個人の意志（遺志）の抑圧と否認を志向する暴力以外の何物でもありません。

第12回講義

よき代弁者とは……
――灰色の「私」

底抜けの愛

集団的アイデンティティの最も強固な心理的支えは「愛」に他ならない、こう考えたのはフロイトですが、[*1]これまでの講義内容は、まさに彼の洞察にこの上ない傍証を与えているように見えます。アウグスティヌスの隣人愛しかり、ルソーの博愛主義しかり、クラウディア・ミルズの無邪気な感情の共有論しかり、マイケル・ドリスの血統主義的なコードへの信頼しかり、です。しかし他方で、性愛に精通していたフロイトだからこそといいますか、彼は悲哀＝葬送（Trauer）を通したあきらめの重要性を繰り返し説きました。幼児の精神的発達という文脈でいえば、庇護者への愛の断念というイニシエーションを経由することで、人は自立した大人になる、というわけです。いうまでもなく、これは性愛関係の体制的変化――無制限に愛される「はず」の自分（という幻想段階）から、他者を愛する自由と責任を有したリアルな自分への――を意味するのであって、冷血漢やニヒリストになることを勧めているわけでは全くありません。感情やストーリーの共有は手放しに肯定できる事態ではない。むしろそれはときに、心に刷り込まれた幻想の他者への過剰な依存へと人を導く、とフロイトは考えます。そうした幻想への固着は、外から見れば、頑なな自己への固執として映るでしょう。しかしそこをよくよく覗き込んでみれば、自己が欠けていることに気づく。あるいは、常に「私」を導くはずの幻想——それは身近な具体的他者の場合もあれば、コードや大義という形で教条化されたイデオロギーの場合もあります——によって肝心の「私」が剥奪されている、ということが判明する。だからこそ、「私」を欠いた人間は、容易に他者を巻き込み、エゴイズムの自覚なく、他者のうちに自分の見たい「あなた」を発見するわけです。

　この矛盾の極端な制度的形態を、私たちは、個人という存在を決定的にないがしろにする戦争、および戦時期に作られる物語を通した個人礼讃に見ました。これはある意味では、近代国家のコンセプトそのものから導出された論理的帰結だったともいえます。というのは、いざというときには自己の存在を否定できる者こそよき国民であるという教え、つまり、滅「私」というコードが——デリダ好みの表現を使えば——予め-銘記《プロ・グラム》された「私」を愛せよというパラドクスを、あらゆる国民に自発的に受け入れさせることが、国民が主権者である「はず」の国民国家の課題だったからです。従ってそこには、無論、欺瞞《ぎまん》の構造があります。が、だからこそ、とこれまたいえそうですが、個人に対する国家の関係は、あからさまな力の行使という外的な形態としてのみならず、それ以上に、道徳教育や文化的啓蒙活動といった諸制度を通した国民の内面（＝心）の醸成、という長期的な働きかけとして現れたわけです。

　しかし大日本帝国という家父長制国家の短い歴史を瞥見するだけでも、愛について興味深い現象が見て取れる。つまりそこには、愛の証明が欠けている。もしくは、奇妙なまでに不均衡で非対称的な関係がある。いったい、愛の存在を証立てる責任は、誰にあるのでしょう。愛する側か、愛される側か。戦時期の日本では、常に愛される側にその責任が、文字通り生死を賭けて課せられました。天子様（天皇）のために命を犠牲にするという行為が問答無用の苛烈さにおいて要請されたわけです。しかし愛する側がその愛を伝えることはなく、あったとしてもそれは、国家元首の声を代弁すると僭称する天皇周辺の為政者、軍人たちがめいめい勝手に行う、という混乱がありました（それは、社会の末端において展開されていた天皇制教育の徹底とは、奇妙に対照的だったともいえるでしょう）。*2 丸山眞男が指摘したように、一部の国粋主義者は天皇以上に天皇制という伝統に通じた人間として、天皇個人の意志や真意を飛び越えたところで、皇統というコードの最も適切な代理人を自認したのです。

ですから、この愛は底が抜けているのです。あなたを愛しているのは他ならぬ「私」だと、その絆の証明が最終的に帰責するはずの主体を自認する者はおらず、存在するのはただ、正体を見たこともない他のもの（天皇、すなわち庇護者としての父）の代理人の立場に置かれた者たちだけです。前回の講義では、男以上に男の論理を代弁し、これを自分の子らに教育する母たちについて考察しました。夫を失った被害者であるはずの彼女たちを、誉れ高き犠牲者の連れ合いとして称揚し、さらなる犠牲者の提供へとけしかけるメディア戦略――高橋哲哉さんの言葉を借りれば「感情の錬金術」――には、今から見ればグロテスクにすら感じられるかもしれませんが、見事なものがありました。そこかしこで生産される美談はパターン化されており、陳腐だとさえいえますが、しかし論理の陳腐さは、論理の非力さを意味しない。戦争という大規模な総動員体制の前では個々人が無力であるように、愛国心という美徳の代弁者の数を最大化するという力技の前では、身内の死に対する素直な悲しみの声は、たやすくかき消されたわけです。

カタストロフィーを生き延びる・生き延びるというカタストロフィー

そう、大規模に展開される愛国者の顕彰のセレモニーへの注目とは裏腹に——あるいはこれと表裏一体のものとして——私たちは、戦争の悲惨さを伝える証言者の数を最少化し、彼（女）らの声を歴史に残すまいと腐心した国家の暴力行為を、忘れるわけにはいかない。

証言者の抹消というおぞましい事業、歴史はそれを「アウシュヴィッツ」という名とともに記憶しています。では、私たちはその記憶を基に、最も非人間的な経験にさらされた人間たちの生の声と対峙することができるのでしょうか。ヴィクトール・フランクルの有名な言葉「最もよき人たちは帰ってこなかった」は、冷厳にも、この問いに否、と告げます。アウシュヴィッツの死者たちは、ガスと炎で身を滅ぼされる以前に、生きている段階で、声を残す手立てを全て奪われていました。かくして、戦争ですらない、民族全体の殲滅、大量虐殺という史上稀に見る蛮行を生き抜いた生存者たちが、死を回避したというその「幸運」によって、永遠の沈黙の暗闇に沈んだ者たちの代弁者たることを運命づけられることになります——。

しかし、歴史の「真の」当事者たちの声を直接聞けないということ、その声が代弁者の声によって二重にも三重にも上書きされ、事後的にストーリー化され、その物語に対し私たちが常に遅ればせながらに関わること、これはオートバイオグラフィーの不可能性、あるいはバイオグラフィーという形式の限界を証示しているのでしょうか。私は、そうは思いません。といいますか、これも後にテーマとして浮上すると思いますが、当事者とそうでない者、もしくは行為者と観察者、あるいは生の声と残された記録、といった二分法自体が、歴史の証言という問題を考えるうえでは十分な概念装置ではないのです。とはいえ、英雄的個人の伝記の大規模な粗製乱造を目の当たりにした私たちが、もはやルジュンヌ風の伝統的な自伝形式、生の叙述の手法に頼れないことも、確かであるように思われます。多少なりとも現代史を学んだ者にとって、歴史という暴力の痕跡をとどめない個人史を読むことに、何の意味があるというのでしょう。

かつてアドルノは、先行する者が後続する者に対して歴史の占有権を主張することはできない、と論じました。[*3]またルソーを読むデリダは、私たちが確認したように、生へと関わり、その「声」を読むという行為を、書き残された言葉という記号的代理物を介した事後的反復という構造なしには成立しえないもの、と考えました。両者によれば、ある種のズレ――これを前者は非-同一性、後者は差延（différance）という言葉で捉えます――なしに、私たちは歴史に触れることはできない（こうも表現できるでしょうか、つまり物語ることは、常に同じ仕方で触れ続けることではない、それは端的に不可能だ、と）。純然たる当事者の立場に同化しうるというのは、それこそが幻想だと二人は考えます。自伝の当事者（主人公＝書き手）が、伝えうる内容を完全に個人的な所有物になしえないのと同じように、声を奪われた当事者に代わって語らんとする代理人の発言が、事柄の真理性という観点からいって常に劣るわけでもない。と同時に、後続する代理人の立場が、先行する当事者と比べて安穏としているわけでもない。

生存者の地獄は、むしろホロコーストという災厄（カタストロフィー）を生き延びた後に始まる。プリーモ・レーヴィの『溺れるものと救われるもの』を読み、こういう感慨を抱かぬ者などいるでしょうか。

アウシュヴィッツ――その「見過ごし」のメカニズム

イタリアのトリノで生まれたユダヤ人であるレーヴィは第二次大戦中、反ファシズム運動に参加していましたが、一九四三年のナチスによるトリノ占領後、ドイツ軍に逮捕され、そのままアウシュヴィッツに送られました。連合国軍による収容所解放ののち、彼は自らの体験を何度か本に著します。『溺れるものと救われるもの』は、一九八七年の彼の死――自殺という推測もある――の一年前に刊行された、最後の作品です。

この本を貫く主題は、様々な意味におけるディスコミュニケーションだ、と私は規定したい。その一端はすでに、ナチスによって有名になった絶滅収容所（Vernichtungslager）という役人言葉にうかがえる。無《ニヒツ》に帰す（ver-nichten）、処分するという事務的響きを持つこの語は、殺人を示唆しつつ、同時に、その言葉に触れる者たちから、蛮行の生々しい現実を想像するという苦役を免除します（アドルノはこうした、意味が曖昧であるがゆえにかえって人々を異論なく行為に集中させる言葉を「隠語《ジャーゴン》」と呼びました）。それは命令の執行者のみならず、殺される側にさえ当てはまる。加害者のみならず、被害者もまた、何が行われるかを十分知り、感じることなく、粛々と大量殺人が遂行される。そしてまた、殺人というリアルタイムの現実だけでなく、それがなされたという記録に対してもアクセスを遮断するという点に、ホロコーストの慄然たる巧妙さがありました。ナチスがその活動の最後まで固執したのは、殺人以上に、その痕跡の無化です。

レーヴィはSS（ナチス親衛隊）が収容所の囚人に放った警告を伝えています。「この戦争がいかように終わろうとも、おまえたちとの戦いは我々の勝ちだ。生き延びて証言を持ち帰れるものはいないだろうし、万が一だれかが逃げ出しても、だれも言うことなど信じないだろう。おそらく疑惑が残り、論争が巻き起こり、歴史家の調査もなされるだろうが、証拠はないだろう。なぜなら我々はおまえたちとともに、証拠も抹消するからだ。そして何らかの証拠が残り、だれかが生き延びたとしても、おまえたちの言うことはあまりにも非道で信じられない、と人々は言うだろう。それは連合国側の大げさなプロパガンダだと言い、おまえたちのことは信じずに、すべてを否定する我々を信ずるだろう。ラーゲル（強制収容所）の歴史は我々の手で書かれるのだ」[*4]

レーヴィは当時、ドイツの支配下にあった東欧の各地の収容所で展開された、二段階的なver-nichtenに触れています。つまり一度目は、ガス・トラックや収容所でガス殺された後に、遺体を深く掘られた大地に積み重ね、生き埋めにするやり方で、これがスターリングラード戦敗北による戦局悪化の後には、生き埋めにされたユダヤ人を再び掘り起こし、焼き、骨を粉々に砕き、それを川に流す、そしてこの作業を行わせたユダヤ人も同様に処分し、収容所自体も焼き尽くす、という形に改められます。それと時を同じくして、各地の収容所からのユダヤ人のドイツ国内への移送も本格化しました。移送には列車が使われましたが、その境遇は劣悪で、水も食糧もほとんど与えられず、とにかく迅速かつ大量の移送が優先されました。「途中で死んでもかまわなかった。大事なのは証言させないことだった。[*5]」

運よく生き延びた者の証言内容が信じられないのは、その内容が「あまりにも非道」だから——確かにそうです。が、それだけではない。非道で非日常的な行為が日常風景化するほど常態化していたということが、証言する者自身に、証言へのアクセスを閉ざすから——いや、これも表現が正確でない。証言したい内容に証言者が近づけないというより、かつて自分が経験したことがそもそも、自分自身にとってさえ不可解であり、想起や感情移入といった通例の人間の知的・情動的営みの範疇を超えている、というべきでしょう。

一一年かけてクロード・ランズマンが作り上げた映画『ショアー』の冒頭には、シモン・スレブルニクという男性がポーランドの田舎町ヘウムノを散策する様子が収められています。ヘウムノの美しい小川、教会、牧歌的な自然は、私たちのイメージするメルヘンチックなヨーロッパの風景そのものですが、この町の近く、森に囲まれた平地にガス・トラックで移送され、そのまま殺されたユダヤ人は四〇万人に及びます。そのうち生き延びたのはたった二人、その一人であり、撮影当時はイスラエルで暮らしていたスレブルニクはランズマンの説得に応じ、ポーランドへ、そして地獄の少年時代を過ごしたヘウムノの森を三四年ぶりに訪れ、ドイツ語で（！）語り出す。

あれ、あれはね、言葉にするわけにいきませんよ。
どんな人にも、
ここで行われたことは、想像できません。
無理です。だれにも理解は、不可能です。
今、考えたって、ぼくにももう、わからなくなっているんですから……。

ここにいるのが、信じられません。
そうです、戻って来たことが、信じられないのです。
いつでもここは、静かでした。いつだって。
毎日、二〇〇〇人を、二〇〇〇人のユダヤ人を焼いたときも、
やはり静まりかえっていました。

叫ぶものはだれもいず、皆、それぞれ自分の仕事をこなしていました。
ひっそりとしていた。静まりかえっていたんです。
ちょうど、今と同じように。[*6]

しかし、信じられないのは加害者や傍観者も同じでした。先ほどのSSは「ラーゲル（強制収容所）の歴史は我々の手で書かれるのだ」と述べていましたが、結局のところ、大虐殺を見過ごした者たちは、見たはずの

光景について口を閉ざし、そのまま見過ごし続け、書き記すこともなく、事実に対する自らの関係そのものを否定します。肝心な部分で殺人行為と自分との密接な関係をぼかすとか、人類の歴史とは虐殺の歴史だといった一般論へと議論をすり替えるとか（知を用いた非‐知の演出！）、ともかく様々な仕方で、道徳的な責任を問いただす者に対し、その責任を否認する、ということです。そもそも、そうした問いかけの場に、姿を見せないのです。ランズマンのフィルムには、名前や姿を明らかにしないという約束で隠し撮りされた、ドイツ人の収容所関係者が幾人か登場します。そのうちの一人、ユダヤ人の移送列車の運営に携わっていたヴァルター・シュティールの証言から浮かび上がるのは、目撃者でありながら、否、目撃者であるがゆえの、いわば事柄に対する盲目の身振りです。死の列車を見たことはないのか、とランズマンに問われ、彼はいいます。「ええ、一度もありません。ただの一度もですよ。仕事に追いまくられてましてね、デスクを離れられなかったのです。私どもは、昼夜の別なく、働いていました。[*7]」——ショシャナ・フェルマンが述べているように、『ショアー』がその視聴者に見せつけるのは、当事者全てが多かれ少なかれ、見なかったことにしたいと欲する様々な所作であり、この目をそらす、不可視にとどまるという事態にこそ、まさにホロコーストという暴力の本質が存在する、ということなのです。[*8]

証言者の「灰色の領域」

レーヴィの話に戻りましょう。終戦直後に彼が書いた『アウシュヴィッツは終わらない』が見聞きした事実の報告に重きを置いているのに対し、『溺れるものと救われるもの』の方は、内省的な様相が濃くなっているように思います。つまりターゲットとなるのは、かつての自分、それも、解放直後には見過ごしていた、収容所における自身の立ち位置です。「当時は」——これは『アウシュヴィッツは終わらない』執筆時のことでしょう――「ほとんど浮かばなかったが、「後」になって戻って来た考えがある。それは「おそらくおまえもできたはずだ、確かにそうすべきだった」というものだった。それは生き残ったものたちが、彼の話を聞く聴衆の目に見る、あるいは見ると信じる判断なのである（特に若者たちの目に）。[*9]」そうすべきだった、というのは、お前もＳＳに抵抗し、収容所で蜂起し、たとえ死すとも人としての尊厳や勇気を発揮すべきだった、といった類の主張であり、それはまた、なぜパルチザンの出自を持つお前が単なる傍観者として、自らの生存のみを優先したのだ、という難詰でもある。確かにそういう例外は存在します。トレブリンカ収容所で反乱を企てたユダヤ人たち――大半が殺された――ほど激烈でなくとも、自ら自死を申し出たコルベ神父などがそのケースでしょうが、[*10]そのような例外こそフランクルのいう「最もよき人」に属するのかもしれない。しかしレーヴィは生存を優先した。ドイツ語をわずかだが理解し、身に着けていた化学の知識のおかげで多少なりともましな境遇に置かれた彼は、言葉も通じず、飢えと孤独と虐待のうちに死んでいった者たち、彼のいう、溺れるしかなかった者たちからすれば、「真の」被害者とはいえない――こうした反省が、恥辱の感情を伴い、アウシュヴィッツについて証言し続けるレーヴィ自身に浮かび上がる。

どうして自分が生き残ったのか、そういう疑問に、彼の友人が答えます。「それは分からない、と彼は答えた。多分君が書いていたからだろう、書くことで証言を持ち帰れたからだろう。君は一九四六年に、監禁生活について本を書いていたではないか。[*11]」

「この意見は私には奇怪なものに思えた。私はむき出しの神経に触られたような痛みを感じ、前に述べた疑問がよみがえるのを感じた。私は他人の代わりに生きているのかもしれない、他人を犠牲にして。[*12]」

証言しうるという幸運、あるいは証言行為そのものが、レーヴィを懊悩に突き落とす。どのみち言葉を残せない者たちは、死すべき運命だったのだ――友人はこうは述べていませんが、生存の理由と証言の能力を重ね合わす彼の言葉は、レーヴィの気持ちを軽くさせるどころか、いっそうの罪悪感と謎に向かわしめる。というのは、レーヴィが信ずるに、この能力は、抵抗をあきらめ、見て見ぬふりを選んだ傍観者が、まさしくその不作為と引き換えに獲得したものだからです。「ここで繰り返すが、真の証人とは私たち生き残りではない。これは不都合な考えだが、他人の回想録を読んだり、年月を置いて自分のものを読み直して、少しずつ自覚したのである。私たち生き残りは数が少ないだけでなく、異例の少数者なのだ。私たちは背信や能力や幸運によって、底にまで落ちなかったものたちである。[*13]」

レーヴィは、生存者は「灰色の領域」に属する、といいます。反乱を実行したがゆえに生きながら焼却炉に放り込まれた者たち、そしてまた、人としてのあらゆる感受性を奪われ、木偶（Figur）のように――これもナチが用いた隠語です――無抵抗のまま殺された者たち、彼（女）のような「真の証人」に自分たちはなれない。が、他方で、そうした非日常を完全に忘れ、戦後の平和、日常のうちに安穏と生きることもできない。そうした日常はときに、収容所経験を伝えるテキストを前に、全くの無理解を示すか、あるいは逆に、日常の尺度をそのまま用いて、非日常を判断し、評価しようとする。後者において非日常は、涙を誘うセンチメンタルな悲劇か、もしくは一握りの気がふれた軍人やサディストが行った喜劇か、いずれにしても、第三者にとって分かりやすい仕方で受容される。テキストそのものが、そうした単純化やステレオタイプの物語化に加担しながら、歴史を編集し直した商品となり、ついには日常にちょっとした「うるおい」を与える、単なる添え物になるのです。アドルノはあるところで、舞台化されたアンネの日記を観賞し、とにかくあの娘だけは生かしておくべきだったのに、と感動しながら語った一人の婦人について触れていますが[*14]、同じようなおぞましい無理解は、レーヴィも経験している。そのまま引用しましょう。

私は何年か前に小学五年生のクラスで起きた、ほほえましい出来事を思い出す。私はそこに招待され、自分の本に解説を加え、小学生の質問に答えるように求められていた。ある利発そうな様子の、明らかにそのクラスのリーダーと思える少年が、決まりきった質問を投げかけてきた。「なぜあなたは逃げなかったのですか」。私はこの場で書いたことを、彼に簡潔に述べた。少年は納得せずに、黒板に収容所のスケッチを描き、監視塔、扉、鉄条網、発電所の位置を示すように求めた。彼はその図をしばらく検討し、さらにいくつか細かな説明を求め、自分の考え出した計画を開陳した。ここで夜に歩哨の喉を切り裂く。そしてその制服を着込む。それからすぐに発電所に走り、電流を切る。そうすればサーチライトは消え、高圧電流の鉄条網は機能しなくなる。そうすれば悠々と出て行けるだろう。少年は真剣になって付け加えた。「もう一度同じようなことになったら、僕が言ったようにしな。きっとうまくいくから」[*15]

レーヴィの経験する疎外は、死者にも生者にも属さないという、自身のポジションの認識に表れるだけではない。レーヴィは、野坂昭如が偏執的に繰り返したように――彼の「火垂るの墓」も灰色の領域を抱えていたことが想起されます――、自分がかつてなした証言からも、距離を取るよう促される。「私の短くも悲劇的だった囚人としての経験には、その後の作家＝証人としての長く複雑な経験が続いていて、その勘定は確実にプラスになっている。全体的に見るなら、この過去は、私を豊かで、確かな人間にしてくれた。（中略）おそらく、人間の魂への関心を決して絶やさなかったことや、単に生きのびるだけでなく（大多数はこうした考えだった）、体験し、耐え忍んだことを語るために生きのびるのだ、というはっきりした意志を持っていたことが、私を助けてくれたのだろう。[*16]」――一九七六年にこう記していたレーヴィが、その十年後に出版した『溺れるものと救われるもの』では、証言者という「特権と結果のつり合いが取れていない[*17]」と、かつての自分を否定するかのような思いを吐露するのです。

この著作の訳者である竹山博英さんは、レーヴィがこの本を書く動機に、ある危機感があったと述べています。それは戦後社会に氾濫するアウシュヴィッツに関する語りが内包する、人間を迫害者と被害者に二分してしまう傾向であり、これは記憶の風化とともにますます顕著になる、と彼は感じていたというのです。確かにこの二分法——語りに参与する（させられる）者たちを、当事者とそうでない者に峻別する仕掛け——は語りを聞く者に、証言者との「連帯」を保証するかのような見せかけを与える。つまり加害者は怪物に属するが、証言者は、蛮行を見過ごした傍観者を含め、一方的な被害者であり、それを後から聞き、観賞する者と同じく、エゴイズムや人種差別とも無縁の常識人、平和を愛する一般人であるという仲間意識がそれです。

しかし、何がそうさせるのでしょう。歴史の単純化は、記憶の風化という運命が命ずる、文字通り歴史的必然なのか、それとも聞く者の勉強不足が原因なのか、両者の可能性は決して否定できない。しかし私は、これに加えて、証言のあり方そのものが抱える問題性に、レーヴィを振り向かせた何かを予感します。すなわち、第三者の無理解を生むのは、あまりにも理解しやすい仕方でなされる説明であり、いわば証言の華々しい「成功」、証言者としての——そして死者たちの代弁者としての——自己へのゆるぎなき確信こそが、まずもって解体されるべきものとレーヴィに映ったのではないでしょうか。

無傷の代弁者たち

断っておきますが、こういったからといって、それはレーヴィがコミュニケーションを無価値とみなした、という意味ではありません。彼は決して証言を放棄しません。見過ごしの所作を選んだ灰色の証言者であるレーヴィ、偶然見つけた水道管の水を友人と二人だけで独占したことを告白するレーヴィはむしろ、ある種挑発的な仕方で読者を巻き込もうとしている、と私は理解します。つまり彼は、生存者の無垢性を否定し、いわば自らの「傷」をさらけ出すことで、読者——歴史に対し、自分と同じく部外者、単なる観客のポーズをとる傾向のある者たち——に、読者自身が多かれ少なかれ身に覚えのある「傷」に触れるよう、促しているのではないでしょうか（どの国家、いかなる民族にも、無関心と不作為によって生じた負の歴史があります）。

故郷の自然、その黒い大地（Schwarzerde）を、死者の灰の記憶とともに歌い上げたパウル・ツェランについて論じながら、長田陽一さんはいいます。「詩を書くことは、言語を傷つけること、それも血を流すまで傷つけることである。」[*18] レーヴィもまた、詩という形式ではありませんが、冷静な、けれど執拗な散文的まなざしで、そうしたまなざしの冷静さそのものが可能にした傷と向き合おうとします。しかし、傷に触れること、とりわけ触れ続けることは難しい。それは傷の重みに人が耐えられないという理由からだけでなく——ツェランも最後には、自死を選択しました——、触れ続けること自体が、いつの間にか、まさしく傷について語るという仕方で傷を抑圧し、否認するような自己正当化へと容易に転化するからです。

うまく説明できている自信がありませんが、私が『ショアー』に見たシーンは、この転化の好例であるように思います。前述のフェルマンも言及しているのですが、それはスレブルニクがヘウムノの教会の前で、彼を記憶していたポーランド人たちと再会するシーンです。当時一三歳だった少年を人々は覚えており、その息災ぶりを無邪気に喜ぶ（人々と言葉を交わす様子から、スレブルニクがポーランド語を解していることがうかがえます）。折しも聖母降誕祭の最中で、インタビューの間にも、教会から聖職者、そして白く美しい衣装を着た少女たちが行列をなして出てくる。それを村人たちにまじり、スレブルニクも見守るのですが、まさに三五年前、この場所から、教会に監禁されたユダヤ人たちが身ぐるみはがされ、トラックで森に運ばれていったのでした——。

過去と現在、動物以下の死と聖なる誕生とのこの対比は、無論監督であるランズマンの演出という側面もある。が、重要なのは、この対比が自然なものであるのか、映画の作品構成上、作為的なものかということではない（ましてや、演出の作為性にのみ注目し、それをあげつらうことではない）。それよりも、この対比にポーランド人が全く無自覚である様子が、第三者、すなわち視聴者の戦慄を誘うのです。なぜユダヤ人は殺されたのか、こう問うランズマンに、スレブルニクを囲うポーランド人たちはいいます。なぜなら彼（女）らは金持ちだから、あるいは、ユダヤ人だけでなく、ポーランド人も殺されたではないか、と。こうした型通りの否認の所作以上に不気味なのは、あるポーランド人の語る逸話です。彼は、友人からの伝聞として、ユダヤ人の聖職者《ラビ》から聞いたという物語を引用します。それは、イエスの殺害に関与したユダヤ人の罪を贖うのは、彼（女）らの子孫であり、従ってこの聖職者はホロコーストを、無抵抗のまま感受すべき運命だ、と断じたというのです。伝聞の伝聞、代弁の代弁です。この話に同調し、「あなたもご存じでしょう？」とランズマンに押しつけがましく共感を求める女性の隣で、饒舌なポーランド人たちの中心にいるスレブルニクだけが、無表情のまま、沈黙を守っている……。

私はこうも感じます。つまり、昔と変わらぬ場所で、昔と変わらぬ無関心と無責任を身にまといつつ、他者から供給されたストーリーで二重三重の防備を施した彼（女）らは、何も見ようとしていない、と。傷を、単なる歴史的記録でなく、今なお徘徊し続ける亡霊として、つまり、被害者と傍観者との間に相変わらず横たわるディスコミュニケーションとして見せつけられるのは、私たち視聴者なのです。

旅する証言者たち

当事者不在のまま、繰り返し口にされ、共有されているストーリーは、その代理性がゆえに、聞く者に安心感を与えます（それは免責の安心でもある）。当然、そうしたストーリーは、他の解釈の可能性を寄せつけない限りにおいて、内部にあっては抑圧的、外部に向かっては排他的に機能します。この「ご存じでしょう？」の圧力を解きほぐすには、何が必要でしょうか。私はここで、いわずもがなの（と、ストーリーの担い手たちが考える）内容を蒸し返し、全く別の角度から光を当て、担い手自身を突如として不安に陥らせるような他者の存在、あるいは、他者の介入について指摘しておきたい（マリリンやミルトンを詰問するアリス・ウェクスラーを思い出して下さい）。それは突然の訪問であり、出立でもあるのですが、ともかくも、ストーリーをある集団の専有物から解放するファクターです。

「『ショアー』は、年老いて、いわば過去から切り離された登場人物が、ネクタイをきちんと締め、デスクの後ろ、あるいは客間の暖炉の前に、静かに腰を下ろして、思い出を語るような、そういうドキュメンタリー作品でもないし、また、そういうものではありえない。[*19]」こう語るランズマンは、『ショアー』に登場する――登場させられる――生存者たちにとって、必ずしも居心地のよい聞き手ではなかったはずです。イスラエルからポーランドに連れてこられたスレブルニクだけでなく、前述のポーランドの農民、そして戦時中にポーランド亡命政府の密使を務め、現在ではアメリカで教鞭をとる――が、生徒の前で自分がワルシャワのゲットーで見た地獄について一度として語ったことがない――ヤン・カルスキ、それに証言だけでなく、カメラに収まること自体を拒否した、かつての収容所職員たち。これから殺される妻と娘の髪を、彼女らにその運命を告げる機会も与えられないままに切らねばならなかった友人に触れるとき、トレブリンカ収容所の生存者であるアブラハム・ボンバは沈黙し、涙を流します。「これ以上は、勘弁してくれ……。」しかし、ランズマンは食い下がる。「話をつづけて、エイブ、つづけてほしい。」「ぼくらは、そうしなければならないんです。わかってるでしょう。」「頑張ってほしい。どんなに、つらいかは、わかります。申しわけないとは思うけど……。[*20]」

証言者はここでは、まさに自らをそこから遠ざけている沈黙について証言するよう促される。確かに、独力では遂行することができず、自分のエージェント（代理人）の役目を果たすような他者の介在があって初めて可能になるような証言もあるのでしょう。「他者は、物語が新たな形で返され、諸々の断片が何らかの仕方でつなぎ合わされ、不透明な部分が明らかにされるかもしれない、という期待を代理しているのである。他者は、語りえないことを目撃し、登録するのであり、語りの筋道を見分ける者として機能する。[*21]」――『ショアー』をめぐる文脈に置き移してみると、バトラーのこの言葉は、幾分楽天的と映るかもしれません。他者が「私」の領域を侵犯し、立ち入り、まさしく立ち入ったことを聞き出そうとすること、それは「私」の存在そのものを危機に陥れる可能性を孕《はら》んでいる。いうまでもなく、第三者が単なる好奇心や金銭目的でそうした侵犯を行うことは少なくないし、そうして商業的に制作された感動ポルノまがいの証言番組や告白本によって、さらなる傷を証言者自身が負う場合も少なくない。しかしランズマンがこじあけようとしているものは、それ以上のものです。というのは、あえていえば、ボンバにとって、言葉も国籍も違うこの訪問者は、まさしく彼がかつてナチ時代に経験したように、日常を宙吊りにし、非人間的な経験の地平へと連れ去る存在だからです。が、まさに突如としてよみがえるこのトラウマの再演こそ、ランズマンが「そうしなければならない」と信じるものに他なりません。

もう一言述べて、閉じましょう。思うに、代弁者は、常に自分がある他者の代理人であるように、代弁行為そのものを、まだ知らぬ他者に向けて行うよう定められているのかもしれない（レーヴィが進んで他者のまなざし、他者の言葉に身をさらしたことを、私たちは心にとどめておきましょう）。フェルマンの表現を借りるなら、証言とは、旅する存在なのです。[*22]それはメッセージというものがそもそも、時と場所を超えて届けられるという信頼のもとに成立するものだからです。ユダヤ人の死体処理のために、仲間よりわずかに長く生存を許されたユダヤ人の特務班《ゾンダーコマンドー》、最も苛烈な「灰色の領域」に置かれたフィリップ・ミュラーは、死ぬと分かった同胞たちがガス室でチェコの国歌、それに後にイスラエルの国歌となった「希望《ハティクヴァ》」を合唱し始めたとき、彼（女）らと一緒に死ぬことを決意します。「その時、私は悟ったんです。私の生命《いのち》には、もう何の価値もない、と。生きて、いったい何になるのか？　何のためなんだ？　それで、私は、あの人たちといっしょに、ガス室に入ったんです。*23」

けれども、ミュラーを同胞たちは、ガス室から出ていかせます。「ここから、出なけりゃだめよ、私たちのなめた苦しみを、私たちの受けた不正を……、このことを、証言してくれなければだめです*24」。――インタビュー中、静かに語ったミュラーが唯一、感情を露わにし、嗚咽をもらした瞬間です。

しかし、ミュラーが期せずしてここで行うのは、おそらく、最初に経験した光景そのものの再演ではないのでしょう。今や、彼は涙を流すこともできるし、その証言を最後まで聞き届ける他者がいることも知っている。ミュラーの、そして彼に寄り添う無数の者たちの五感を介することで、死者たちのメッセージは、長い迂路と旅路を経て――そしてそれにもかかわらず――、ただ届けられるだけでなく、人としての情念を吹き込まれ、新たな生を得るのだ、といったらいい過ぎでしょうか。

第13回講義

スピリチュアルな「私」
——変容する非日常

スピリチュアリティ——ハイブリッドの最先端

しつこくフロイト先生にご登場願いますが、彼は論文「集団心理学と自我の分析」の中で、愛を通して集団内の連帯が強まるケースとして、軍と教会を取り上げています。軍と教会、本書で論じてきたモチーフでいうなら、戦争と宗教です。そしてどちらの場合でも、私たちは、集団を共通のミッションに向かわせるうえで、ある模範的な個人の物語が共有される、という構図を見出しました（第2、11回講義）。感情の錬金術という高橋哲哉さんの言葉は、愛にこそふさわしい。弱者へのいつくしみが、別の弱者の殺害の無条件の肯定へと、容易に反転する。社会学者の道場親信さんは、ある論文にて、9・11の米国同時多発テロで命を落とした犠牲者の痛ましい報道が、ブッシュ政権によるアフガニスタン空爆の口実として使われた経緯を語っていました[*1]。愛する者を失った家族にとって、テロとの因果関係の判然としないアフガニスタンの市民の命が、まさに自分たちの娘、息子、友人の名のもとに奪われることは、彼（女）らの喪失同様に、耐えがたい苦しみだったに違いありません。ですが、被害者の物語は、当事者不在のまま、新たな被害者を生む物語へと反転し、死者は期せずして加害者となる。これも、どこかで見た光景です。

愛が戦争の道具に用いられる時代は、まだ終わっていないと見えます。ところで、宗教についてはどうでしょう。世界的には、地域レベルでのナショナリズムの勃興と連動した原理主義の台頭が問題になっていますが、葬儀や選挙、盆と正月以外に神仏を意識する機会がこれといってない現代の日本においては、愛と宗教の結びつきはおろか、そもそも宗教につきものの非日常的なエレメント自体が、一般人には縁遠いものになってはいないでしょうか——こうした疑義への私の答えは、イエスかつノーです。つまり、ある種の非日常を約束する愛について、うんざりするほど宣伝されているのは確かだ、ということです。では、タイトルに「愛」が含まれている書籍に、私たちはどこで最も出会えるでしょうか。それは間違いなく、近年、スピリチュアリティという用語でまとめられるジャンルなのですが、多少ともこのジャンルについて調べた私は、これが宗教という範疇に入るのかどうか、戸惑いを隠せません。

宗教学者の島薗進さんによれば、スピリチュアリティ・ブームは、新霊性運動とも定義されます。それはいわゆる新興宗教の類に該当するのですが、それだけではない。スピリチュアリティという言葉は、大変懐が深い。そしてこれこそが、厄介の種なのです。

差し当たり、わずかな例を挙げるにとどめましょう。例えば漫画や観光というメディア・テクノロジーを通して消費される神的体験（漫画の舞台が「聖地」として巡礼の対象となるケース、あるいは逆に、昔からある寺社仏閣が観光地化するケースを想像してください）がある。はたまた、ヨガやフィットネスによる心身の新たなる「目覚め」などにも、スピリチュアルという形容詞が顔を出します。精神《スピリット》のある種の覚醒や気づきの契機という点でいえば、スピリチュアリティは従来の宗教の領分を超えて、心理学や脳科学、そしてディープ・エコロジーやエコ・フェミニズム、[*2]カウンター・カルチャーといった政治的実践とも結びつく。かと思えば、「意識の高い」ビジネスマン向けの自己啓発セミナーのように、内面の開発が、徹底した個人の社会的成功、要するに金儲けを企図して、極めて組織的かつシステマチックに行われる場合もある。ノーネクタイのベンチャー企業のオーナーは、ロハスな生活を愛するエコロジストにどこか似ていますし、そもそも、少なくない数の新興宗教は、集団で農作業を営む原始共産主義的な生活から生い立ってきました。

とはいえ、スピリチュアリティは常に自然なものに向かうとは限らない。世界規模で広がった一九七〇年代のヒッピー文化を牽引したロック・ミュージシャンたちは確かに、よれよれのTシャツやジーンズを好み、野外フェスを活動の場にしました。しかし、ミュージシャンや観客を超越的な陶酔に誘ったのは、音楽のナチュラルな魅力だけとは限らない。任意に摂取できるドラッグがそうした非日常の演出に寄与していたのは、周知の事実です。宗教と──アニミズムと、という方が正確かもしれませんが──麻薬との結びつきは昔から知られていますが、他方、忘我の境地とはほど遠い、計算ずくの肉体鍛錬においても、あるいはそうした局面においてこそ、最新のテクノロジーが動員される。私は純然たる身体技能を競うアスリートが、ときにサプリメントや禁止薬物に頼るケースを考えています。かくのごとく、複数の領域が重層的に折り重なるだけでなく、彼岸と此岸、地域性とグローバリゼーション、自然とテクノロジー、忘我と自己管理といった具合に、相反する志向が容易に交じり合うのが、スピリチュアリティ・ブームの際立った特徴だ、と私はいいたい。

オウムという非日常・オウムの生活という日常──暴走する「単純さ」

試みに、私が書店のスピリチュアル・コーナーで見つけた本のタイトルをいくつか並べてみます。「魂の望みは、叶うようにできている」「はしゃぎながら夢をかなえる世界一簡単な法」「とんでもなく全開になれば、すべてうまくいく――宇宙の導きにまかせよう」「人生はドラマ、そのまんなかに私。」「最高の人生を引き寄せるには自分を愛するだけでいい」「自分を愛せなくなってしまった人へ　自らに光をともす29の方法」「世界のエリートがやっている最高の休息法――「脳科学×瞑想」で集中力が高まる」――どうでしょう、異業種の複雑な混淆という印象がぬぐえないのではないでしょうか。とはいえ、ここにはある共通の傾向も読み取れる。即効性、ポジティブ・シンキング、そしてあからさまな自己肯定など、要するに自己愛です。個人を幸福へとダイレクトに誘うノウハウが、市販のサプリメントの如く、分かりやすく、単純な説明によって繰り返し、喧伝される……。

しかしこのナルシシズムが呈示するのは、他人は他人、自分は自分といった孤高を貫く、抑制のとれた自律的主体ではない。ノウハウ本の多くの作者は、「私」はこうやって成功した、だから「あなた」も、という具合に、二人称への声掛けに執着します。三人称の広く公共的な読者に訴えるのとも違う、事情通や仲間内にささやくような馴れ馴れしさがそこにはある。ご存じでしょうが、という具合に、相手が同意することを最初から決めてかかっている、そんな印象さえ覚えます（またしても、いつか見た光景）。

単純さ、単純な物語への志向が、スピリチュアリティの一つの特質として指摘されるでしょう。それは、出版社を含め、メディアがますます、一種の力技に訴えて読者や視聴者を獲得しようとする風潮と無関係ではない。「魂の望みは、叶うようにできている」、こんなタイトルにゴーサインを出す会社は、一般人の冷静な批評など求めていません。タイトルにピンとくる一部の読者層がひっかかればそれでよい、その程度のもくろみから、できるだけ派手な浮き餌を定期的にばらまいておく、といった具合です。ブームの演出、セルフプロデュース、言い方は色々表現できますが、とはいえ、そうした単純さには、馬鹿にできない点もある。

単純ということには、割り切り方がはっきりしている、ということが含まれます。これさえすればいいんだ、あとは何も恐れなくていいんだ、そういう、恐るべき飛躍や省略を簡単に成し遂げる愚直さです。ためらいもなく、寄り道もせず、一つのことに徹底して取り組むという潔癖さでもあり、案の定それは、自分が正しいことをしているという確信を育てる温床ともなる。そして、単にテキストを読むのではなく、そこに書かれた物語や教義を実践するということになると、そうした発想の単純さは、むしろ無制限の力を約束します。意にそぐわないものをことごとく「悪」と断罪する、極端なまでの党派性がそこから生じるのです。

オウム真理教の信者や元信者に小説家の村上春樹さんがインタビューした本『約束された場所で――underground 2』に狩野浩之という人が登場します。瞑想を自宅で実践したところ、「霊的におかしな状態に[3]なったのをきっかけに、世田谷のオウムの道場に行き、そこで教えてもらった呼吸法をやってみたら「嘘みたいに回復していきました。[4]」という具合に、トントン拍子に出家への道筋をたどる。彼の自伝的語りそのものが、まるで非日常をごく当然のものとして受け入れる、そういう歯切れのよさに満ちています。非日常がいとも簡単に反転し、別の日常と化す。「疑問もないんです。どんな疑問にも全部答えがあるんですよ。全部解けてしまっている。こんなことをやったらこうなるというようなね。どんな質問をしてもちゃんとすぐに答えが返ってきます。[5]」

彼の話で興味深いのは、「オウムの中というのは、みんな精神の向上を第一に生活していますから、基本的に気持ちが合うんです。[6]」といいながらも、集団内の規律を特に気にかけず、それぞれが自分の「精神の向上」を目指して、割と自由勝手に行動していた、と語っている点です。「精神的に向上さえすれば、あとはどんなことがあってもべつにかまわないんだという意識ですよ。[7]」これは出家信者特有の、社会的責任感の希薄さを物語ると同時に、オウムが目指していたような、魂の救済に向かう道筋の単純さを示す発言としても受け取れます。どんな苦しみにも説明が与えられるだけでなく、どんな苦しみも、彼いうところの「カルマ（因縁や業）」によるもの、という単一の図式へと還元される。そうなると、感受性そのものが鈍磨し、細やかな感情のニュアンスを気にかけなくなる。「オウムの信者にとっては、感情的に怒るとかそういうのはレベルの低いことですから。怒るよりは、そこにある状況を少しでも深く見抜くみたいなことが美徳だと考えられています。[*8]」

狩野さんは、深いとか、向上だとか、上下の価値判断を含んだ言葉を好みます。それは彼の発言内容とは裏腹に、極めて感情的な言述です。といいますか、本人にしか感得できないような、感覚的なものだ、といえないでしょうか。状況を深く見抜くといいながら、地下鉄サリン事件を起こしたのは本当に自分たちであるのか、という本質的な問題についていては「でもね、オウムの人たちの感覚から行くと、やったやってないというのとは関係なく、それよりも自分が修行するかどうかが問題なんです。どういうふうに内側の開発をおこなっていくか、それが重要です。[*9]」と述べるに過ぎない。こうなると、彼の修行とは、外部に対する判断そのものを棚上げし、朦朧とした内的感覚に沈潜するだけのものではないか、とさえ思えてくる。

しかし、それだけならまだよいのです。世俗のことには一切関与しない、という態度を貫くのであれば。しかし彼はそうはしない。「論理的には簡単なんですよ。もし誰かを殺したとしても、その相手を引き上げれば、その人はこのまま生きているよりは幸福なんです[*10]」。あるいは、こうもいう。「ですからオウムの本質すべてが正しいと言っているわけではないです。ただそこにはあまりにも多くの価値のあるものがあって、私としてはそれをなんとかしたい、普通の人たちに利益を与えたいと、そういう気持ちでいるのです。[*11]」幸福や利益、価値といった概念それ自体が極めて世俗的なものであることに、彼がどこまで自覚的であるか、インタビューだけでは推察できませんが、「私」の（感じる）利益は「あなた」の利益、と衒《てら》いもなく断言していることには、戦慄を禁じえません。

気まぐれに、かつ切実に――ストーリーへの欲望

非日常の経験が、体験、すなわち、ある種の身体感覚に収斂してくることについては、意外に深い歴史的事情があるように思いますが、それは後で触れましょう。ともかくも、自他を区別する障壁が曖昧になるのは、感覚的確信――これはヘーゲルの用語ですが――につきものの事態です。他人の人生について、わがことのように思い悩む。同情に関するルソーの教説や彼の博愛主義は、この「私の苦しみはあなたの苦しみ」という感情移入の論理に端を発するものでした。しかし、ルソー的な同情が、舞台上の当事者に、生存を保障されている観衆が向けるものであったのに対し、狩野さんのケースは、オウムの提供するストーリーに参加すべし、という要求を全ての「普通の人たち」に突きつける点で際立っている。

自分は自分、他人は他人といいながら、自他の障壁をいともたやすく反故にし、他者の生殺与奪の権利まで主張する、この気まぐれな振り幅は、意外と、現代的なスピリチュアリティの本質を表しているようにも思います。

先ほどの本の中で、村上さんは、心理学者の河合隼雄さんと対談しながら、こう述べています。つまりオウムは、東西冷戦体制が崩壊した――それは、資本主義か共産主義かという、現代史をそれまで牽引していた機軸的な指針（フランスを代表するポストモダニスト、ジャン＝フランソワ・リオタールのいう「大きな物語」）の崩壊でもある――一九九〇年代初頭に、人類の未来に対して強烈な意味づけを与える、別の大きなストーリーを提示したのだ、と。もっというならこのストーリーは、おそらく、教団が世間と対立すればするほど、世間がオウムに寄せるであろう危機感を自らに逆投影する形で、破壊的なストーリーへと成長していった

のではないでしょうか。河合さんは麻原彰晃について「自分が作った物語の犠牲に自分がなってしまう。[*12]」と述べていますが、私は、世間はオウムをどう捉えているかが気になって仕方がない、という具合に、外の世界について、勝手に自分たち自身の中で幻想をふくらませていた、という印象を持ちます。

とはいえ、ストーリーへの欲望は、オウムにのみ固有の現象ではない。ニューエイジと呼ばれる、新霊性運動の先駆けのような精神世界ブームがアメリカで起きたのは、島薗さんによれば、一九七〇年代です。欧米発のカウンター・カルチャーの多くがそうであるように、それは西側諸国がベトナム戦争の泥沼に陥り、アメリカ＝正義という「神話」が崩壊した時期と重なります。歴史の変わり目に、意味が浮き上がるというか、むしろ、際限なく積み上がる日常の重みに耐えかねた精神が、ある種のカタストロフィーを欲望し、特定の出来事や人物、システムに、過剰な意味を背負わせる。そしてそこに、崇高なる存在が「見え」てくる……。

いずれにせよ、意味づけ、ストーリーを希求する心性は、どうやら洋の東西を問わず存在するようです。島薗さんは「新霊性運動は先進国を中心に、世界で同時的に展開しているグローバルな運動なのだ」とさえ断言する。[*13] ただし、こうしたストーリーの実質的な内容やその共有の仕方については、様々なニュアンスが存在するように思われます。

救済から癒し、そして自己変容へ

島薗さんの著作『精神世界のゆくえ――現代世界と新霊性運動』は一九七〇年代以降のスピリチュアル・ムーブメントについて、詳細な見取り図を与えてくれます。その際彼はこれと、キリスト教や仏教などのいわゆる伝統宗教との違いを、次のように規定する。「著者［島薗］は新霊性運動を「救い」の宗教、すなわち救済宗教の「後に」くるものとしてとらえることができるのではないかと見当をつけている（中略）。そして救済宗教で「救い」をめぐる「回心」の体験が核心的な意義をもつのに対して、新霊性運動では「癒し」をめぐる「自己変容」の体験に関心が集まると見る。[*14]」救済から癒し＝自己変容へ、という図式はこの場合、宗教的経験の個人化を物語っている。つまり救済が主張される場合、社会の成員が持つべき危機意識（例えば、この世は苦しみに満ちているという前提や、物欲や肉欲にまみれた生活は総じて悪である、という自覚）があり、そういう意識が共有されているという意識自体が、いわば同じストーリーによって貫かれた運命共同体の形成を促す。回心という心の変革もまた、めいめいが勝手にやればよいものではない。輪廻からの解脱であれ、原罪という境位の全面的受け入れであれ、やはり共有すべきルールや教義に各自が従いつつ、ある種の超越、非日常性への道筋を「きちんと」たどることが求められるわけです。共有という前提があるからこそ、教団や宗派が形成され、知の体系が樹立され、生活上の細やかな取り決めが制度化されてくる。

これに対し、癒しや自己変容は、それぞれの成員が持つ心の悩みの解消、あるいは心構えそのものの変革を目指すという点で、最初から個人に焦点が当たっている。島薗さんが例に出しているニュー・エイジャーのシャーリー・マクレーンは「自己の内部への旅」、といった具合に表現していますが、この「旅」の規定に私は興味をそそられました。まだ目覚めぬ他者、未来の信者を求めて世界を旅するのではない。そういう具合に、かつての宣教師よろしく、膨大な時間と長大な空間をあちらこちらと横断し、見知らぬ者の誤解に悩まされ、にもかかわらず理解を求める迂遠な経験は、ニュー・エイジャーの趣味ではないのです。求める超越は、外部ではなく、すでに自らの内部にある。もっとも、この旅で得られるものが何であるのか、正直なところ私にはよく分かりません。本当の自分だとか、大いなる自己だとか、調和、生命エネルギーの流れ、等々、どうも、もっともらしい感覚的語彙《ごい》が並べられる（ついでにいうと、生命について口上を垂れる文系インテリの内には、こういう朦朧とした表現を、あたかも彼自身が教説を他者に吹き込まんが如く、長々と繰り返す者もいます）。

魂のレベルの向上といった、どこかで聞いたことのある言葉も、マクレーンは用いている。瞑想やヨガの実践もなされているようです。

けれどそれは、オウムの場合のように、死をも肯定するほど自己破壊的ではない。むしろ内部への沈潜は、変わるべきでない自分、否定する必要のない自分と出会う旅として特徴づけられてくる。矛盾する言い方になりますが、自己変容はこの場合、変容しなくてよい自己を発見し、これを肯定するプロセスを表す、とみなしうるのではないか。だからこその「癒し」、というべきでしょうか。言葉の定義としては、癒しには、悲しみや苦しみといったネガティブなものの解消の他に、もとの状態まで回復する、という含みがある。つまり、日常から非日常に突き抜ける「救い」とは違い、癒しは、非日常のツール（瞑想やヨガなどの、おなじみの道具立ての他に、自然食、セラピー、それに数多く出版されている、癒しと気づきの体験記、センチメンタルな自己告白、等々）を媒介にしつつ、日常に回帰し、その色合いを——あるいは色合いだけを——変えるのです。ある種のカタルシスが要請されてくるが、見方を変えるならば、カタルシスだけでよい、ともいえる。どうも、意地の悪い連想かもしれませんが、私はTVで昔見た光景を思い出します。そこでは、対人ストレスに悩む女性会社員が、週末、ひたすら感動を誘うようなヒューマン・ドラマを見続けている。モニターの前に陣取って、ティッシュを用意し、さあ泣くぞ、とでもいわんばかりにDVDをプレイヤーに押し入れる。心身のリフレッシュにちょうど適量な非日常とは、あくまで日常の尺度で見通しうる、予測可能な「他者」だということになるかもしれない。

こうした非日常の個人化とでもいうべき事態は、先ほど触れたように、ストーリーの実質や共有様態の変化と関係がある。東西冷戦の崩壊といった巨大な対立軸の崩壊は、人々を連帯させ、ある共通の課題に取り組ませるような、スケールの大きな苦悩や「悪」のヴィジョンの喪失をももたらした。どうしてこの世は息苦しいのかという、水平的な広がりを持つ疑問は影を潜め、どうして「私」は生きづらいのかという、ダイレクトに個人に関わるような垂直的な疑問が優勢となる。島薗さんによればこの動向は、集団によって営まれる礼拝や祭祀、奉仕活動などから儀礼的な形式が消え、高額な神具の購入や、パッケージ化したイベントへの参加など、参加の仕方がより個人的で商業的になり、その分具体的な見返りを求める姿勢が顕在化してきたことにも表れている。そこには、宗教活動を支える信者の基盤そのものが、地域から家族、家族から個人へと狭まってきている、という背景もある（その分インターネットのようなサイバー・スペースを通して、今まで宗教と無縁だった人間が急に「目覚め」てしまい、周囲を当惑させる、というケースも生まれるわけですが）。また苦悩の個人化については、ドイツの社会哲学者であるクラウス・ギュンターとオフェリア・リンデマンが分析している内容が面白い[*15]。二人によれば、近年、一種の悲劇的主体として注目される人間像が、例えば殉教者のように、自発的にある「大義」に準じた英雄的な犠牲者（sacrifice）から、本人が意図せざる形で挫折を味わい、人生における自己実現の機会を奪われた犠牲者（victim）へと移行しつつある。国のために進んで命を捧げた者の物語は、まさに物語として消費される需要はいまだ高いのですが——右翼が好むこの類の書籍が一定の顧客を保持しているのは、非日常の個人化に対する、分かりやすい反動でしょう——、現実問題として国家がセーフティー・ネットを形成するために苦心せねばならない対象は、両親との関係や学校生活など、感覚レベルでは没国家的・非政治的な色合いの問題に悩んだ結果、深い傷を抱えた存在として自らをアイデンティファイし、また社会にもそのように承認されることを求める者たちだ、ということになる。

ところで、この分野の専門家でも何でもない私が口出しすることでもありませんが、島薗さんの癒し＝自己変容という定義については、首肯しかねる部分を少々感じています。というのは、癒しを回復と捉えるならば、そこに根本的な意味での変容のモメントを認めることは難しいからです。無論、そこで回復すべきとされるのが、それまで否定的に捉えられてきた、もしくはその存在自体が否認されてきた「本来の」自己であれば、変容は揺るがない事実としてある、ということになるでしょう。しかし島薗さんも認めるように、企業活動として運営される——最も有名なところでは、アメリカのest（エアハード・セミナーズ・トレーニング）でしょう——自己啓発セミナーなどは、個人の社会的な成功や自己実現を目指して、各自の内面のポテンシャルの向上や「変容」を図ることに重点を置く。身近な例でいっても、先ほど紹介したスピリチュアル本の大半は、生命の神秘的な力に訴えるものの、実質的には、人生に失敗せず、経済的により高みを目指すためのノウハウがパッケージングされた本です。そしてここには、「癒し」の場合には日常に相対する形でイメージされていた非日常そのものがもはや存在しない。日常がそのまま、非日常的なレベルにまで引き上げられる、といい換えてもよいでしょう。

日常の美化と医療化

さて、宗教的経験としてのスピリチュアリティに注目することで、非日常の様々なニュアンスというか、日常と非日常との関係性の変化、という事態が浮上してきました。これまでの話を、大変乱暴だと思いますが、次のような具合に図示しておきます。

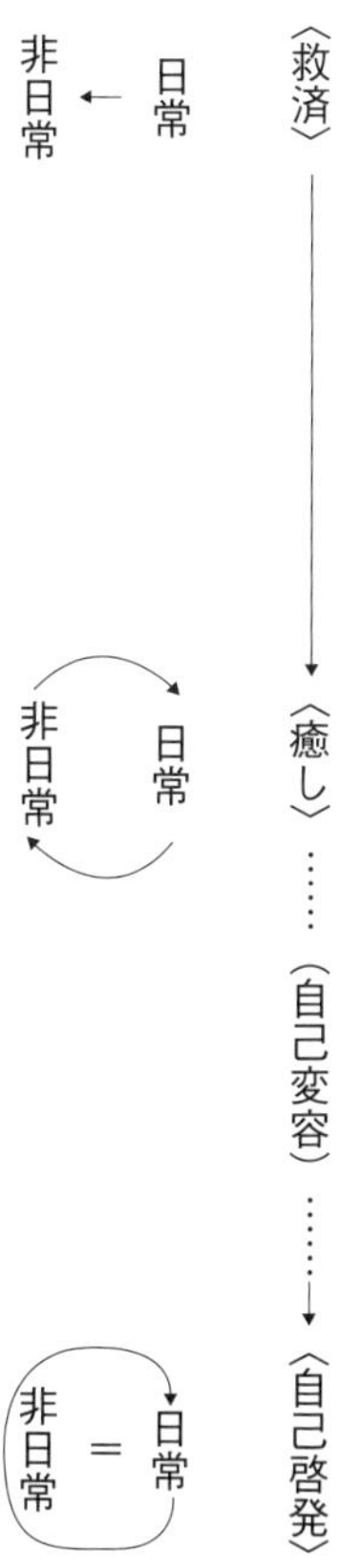

現代の傾向として顕著なのは、非日常がどこまでも日常の文脈の延長線上にあることです。別言すれば、非日常は日常の——質的ではなく——量的な変化として現れる。この変化が感情のカタルシスであろうと、知力の集中的持続であろうと同じことです。例えば、「世界のエリートがやっている最高の休息法——「脳科学×瞑想」で集中力が高まる」、という本のタイトルを想起してください。全ては身体感覚の度合い、つまり、心身を満たすエネルギー量とその流れの操作如何、という問題に還元されるわけです。これは同時に、非日常に通ずる日常自身が、そうした量的なファクターにより構成される度合いがますます大きくなっている、ということでもある。歴史や政治、スポーツ、戦争までも情報化・映像化され、事態を粘り強く多角的に捉える正確さよりも、たたみかけるように人を感動に導くストーリーの単純さが、持続性よりも即効性が、自由よりも安心が、「そもそもそれが正しいかどうか」よりも、「今の私にそれが気に入るかどうか」が優先される。大塚英志さん風にいうなら、社会の全てが感情化する。最後にこれを、日常の美化と医療化、という視点から手短に論じておきましょう。

ドイツの哲学者リュディガー・ブプナーは、非日常がダイレクトに日常化される現象を「生活世界の美化」と呼んでいます。古来、神々との交流といった非日常の経験は、宗教的な儀式、端的にいえば祝祭という形で共同体が営むものでした。そこでは、普段の生活世界を貫く意味づけ自体が棚上げされ、ある種の例外状態が享受される。例えば、毎日当たり前のように食しているパンやワインが、神々への奉納物として、単に胃を満たすものとは全く違う様相を帯びる。柳田國男の言葉を用いるなら、ケとハレの間の位相転換とでも形容できるでしょうか。しかし、伝統的な宗教文化の衰退とともに、ハレの持つ崇高さは喪失する。かつてベンヤミンが述べていたように、芸術の礼拝価値は展示価値に移行し、非日常の意味喪失に伴い、その分非日常の「見える化」が生じる。モノや商品、キャラクターという形で、神的なもののイメージが日常に氾濫するわけです。いわば、神のデフレ化です。祝祭への参加のハードルは押し下げられ、芸術家自身も、神殿から為政者の住まいへ、ブルジョワのサロンへ、そこから美術館や劇場、そしてさらに町の通りへと、活躍の場が下に、外へと広がる。創造行為はよりポップに、よりパフォーマティブに――感情（感覚）の問題から捉えるなら、より刺激的に、そしてよりポルノグラフィックに――形態を変え、ついには芸術と非芸術との障壁も取り払われ、生活世界そのものが劇場と化す。「マスメディアの時代においては、あらゆる内容が大衆を相手としたイメージに変わり、と同時に、そのようなイメージを形成する側から、大衆を共演者として召集する傾向が勝利を収めている。社会的行為は、演技的行為となり、主体はポーズを取ることへの願望と関心をスタイルにする。」*16

興味深いことに、ブプナーは、なし崩し的に展開される芸術の大衆化によって、芸術はより真面目になる、と論じます。軽薄さや無意味さ、猥雑、退廃、超現実的《シュールレアリスティック》なエレメント、要するに、形而上学的な残滓を残す「遊び」の部分が退けられる。というのは、彼によれば、現実を棚上げする余地がもはや存在しない以上、私たちは芸術に、日常的現実を「改善する」役割を、あくまで日常の論理に沿った仕方で求めるようになるからです。芸術家は政治にコミットしなければならず、弱者の味方でなければならず、人々の悩みを解消する術を提示せねばならず、そしてニーチェであれば仰天するに違いありませんが、道徳的でなければならず……つまり、芸術は、単なる芸術であってはならない。役に立たないものは、芸術ではない。これをいい換えれば、次のようにもなるでしょう。すなわち、日常化できないものは、非日常ではない、と。

他方、医療化（medicalization）とは、実は次回の講義と深く関わっているのですが、一般的には、従来医療で扱われなかった分野にまで医療の方法や制度、価値規範が広がる現象を指します。それが宗教とどう関係するのか、なかなか一言では説明しづらい。しかし、こう捉えてはどうでしょう。つまり「彼岸」（＝死や天国、あの世など、従来非日常に属していた領域）を喪失した宗教は、特にスピリチュアリティ・ブームが典型的に示すように、私たちがこの世（此岸）で経験する様々な苦悩の受け皿として、一種のセラピスト的ポジションを占めつつある、と。セラピー的エレメントなしには私たちの社会そのものが成り立たない、と指摘するのは、第1回講義で紹介したイスラエルの社会学者エバ・イローズです。精神分析の大衆化、メンタルヘルスのマニュアル化、薬物利用の日常化、などなど、様々なトピックを取り上げていますが、中でも彼女が注目するのは、そもそも社会自体が個人的様相を帯びつつある、という現状です。これはどういうことかというと、いわゆる社会問題として括られるテーマが浮上するときには、常にそれが個人の悩み、個人の苦しみという枠組みに基づき、描き出されるということです。

皆さんは、何を当然のことを、と思われるかもしれない。社会問題の解決は、最終的には個人の問題解決に帰着するに決まっているではないか、と。それはそうなのですが、ポイントは、法整備や社会的インフラの充実、問題の多角的理解など、解決のために必要な構造的で、より「抽象的な」視点が考慮されず、個人が具体的に悩む姿にダイレクトに焦点が当てられ、とにかく彼（女）の傷ついた感受性を癒すことが優先される、という風潮です。

「あなた」がどう傷つき、そこからどう立ち直るかという個人史的なストーリー以外、社会が「あなた」に向ける興味関心はない、これがイローズの洞察です。誰もが、他者のプライベートな苦しみを見たがっている。セラピストが身近な存在になっただけでなく、セラピー的視点でもって、個人のバイオグラフィーが消費される。奇妙なことに、とイローズは述べます。ここでは、バイオグラフィーそのものがマニュアル化してくる。有名人の自伝や、それほど有名でなくても、不幸にみまわれた個人の告白録などを読む前から、私たちは、彼（女）がどう立ち上がり、人生を取り戻したか、その感動的なストーリーを一定程度予測し、期待している。

スピリチュアル・コーナーに置かれたある本の語り手は、宇宙を満たす波動エネルギーが見える超常の存在であることを自認していますが、彼女は幼少期からカルト的共同体により迫害され、レイプされ、何度も中絶を強いられ、電気ショックや麻酔薬を与えられ、と壮絶な人生を送ってきたそうです。本の帯にはそうした刺激的な著者紹介があり、続けてこうある。「そのような状況から脱出した著者が、少しずつ自らを癒し、自分を愛せるようになったプロセスと方法が率直に書かれています。」

イローズは述べます。「セラピー的な語りに問題があるとしたら、それは、語りが個人の人生に意味を与えすぎる、つまり、心が傷つき、そこから独力で人生を変えるといった一本調子な語りのうちで、過去と現在と未来とがあまりにも緊密に結びつけられている、という点にある。」[*17]

古来より、苦悩の救済が宗教の根本的な存在理由であったことは論をまちません。しかし、イローズの本のタイトルではありませんが、キリストであろうとSelf-Helpなど掲げませんでしたし、アウグスティヌスの自己探求が、構造的にいって、あくまで神からの啓示に依存していたことは、すでに見たとおりです。島薗さんは、かつて世界を満たしていた伝統的な宗教の価値規範が退場を余儀なくされる近代以降にあって、宗教的自伝というジャンルが果たしてきた重要な役割を指摘されています。が、その書き手である主人公たちは、最終的に頼りになるのは自分自身、要するに、本当の「私」を見出せる、自分好みの「内なる神」だと考える点で、近代の申し子以外の何者でもない。全てが想定内に収まるというのは、想定外の出来事が大半を占めるはずの非日常の次元にあって、パラドクス以外の何ものでもないのですが、これが至って当然のこととして受容されている、というのが今の状態なのでしょうか。私が紹介した本のタイトルの一つに、その症候を垣間見ることができます。曰く、「人生はドラマ、そのまんなかに私。」

第14回講義

ふつうで自然な「私」
――バイオグラフィーとバイオテクノロジーの未来

身体、この固有なるもの

講義も終わりに近づいてきました。そこで今回は、現在と、それから未来に関するお話しをしましょう。具体的に講義のトピックとなるのは技術、それも、近年発展の著しい生命工学（バイオテクノロジー）です。そうしたテクノロジーは私たちのバイオグラフィーやライフヒストリーにどのような影響を与えるのか、あるいは、それらをどう変容させるのか。オルダス・ハクスリーの『すばらしき新世界』（一九三二年）以来、生命工学を題材とした未来小説は、ディストピアなのかユートピアなのか判別できないような極端な人間の未来――たいていの場合それは、国家なり巨大なテクノクラートの集団なりに生活の隅々まで徹底管理された社会として描かれます――を繰り返し想像してきました。とはいえ、歴史的にいうなら、そうした想像は小説家の専売特許ではなく、医者や政治家、社会運動家などに広く共有されてきたものでもある。いわゆる進歩主義の時代といわれた二〇世紀前半には、実際にそうした未来予測が、国家の科学政策や医療・福祉体制に少なからず影響を与えていたのです。そして最近でも、最先端をゆく生物学者やサイエンス・ジャーナリストまでもが、あるいはそういう人であればなおのこと、未来について語りたがる。

ところで、こうした現象が私にとって興味深いのは、人間の未来が現実にどうなるかということ以上に、知識人が未来に寄せる希望、もっというなら、欲望や不安がそこに透けて見えるからです。私は、未来予測がどれくらい正確か、というお話をしたいのではない。無論、テクノロジーを取り上げる以上、そうしたテクニカルな現状についてもお伝えしますが、あえて煙に巻く言い方をするなら、私たちの語り――自分に関する、オートバイオグラフィカルな物語化――を左右するのは、未来予測の正確さ自体というより、そうした正確さへの私たち自身の信頼如何にかかっている。これが私の差し当たりの直観です。例えば――詳しくは後述しますが――遺伝子にまつわる話題は、巷《ちまた》ではたいていの場合、全ては遺伝子によって決定される、という反駁不可能な「神話」として受け止められる傾向が強いのではないでしょうか。前回のお話と連動するようですが、ここでもまた、科学が宗教の代用を務めるというより、宗教そのものとして信頼され、ほとんど信仰の対象になる、という倒錯が起きるわけです。「信」は欲望を牽引し、この欲望が「現実」を作る。以前にも論じたとおり、私たちが幻想を生きる存在でもある限り、幻想は現実の単なる症候や病的歪み、果ては現実と相反するものではなく、現実そのものです。

これまた、何度も述べてきたことですが、本書を通して明らかにしようとしたのは、「私」を「私」にする、「私」以外の他者とは何（誰）かということであり、またこの他者との関わりがどのように言説化され、制度化され、ある種の（暴）力の――そこに巻き込まれる者の魂を活性化させるだけでなく、その者の精神的な死をも導くような両義性を帯びた――場として機能してきたか、ということでした。しかし、他者なしで「私」

のアイデンティティが成立しないことをどんなに多角的に検証しても、「私」は「私」だと、その同一性に執着できる、強力な論拠がまだ残されています。それは「私」の身体です。

自己の身体以上に、文字通り、かけがえのない（＝交換不可能な）ものがあるでしょうか。「私」の身体は「私」にしか動かせず、ちょっとした仕草や食べ物の好み、身体機能から性癖に至るまで、誰よりも「私」がよく分かっており、生誕から死まで、「私」の最も身近な隣人、というより、「私」そのものであり続ける。親や配偶者であろうと、「私」の心を占拠することはできても、各人に固有の身体のリズムや新陳代謝まで意のままに操るわけにはいかない。同情を重んじたルソーであっても、他者の痛みは、想像によって近づけるに過ぎませんでした。私たちは、他者になり変わって痛みを経験することはできない。二〇世紀を代表する哲学者マルティン・ハイデガーは、「私」の固有性を最も表すものとして、死の現象に注目しました。死は彼の規定でいうなら「最も固有で没交渉的、追い越すことのできない」自己の可能性です。「私」はそこから逃れられないし、いかなる助けも、この回避不可能な運命を覆すことはできない。命は金銭で買えず、交換もできず、ただ父と母との性的交渉を通じてのみ、贈与される。それに、命の誕生とその終焉ほど自然な出来事（Er-eignis）――ハイデガーの言葉遊びに倣うなら、固有なもの（das Eigene）の生起――があるでしょうか。

脱自然化する生

この常識を揺さぶる「出来事」は、二〇世紀の後半に次々と生起します。その事例の一つとして、一九六七年に南アフリカで行われた世界初の心臓移植手術が挙げられるでしょう。このときの患者は一八日間しか生存せず、また移植医療自体も、免疫反応の抑制や法整備に手間取り、その後しばらく停滞することになりますが、ともあれこれは、「かけがえのなさ」の神話を切り崩し、生命の部分化・資源化・共有化を促進するものとなりました。「私」の身体は、生誕から死まで、「私」が独占しうるものではない。生物学的な意味でのオートバイオグラフィーの単線的イメージに訂正の可能性が生じた瞬間です。臓器移植が物語るように、「私」が死んでも、「私」のライフヒストリーから枝分かれし、他者のそれと合流し、生存し続ける「私」がいる……。

医療の世界で移植がレアなケースでないことは、手術件数を見れば明らかです。臓器移植の中で最も件数が多いのは腎移植で、二〇一六年には日本で一六四八件、アメリカはこれに、さらに桁が一つ増えます。腎移植に限っていうと、日本と世界との相違は、移植件数だけでなく、その内容にも及ぶ。日本では生体間移植が大多数ですが（二〇一六年で一四七一件）、世界では死亡した方、しかも、いわゆる脳死患者からの献腎が多数を占めます。心停止ではなく、脳死（植物状態と違う、脳全体の機能停止）を人の死と定めた最初の基準は一九六八年にハーバード大学で制定され、八八年には全米移植ネットワークが発足し、移植にまつわる様々な事業が本格的に始まります。わが国では一九八〇年代に当時の厚生省が基準を作成、さらに一九九七年に臓器移植法が成立、同年、日本臓器移植ネットワークが、それまでの日本腎臓移植ネットワークを改組する形で発足します。さらに二〇〇九年には移植法が改正され、一五歳未満の子どもの脳死患者からの臓器提供が可能になりました。

臓器提供を待つドナーの数は、日本だけでも一万人以上、それに、腎臓に限っていうなら、腎移植の必要性が生じる慢性的な人工透析の患者は現在、三〇万人を優に超えている。こうした事実から、哲学的には、様々な「時代診断」が引き出せるでしょう。例えば、先ほど指摘した生命の部分化・資源化・共有化のプロセス自体が日常化しつつあること。そしてそれに連動する形で、人の死が、脳死や心臓死といった具合に、部分的に判定されるようになっていること（脳が死んでも、他の臓器はそうではない）――これは同時に、死が他者によって判定され、評価され、そこから様々な「利益」が湧出してくること、つまり人の最後は、自然に、単に死んで終わりではないことを意味しています。皆さんの中には運転免許証を携帯されている方も多いと思いますが、その裏面には、死亡後の臓器提供の意思表示を記す欄がありますね。この項目が設けられ、免許証がドナー・カードとして機能するようになったのは二〇一〇年以降のことです。ポテンシャル・ドナーという考え方がありますが、私たちが実際に死ぬ以前から、社会の側ではすでに、私たちの身体を生‐資源《ビオ・キャピタル》——これはいかにもフーコー的な言い方ですが——として登録し、それらが提供されるのを待ち構えている。[*1] そして新たなテクノロジーは今後、ますます多様な資源の「発見」を私たちに呈示することになるに違いない。生者と死者の境界が曖昧であるのと同様、生者においても、生きて利用可能な部分と、そうでない部分との境界は曖昧になりつつある。技術の発展は、物事の曖昧さを発見する方向に進むことも少なくない、ということです。

ついでに、相当圧縮した説明になりますが、バイオグラフィー・イメージの変容との関連に限定して、他のテクノロジーについても触れておきましょう。今私は、「私」の死の、いわば脱自然化について指摘しました。しかし現在この流れは、死だけでなく生、つまり「私」の生誕にも及んでいます。イギリスで史上初の体外受精児、いわゆる試験管（vitro）ベビーが生まれたのは一九七八年です。体外受精（IVF = In Vitro Fertilization）では、二〇世紀以前からあった人工授精と違い、複数の卵子を採取したのち、精子を合わせ、受精卵の培養を行います。これらの受精卵は全て子宮内に戻されるわけではありません。日本の産科婦人科学会は、母体にリスクのある多胎妊娠を防ぐために、一度に移植する受精卵を一つと定めています。ですから、もし一度の移植で妊娠、出産となれば、残りの受精卵の出番は——次回の出産まで——なくなるわけです。無論、安易に棄てられるわけでは決してないのですが、ＥＳ細胞研究が盛んだった二一世紀初頭では、これらの余剰胚が大量に研究目的で用いられ、韓国で事件化したこともあります。要するに、生まれざる「私」が複数存在する、ということです。

生殖医療の発展のスピードはすさまじい。一九八四年にはアメリカで体外受精による代理出産、さらにその二年後には凍結卵子を用いた出産が報告されます。一九九〇年には、培養され、母体に戻される以前の受精卵に問題がないかどうかをチェックする着床前診断が考案され、一九九二年にはベルギーで顕微授精に成功します。顕微授精とは、極細のガラス管を用いて、精子を直接卵子に注入し、受精のほぼ全体のプロセスを人工的に行う技術のことです。

生殖医療の発展は、様々な家族の形、換言すれば、両親のいない「私」を想像させます。例えば男性の同性愛者のカップルが子どもを望む場合、そこには複数の「親」が絡むことになるでしょう。つまり育てる側だけでなく、子作りのために彼らに卵子を提供する女性と、代理母として子宮を提供する女性が。しかもこの場合、臓器移植とは違い（海外で移植を受ける場合に多額の費用がかかるように、本当はそう単純ではないのですが）、ビジネス的な要素も絡んでくる。代理母を申し出る女性に、経済的に恵まれないアジア系の女性が少なくないことは事実ですし、またこれとは逆に、配偶者やパートナーは求めず、ただ子どもを望む女性たちのケースもある。そうした需要に合わせて、精子売買を営む業者が近年、次々に現れました。ウェブ上には、彼女らの様々な要望（金髪で青い目の子が欲しい、スポーツ系ではなく学業に秀でた子が欲しい、などなど）に沿うよう、遺伝上のデータが詳細に登録された精子バンクのサイトが無数あり、また小遣い稼ぎの感覚でこうしたサイトに「献体」する若者の中には、ハーバードやスタンフォード大学のようなエリート学生も少なくない、との報道もある。

とはいえ、テクニカルな問題でいうと、さらに微妙な「家族計画」も紹介しておきましょう。二〇一七年にBBCが報じたニュース（タイトルは「三人の親たちを持つ子供が不妊カップルのもとに誕生」）によれば、まず体外受精により受精卵を作製し、次にこの受精卵から核を抜き、それを第三者の卵子——あらかじめ核が抜かれた卵子——に移植し、改めて受精卵の培養を行う、という試みがウクライナで行われました。つまり受精卵の核以外は、第三者の細胞を用いた「私」の誕生です。このケースの場合、母の卵子の（核以外の）細胞内にあるミトコンドリアがリー・シンドロームなどの重篤な遺伝性疾患の原因となるため、母由来のミトコンドリアが残存しないように処理したわけです。しかし記事によれば、核移植に際して微妙な量の（母由来の）ミトコンドリアが付着する可能性もあるし、そもそもミトコンドリア自体が独自のDNAを有するため、第三者の遺伝情報が「私」に伝わることも考えられる。記事はこれを「ほんの少し」と表現していますが、メキシコで同じように行われ、二〇一六年に誕生した赤ちゃんの場合、第三者由来のDNAは全体の〇・一％と報告されています。

日本産科婦人科学会によれば、二〇一五年に行われた体外受精は四二万四一五一件、また体外受精により生まれた赤ちゃんは五万一〇〇一人、出生全体の二〇分の一を占めます。人工授精の事例と合わせれば、生殖補助技術で子が産まれるというのは、決してレアなケースではないことが推測されるでしょう。

優生学の影

しかし、バイオテクノロジーやバイオグラフィー、そしてフーコーのいうビオ・ポリティークの問題圏の中心に位置するのは、何といっても遺伝子工学、そして遺伝という言説です。AはBへと遺伝する、この単純な表現にも、悪魔的な響きがある。それはダーウィンの淘汰説以来、遺伝学者自身の度重なる警告にもかかわらず、Bはどんなに努力しても、どのような環境に置かれたとしてもAのままだ、という運命論や還元主義を誘発してきました。この思考は、人間の優秀さはその者が生まれる前から生物学的に決定済みだという思想、そしてそれを応用した社会改良論へと結集する。歴史の奇妙なめぐり合わせといいますか、ダーウィンの従弟であるフランシス・ゴールトンが命名した「優生学（eugenics）」と呼ばれる思想のたどった陰惨な歴史については、よく知られています。教育（nurture）によって人間の生得的特徴（nature）を変えられない以上、国家が国力の実質たる国民の質的・量的向上を図るためには、生まれるべきでない人間をゼロにする（vernichten）か、そこまでいかずとも、そうした人間を公共的な場所から放逐し、施設に閉じ込め、さらに彼（女）から生殖の機能を奪うことで劣悪なる者たちの再生産を防ぐしかない。こう考えたのは、実際に優生学的見地からユダヤ人やロマ族のようなジプシーを絶滅収容所（Vernichtungslager）で大量にガス殺したナチスだけではありません。「生まれてくる子供の問題は、もはや個人的な関心事ではない。それは人々がばらまく病原菌や安アパートの騒音にも増して社会的問題なのである」と主張したのは、『宇宙戦争』で有名なイギリスの小説家H・G・ウェルズです。*2

ナチスの人種政策に法的正当性を与えた断種法（正式には「遺伝病子孫予防法」）は一九三三年に成立しますが、その骨子はすでに、ワイマール共和国時代に公衆衛生行政を担当したA・オスターマンやH・ムッカーマンといった高級官僚によって起草されたものでした。日本で一九四〇年に成立した国民優生法――その第一条には「本法ハ悪質ナル遺伝性疾患ノ素質ヲ有スル者ノ増加ヲ防遏スルト共ニ健全ナル素質ヲ有スル者ノ増加ヲ図リ以テ国民素質ノ向上ヲ期スルコトヲ目的トス」とあります――を推し進めたのも、青木延春や永井潜といった、親ドイツ系の厚生技官やエリート医学者です。ただし、ドイツや日本は、優生政策という点ではむしろ後発国だったことも銘記しておく必要がある。両国に大きな影響を与えたのはアメリカです。一八九九年にインディアナ州で最初の断種手術が行われ、一九〇九年にカリフォルニア州で世界初の断種法が施行されて以来、当地では、四年の間に一六の州で同様の法律が成立しました。ターゲットとなったのは、当時の言い方で精神薄弱、精神病と呼ばれる知的障害者だけでなく、習慣性犯罪者、性的倒錯・道徳変質者とみなされた人々で、青木のある報告では、一九二九年時点で優生手術の執行数は一万近く、その大半はカリフォルニア州に集中しています。[*3] 結局アメリカでは、約六万人がこうした科学政策の犠牲となり、生殖機能を奪われますが、国家としてその政策の非を認めたのは、ようやく一九七〇年代になってからです。遅いと思われるかもしれません。けれども、日本の法律から「優生」の名が消えるのは一九九六年（優生保護法から母体保護法へ）、その間に日本では、遺伝病でも何でもないハンセン病患者への断種政策が徹底して行われていました。

近年、科学の進歩に懐疑的な学者によって、優生思想の復活が口にされています。復活といいますか、より科学的に、より受け入れやすい形に洗練され、私たちの生活の隅々にまで浸透しつつある、というのです。ユルゲン・ハーバーマスはリベラル（自由主義的）な優生学と表現します。[*4] どういうことかというと、古典的な優生学が国家による断種の強制というパターナリスティック（父権主義的）な様相を帯びていたのに対し、新型の優生学は、クライアントである個人にいくつもの選択肢を呈示し、どれを選ぶか、あるいは選ぶ選ばないはあくまであなたの自由だ、と主張する。イギリスで羊水検査が考案された一九六〇年代以降、出産までの赤ちゃんの成育状況を調べる、いわゆる出生前診断の技術が飛躍的に進歩してきましたが、このテクノロジーの発展は同時に、生まれるべき人間とそうでない人間との、目立たないものの決して無視できない指標を提供してきました。今では子宮にわざわざ針を刺して羊水を摂取するというリスクを冒さずとも、母体の血液に含まれるDNAから赤ちゃんのステイタスが、かなりの精度で判別できるようになっています。そしてそこで何らかの異常、例えばダウン症などの遺伝子疾患の可能性が浮上するにせよ、国や社会は、堕胎せよとは命じない。「不自然な」生命が生まれるかどうかはあくまで確率の問題、産むかどうかはあくまで個人の自由、という建前が貫かれている。けれども、それがいかにあやふやなものであるかということは、ダウン症の場合、中絶を選択するケースが九割以上を占めている、という統計にも表れています。

一度目は悲劇として、二度目は喜劇として？*5

日常生活に応用される遺伝子工学で最もリベラルな色彩が強いのは、最近とみに注目されている遺伝子診断でしょう。これをご紹介する前に、診断を可能にしたゲノム技術について触れる必要があります。一九九〇年代に始まったゲノム・プロジェクト――ゲノムとは、ある生物の持つ全ての遺伝情報を意味します――は二〇〇〇年には早くも精度九九・九％の確率で、ヒトの細胞核内にある「設計図」の解析を終えました。分子生物学の立場からいえば、私たちの病気や知的・身体的特性は全てDNAのステイタス――病気の場合は、新たな細胞を複製する際のDNAの「写し間違い」――に依拠する、ということになりますから、同じ外見上の特徴や体質傾向を持つ集団のゲノム解析をすることで、特定の遺伝子の引き起こす形質について、おおよその見当が立てられる。第7、8回講義で紹介したハンチントン病は、単一遺伝子が病気の発現に関わる、非常にレアなケースです。たいていの場合、病気や体質には多くの遺伝子が複合的に作用するし、またそこに環境要因が加わることで、発現メカニズムはなおいっそう複雑化する。とはいえ現在、商業化した遺伝子診断は、重篤な遺伝子疾患のみならず、癌のようなメジャーな病気から肥満傾向の分析にまで、その守備範囲を拡げつつある。

皆さんはDHCやDeNAといった企業名を聞いたことがあるでしょう。前者はダイエット会社、後者はゲーム会社で、今やプロ野球チームのオーナーでもある。両者は近年、遺伝子診断というビジネスに参入してきました。わずか数千円の費用で――私たちは単に唾液を送付するだけでよい――会社は各人の肥満の大まかな傾向を教えてくれます。さらにDeNAが提供するMYCODEのフル・パッケージでは、癌から内臓疾患、代謝傾向、アルツハイマーやパーキンソン病、ALSへの罹患可能性、体脂肪率、骨密度などの各種数値、閉経の時期から髪、肌、性ホルモンの状態、カフェインやアルコールへの耐性、果ては耳垢のタイプに至るまで、全部で二八〇項目について、リスクの程度や対策が示されます。

自分がどんな肥満傾向なのか、DHCのいうようにりんご型なのか、バナナ型なのか、それなりに興味がわきますが、にしても、テクノロジーの歴史的背景を調べれば調べるほど、運命の皮肉といいますか、一見関係ないように思えるストーリー同士の奇妙なめぐり合わせに慄然とする瞬間がある。粥川準二さんによれば、[*6]ヒトの細胞の「核」の中身を調べるゲノム・プロジェクトは最初、アメリカのエネルギー省（DOE）が始めました。この機関は原子力、つまり「核」エネルギーに関する研究を行っており、これがヒトにどのような遺伝的変異を引き起こすのかということに、当初から興味を抱いていたといいます。優生学記録事務所に勤めていた遺伝学者ジェームズ・ニールは、戦後すぐ日本の広島や長崎で原爆の被害実態の調査を行っていますが、彼が所属する調査委員会も、DOEの前身である原子力エネルギー委員会が組織したものです。そしてヒトゲノム計画の構想は、元をたどれば、核戦争の予感が身近に感じられた冷戦期の一九八四年に――ジョージ・オーウェルの『一九八四年』と同じ年！――このDOEによって起草されたものでした。

私は粥川さんの本にさりげなく登場する「優生学記録事務所」という単語に、思わずはっとしました。そしてアメリカのゲノム・プロジェクトを率いた遺伝学者フランシス・S・コリンズの本の中で、彼がプロジェクトのひとまずの完了を祝し、コールド・スプリング・ハーバーで基調講演を行い、歴史の大きな曲がり角にいることに感慨を覚えた、という記述を目にしたときも、[*7]同様の思いがしました。コールド・スプリング・ハーバーとは、ニールの所属する優生学記録事務所があった場所で、そもそもこの事務所は、著名な生物学者チャールズ・ダヴェンポート（一八六六－一九四四）がアメリカにおける優生学運動の拠点として設立したものです。国際優生学会の副座長も務めた大立者であるダヴェンポートはその生涯を特に、家系図の作成と収集に捧げたといわれています。というのは彼によれば「貧困・犯罪・とりわけ精神薄弱は遺伝によって伝えられる[*8]」ものであり、家系の研究に基づいて断種政策を推進するなら「問題ある原形質を遺伝子プールから除去する[*9]」ことが可能になる、と考えたからです。

この家系図研究の最も悪名高い例は、ダヴェンポートの協力者の一人、ヘンリー・ゴッダードが書いた『カリカック家──精神薄弱者の遺伝についての研究』でしょう。彼は知的障害者デボラ・カリカックの系譜を独立戦争まで遡って検証し、その障害の原因を、精神薄弱と推定されるホステスに求めます。一見すると実証的な研究なのですが、現在では、直感に頼ったり、証拠となる写真の修正を行ったりと、その杜撰《ずさん》さや悪質さが指摘されています。が、疑似科学だと一笑に付すことができないのは、当時フランスで考案された知能テストをゴッダードや心理学者ルイス・ターマンらがアメリカに導入し、これによって白人と東欧・アジア系移民との知的レベルの差が「発見」され、太平洋戦争の引き金の一つとなる排日移民法（一九二四年）が成立した、という説もあるからです。

正常なる心は正常なる体に宿る

人は人から生まれる、これは──今のところ──自明の理です。生物学的な意味で、人は人以外のものにならない。これは「A is A」（「A＝A」）という分析命題と同様、ある個人については、何も主張していないに等しい。が、AはBに遺伝するといった場合、それが私たちの心を少なからずざわつかせるのは、Aという特定の性格なり体質が不可避的にBという個人に課せられるという、誰も反駁できない決定論のように聞こえるからです。科学ジャーナリズムは定期的に、こうした特質の「発見」を劇的に伝えます。曰く、犯罪遺伝子が見つかった。曰く、音楽愛好家は不倫遺伝子を持っている、等々。実際には一つの遺伝子とは、長大なＤＮＡの塩基配列のうち、特定のタンパク質の作製方法をコード化している一定の読み枠のことですから、犯罪や不倫という「実体」を含意した遺伝子が単独で存在するわけではない。そもそも、何をもって犯罪、不倫と定義するかという前提を問うことなく、こうした決定論をいかにも科学的に実証済みだとみなすことは、それ自体が非科学的な短絡思考に他ならない。単純な病気の発現にせよ、遺伝要因に加えて環境要因を考慮しなくては無意味であるのは自明ですが、糖尿病や高血圧などは多くの遺伝子が複合的に作用して発現しますし、現在では、エピジェネティクスと呼ばれる分野で研究されているように、遺伝形質の発現を、DNAの先天的な内容だけでなく、その後天的な化学変化との絡みで説明しようとする動きもある。DNAそのものが広大な「環境」であって、内的原因とその外的現れが一対一対応している、というような単純な話ではない。にもかかわらず、科学者や医師、カウンセラー、各種の療法士、セラピスト、ケアワーカー、そして何より私たち自身が、「私」の身体の内側に、何か「私」を形成する本質のようなものを特定したがる。

例えばセロトニントランスポーター遺伝子というものがたびたび話題になります。セロトニンとは、人の気分に関係する神経伝達物質で、これが不足すると不安や鬱状態になりやすい、といわれます。セロトニントランスポーターは、この物質の運び屋となり、体内のセロトニン量の調節を行っているタンパク質のことです。セロトニンにはドーパミンやノルアドレナリンを調節し、精神を安定化させる働きもありますから、実際、たいていの抗鬱薬は、セロトニン量を増やすべく、調合されている。セロトニントランスポーター遺伝子がもし特定されれば、セロトニンの体内調整が正常に働いている人とそうでない人とを判別する、大きな指標となるでしょう——これは科学的な説明としては、決して間違っていない。しかしこれは、生まれつき鬱になりやすい人間かどうかを、あるいは、生まれつき「幸福な生活」が送れる人間かどうかを社会が判別し、評価するための「正しい」基準となるでしょうか。

とはいえ、ゲノム研究がさらに進み、個人の体質がより詳細にデータ化され、遺伝子診断がより複雑化すればするほど、個人がどのくらい幸せかという価値判断はともかく、個人が――彼（女）が属する集団の遺伝子プールから判明する平均的数値から見て――どのくらい正常かという事実判断はある程度可能となり、何が過剰で、どこにどういうリスクがあるか、何に気をつけて生活すれば大過なく一生を過ごせるか、個人のバイオグラフィーの、部分化された点検リスト、その予測地図が作成できる。少なくとも科学的な言説は、こう主張するでしょう。

こうした予測に基づき、コリンズは希望《ホープ》という名の架空の女性を登場させ、近未来の生活を描いています。彼女は公的な衛生機関が設立したネット上のサイトに家族の病歴を記載するだけでなく、全ゲノム解析を行い、現時点で判明しているあらゆるリスクを把握し、食生活や運動の管理を行っている。婚約者にも、そして結婚後に生まれた子にもこの解析を受けさせ、日常生活ではスマート・シャツを着ている。このシャツにはセンサーと送信機が埋め込まれ、体調に異変があればすぐに医療機関に知らされる仕組みになっている。私が面白いと感じたのは、ホープの母が死に、彼女が鬱状態になった場面です。そのまま引用しましょう。

> 患者「ホープのこと」のゲノム解析を照会してみると、この種のできごとにとりわけ弱い体質をもっていることがわかった。そして、この状態を改善するのにふさわしく、なおかつホープの代謝特性に合った薬を選んで処方した。ホープは二週間もすると霧が晴れたのがわかった。数週間後には薬は必要なくなった。悲しみはふつうの悲しみの程度に落ち着き、いつもの彼女らしさを取り戻した。*10

優生学史の研究が指摘するように、身体の数値化が様々な分野で本格的に始動し、中産階級が社会の文化的価値基準の中軸を形成することになる二〇世紀は、例外でないこと、不自然さや異常性が認められないこと、平均値に近いこと、要するに「ふつう」であることが、そのまま個人の自然さ――それは、そうであるのが当然という、イデオロギー的な自明さでもある――を保証する指標となった。この流れは今も、そして将来も続くように思います。愛する者の死に際しても平静を保ち、「ふつう」であること、要するに全てにおいて、自分自身のことでさえ第三者のようなまなざし、観察者の視線から気を配り、『何者』の拓人君がそうであったように、その状態を逐一覗き見し、大きく逸脱していないことに安堵すること、ここに科学の、そしてそれがもたらすテクノロジーを貪欲に血肉化する私たちの理想と欲望がある。コリンズの描く未来人のライフヒストリーは、個人のバイオグラフィーとしては実につまらない内容ですが、不安なく日々を過ごすためのノウハウ本として見れば、それなりに腑に落ちる。

矛盾は続く――自然さを信仰し、不自然さを享楽する

遺伝子診断の日常化は、異常者を排除し、「ふつう」で「自然な」ヒトのみで構成される社会の到来を告げるのでしょうか。これには両論あるようです。同意する人は、SF的な同質化された社会のみならず、新たな階級社会が到来するという。なぜなら、逐一診断を受けるためには、それなりに経済的に恵まれていることが必要で、特に国民皆保険制度のない国においては、持たざることが知らざることにつながるからです。かくして、富める者は富める者と出会い、つがい、その血統をますます純粋なものにする。他方で、知らない、知りたくないと表明する者は、そうした態度自体が価値の低さを示すもの、とみなされる（科学者の素朴な想定とは逆に、事実判断が価値判断と不可分であることは明らかです[*11]）。自由が喧伝されるのとは裏腹に、個人が負うべき責任の幅が無制限に拡大する。全ては、知らなかったあなた、もしくは、知りかつ行動しなかったあな

たが悪い、というわけです。

加えて、遺伝子データのグローバルな規模での共有は、宗教や信条、国籍や民族でなく、身体的特性を、人が人らしくあるための最もスタンダードな評価基準に押し上げる。確かに、すでに現在でも、美や好みの統一規格は、大企業と消費者とのなれ合いを通して、あらゆる産業分野で国際的に、しかも国際色を消すような仕方で広まりつつある。世界中同じ味のファストフード、似たような体型のモデルが身にまとうファッションブランド、ハリウッド映画、スマートフォン……具体例はいくらでも挙げられる。考えてみれば私たちは、徹底管理された農工業を通して自らの感覚的嗜好を一様化するだけでなく、動植物の多様性を排除し、私たちが日々消費する特定の種だけを選別し、しかもその種の特定の性質だけを向上《エンハンス》させるよう、長期にわたって操作してきました。遺伝子組み換え作物で世界最大のシェアを誇るモンサント社がもとは化学薬品メーカーだったように、農業自体が工業化してすでに久しい。

先日、地球上に唯一生存していたキタシロサイの雄の死亡が伝えられました。かと思えば、ゲノム編集で肉質が軟らかくなり、肉の量も一・五倍に増えたマダイの特集が経済誌上をにぎわす。優生学が人の尊厳を脅かすはるか以前から、私たちは、動植物をモノ扱いしてきましたし、今もなおそうです。人が人をモノ扱いするのは、そんなに特別なことだろうか――冷めた科学者であれば、ヒューマニストの素朴な道徳観に対し、そう返事するかもしれない。

対して、優生思想に楽観的な人は、まず診断は強制ではなく、それに――近年アメリカで報道されましたが――診断内容によって例えば企業が個人との保険契約を強制破棄できるようになるわけでもない、という。それに診断の複雑化は、「ふつう」の基準の複雑化をも意味する。全てにわたって「正常な」ヒトなど存在しない。ヒトは多かれ少なかれ異常性を抱えている。診断が示すのは、こうしたごく当たり前の真実に過ぎない、と。

どちらの意見も正しいのでしょう。しかし私は、「ふつう」の中身以上に、私たちの「ふつう」への接し方、「ふつう」という隣人をこれまで以上に身近に感じる、まさに私たちの感情の在りように注目したい。

遺伝学者だけでなく、多くの医療関係者が、これから先、私たちの身体への関わりがますます未来志向になる、といいます。実際に病気にかかってから病院を訪問するのでなく、将来そうなると予測される体質変化、加齢とともに発現しそうな病気、そして統計的に想定される余命などを考慮し、先回りする形で生活改善をしたり、薬を服用したりする。あるいはホープがそうであったように、そうした予測データを結婚相手の選択にまで活用する。ふつうである未来、可能性としての「正常さ」に執着する。リアルにふつうである「私」への愛着ではなく、ふつうでありたい、想定外のものを視野に入れたくないという欲望と、その欲望がみせる、ふつうに愛おしい――流行の言い方でいえば、ふつうにかわいい――「私」（という幻想）へのナルシスティックな執着です。

とはいえ、私は先ほど、人はみな異常性を多かれ少なかれ抱えている、という見解に歩み寄ったのではないか。確かにそうです。生物学的意味からいっても、「私」と他者は決して同一ではないし、「私」自身、そのライフヒストリーの首尾一貫した著者である、とは限らない。では、「私」と他者は違うという場合のこの差異を、未来の「私」はどう感じるのでしょうか。よくいわれることに、「ふつう」が支配する社会を生きる私たちは、「私」の個性、「私らしさ」を、他者とのちょっとした差異に求める傾向が強い。要するに想定内の差異だけを味わうというわけですが、これを裏返せば、小さなことだけが気になる『何者』の拓人君のパーソナリティーができあがる。「ふつう」の基準の多様化は、想定外に異質な存在を排除する。会社面接に向かうスーツ姿の若者同士の違いは、せいぜいネクタイの微妙な色合いや模様のバリエーションにしかありません。

他方で、興味深いことに、異質なる世界の非日常性が刺激的なまでに誇張されたストーリーが、そこかしこで、日常的に消費されている。戦争や貧困、差別や不正義、これまで顧みられなかった歴史の「敗者」が取り上げられ、メディアを通じて伝えられる一方で、未来小説やSF映画は、大災害や気候変動、核兵器の使用、異星人の襲来、AIの暴走を饒舌に語ることで、カタストロフィーを、つまり将来の人類の大量死を先取りする——まるで、あらゆる想定外を収集することを通して、想定できないものなどない、と信じこもうとするかのように。こうして私たちの無意識的な不安や後ろめたさが物語化され、スマートフォン越しに覗ける商品となることで、悲劇が劇場化される。曰く、これらは悲しむべきことかもしれないが、よくある話ではある、と。こういう具合に、全てが感情化して受け取られるだけでなく、その受容器自身が鈍磨し、不自然なものを自然で、ありふれたものとしてカテゴライズするよう、器用に変換処理するテクノロジーだけが残される。これは決して未来の話ではありません。前回講義でも触れたように、自らの苦悩を誇張しつつ告白するスピリチュアリストの自伝は、いかに苦しまない人生を送るか、というマニュアルとして消費されています。

私たちは、他者に共感せよ、しかし共感し過ぎることなかれ、と説いたルソーの博愛主義の正統なる相続人です。違うのは、彼が想定したのがスイスの小さな共同体であったのに対し、私たちの場合、この博愛主義の劇場がグローバルな広がりを見せていること、そしてそこでは、おびただしいほどの演劇を好きなだけ楽しめるにせよ、ルソーのように、身近過ぎる他者を気にすることなく、孤独に出歩くことの可能な場所は見当たらない、ということでしょうか。

第15回講義

「私」の残り香
——バイオグラフィーの生理学へ

バイオグラフィーの問題構造を振り返る

政治家が一線を退いた後、回想録のような形で自伝を物すことは、珍しくありません。アメリカの歴代の大統領はそうやって自らの政治活動を——それが正確な事実に基づき、また本当に本人が書いているかどうかはさておき——再現しようと試みますし、そもそもアメリカで最も読まれている自伝は、アメリカ独立宣言の起草者の一人、ベンジャミン・フランクリンの自伝です。とはいえ、政治家の本分が、あとから振り返って何を考え、何を述べたかではなく、現役時代の様々な局面で何を決断し、何を公的に論じたか、その点にあることは、いうまでもありません。

そういう意味で私は、人生の終盤に、いわば改めて人生という部屋に収められた装飾品を見分し、あれこれとなで回し、ソファに座って悠然と部屋全体を眺めるような、観察者然としたエスタブリッシュメントの自己語りには、それが政治家や会社経営者のものであろうと、有名な芸術家や文学者のものであろうと、特に興味を持ちません。それは、そういう語りが副次的なものに過ぎず、まさに自身の生の危機から生を救い出すために、もしくは、今の自分を別のものへと転位させる、別の時空に旅立たせるために、ぜひとも言葉が――言葉につきまとう「傷」とともに――掘り起こされ、呼び出されねばならないような切実さを欠いているからです。私がエドワード・サイードやロラン・バルトの自伝に惹かれるのは、そこに、語りでしか実現されえない何かを感じるからです。

　語りは第二の生を約束するが、他方でこの約束は、第一の生における「信」に裏打ちされている。自分の有限な生が終息したのちも、誰かにそれが届くであろうという信頼に身を委ねつつ、私たちは語りたい、語らねばならないと思う。自分自身が他者のそのような思いを受けとめ、数多くの死者の証言者たらんと考えてきた人間であれば、なおさらそうでしょう。そうやってストーリーの世代間的な連鎖が発生し、伝統やヒストリーをも形づくるようになるのですが、ただし、そうした各自の自己認識（より正確にいうなら、他者についての自己認識）は、それを可能にするのがある種の過剰さである以上、歪みや暴力性を胚胎してもいる。本書で何度も論じたように、「あなた」を「私」が一番よく理解したという思いは、死者を死者として葬送するのに寄与するのでなく、死にきれない亡霊となって「私」に取り憑き、文字通り「私」の生命を脅かし、さらに周囲の者をも巻き込み、際限なく傷口を拡大させる場合がある。

　アリス・ウェクスラーのケースが特にそうだと思いますが、彼女がそうした危機に対峙することは、避けられないことでした。というのは、ハンチントン病に罹患し、社会の側から排斥され、無視されてきた患者たちは、きちんと葬送すらされていない、そういう思いが、単なるセンチメンタルな悲しみでなく、不正義に対する憤りとして彼女を動かしたからです。アリス自身が抑圧してきた沈黙のうちから死者（母であるレオノア）

が蘇り、いくつもの沈黙の正体を暴き出すよう訴えかける様を、私たちは、様々なバージョン違いの悪夢としてアリスが夢見る母子関係に見ました。

けれども他方で、危機的状況にある国家がそうした亡霊の回帰を、国民全体が問答無用に受容すべきものとして制度化し、一つのストーリーに固定化したうえで大々的に利用する様も、私たちは確認しました。それはバトラーがヘーゲルに予感したところでいうなら、「私」が「あなた」を見るのと同じように、「あなた」は「私」を見なくてはならない、という「鏡の論理」です。[*1]

しかし、ここでもフロイトは示唆に富んだ洞察を残している。喪の作業が要請する「あきらめ」、それは他者を理解し、愛することを断念せよ、といっているのではない。あなたは死者を正確に、死者が望んだとおりに――それこそが、あなたに巣食う幻想に他ならない、と精神分析は教えます――愛することはできない。誰もが死者と同化し、死者の完全なる証言者になることはできない。そもそも証言とは、そういうものではない(証言が、単なる事実の写しやデータの羅列でないなら、なおのことそうです)。この含蓄ある姿勢は、例のバルトの「人はつねに愛するものについて語りそこなう」というテーゼにも継承されているように思います。この欠損は、物量的な不十分さではなく、むしろ生と死をつなぐ愛の本質的な部分を構成している、と考えたいのですが、私自身、うまく説明できるでしょうか。

ともあれ、第一に本書を通して強調したかったことは、自分について語ること、その告白の営みは、善かれ悪しかれ、自身の生についての危機意識に端を発している、ということです(この点を見逃すならば、告白は人生の余裕ある成功者の暇つぶしか、一部の文学マニアの好奇心の対象に過ぎなくなる、つまり、語りの持つ根源的で、政治的ですらある暴力性の否認につながるでしょう)。それは人の無意識的な心身のメカニズムのみならず、バイオグラフィーの歴史的な出自にも該当する。告白を告解として、歴史上初めて制度化したキリスト教徒たちは、社会全体がある歴史的な岐路に立っているという危機意識を共有していましたし、それが、まさしくマルクスの「歴史は繰り返す」ではありませんが、無残なパロディーとしてオウム真理教の信者たちの間で再現されたことは、もはや繰り返すまでもないでしょう。

極端な言い方をするなら、人は誰でも、はっきりと正体を同定できないような様々な「亡霊」を内に抱え、様々なるストーリーに巻き込まれており、そしてそこから、その人らしさだけでなく、彼（女）の生き方そのものが発現してくるようにさえ思います。フロイトが健全なる自己愛と位置づけた自我理想ですら、他者（両親）から愛されているはずの「私」（という幻想）を「私」が愛さねばならない、という入り組んだ構成をしていましたし、そこにはそもそも、そのように愛してくれた他者はもういない、という裂け目が刻み込まれていました。野坂昭如の場合、この構図が、いわば逆さまになった形で彼の作家活動を支えていたことが想起されます。幼い彼を突き動かしていたのは、愛されてもいない自分について、他者たちが何かをつぶやいており、それに聞き耳を立て、愛されている自分を演じ、自己物語化し続けねばならない、という衝動でした。ストーリー構成自体が空虚さを抱えながらも、それが自分の唯一のアイデンティティである以上、バージョン違いの「私」をその都度再生産せねばならない、そういう思いが、首尾一貫して彼にありました。空襲を契機とした家族神話の瓦解というカタストロフィーを生き延びた後は、この構図が再度逆転し、彼はグロテスクなまでに破綻した家族を自伝的に描き続けることになったわけです。常識的な見方からすれば倒錯以外の何物でもないのですが、言葉の残酷さこそが、彼には、ほとんど肉体的なまでの生の実感を与え返すものだったのかもしれない。

かくのごとく、自分をどう語るかということは、その人が自分を構成する無数のストーリーとどう折り合いをつけてきたか、それらをどう消化し、どうその消化に「失敗」したかを証言します。ヒストリー自身が抱える生理が存在するのです。

消化されざるものをめぐって

そう、私は知性化、言語化とほぼ同義である「昇華」ではなく、むしろ身体的で、穏やかならざる暴力のニュアンスを隠さない「消化」という言葉を用いたい（単なる知性化、要するに、まるで自分の悩みを第三者＝観察者のように語り、美談化すら行うポーズが、かえって問題を隠蔽《いんぺい》する傾向を有していたことを思い出してください。そうしたポーズが、それこそ臭いものに蓋をするかのように見せまいとしているのは、成功し過ぎる消化プロセス自体に内在する様々な問題ではないでしょうか）。

精神科医の中井久夫さんは「執筆活動の生理学」というタイトルのエッセイを書いています。[*2] そこでは、書くという営みへの心身の構え、要するに気分の問題がモチーフになっているのですが、野坂の場合、書くことだけでなく、書かれた内容にも、作者本人の生理機構が文字通り、表れている様がうかがえました。彼は消化の失敗を隠さないどころか、この失敗そのものを独自のメチエへと練り上げる。戦後の食糧不足を経験した彼の描く物語には往々にして、食べ物が不可欠な要素として登場しますが、そこで「楽しく食べる」という光景がほとんど見られないことは、以前触れたとおりです。食べることは、彼にとっては、容易に嚥下《えんか》できないもの、噛み切れないものに対峙することでもある、と考えてよい。

彼の短編「アメリカひじき」は、「火垂るの墓」とセットで直木賞の対象になった作品ですが、そもそものタイトルは、米軍が残した紅茶の茶葉を家族がひじきと勘違いし、いくら煮ても食えなかった、という戦後期のエピソードに由来しています。さらに、これと同時期に書かれた「ラ・クンパルシータ」では、家を焼き出され、母子だけになった主人公である高志が、遺された家財を一切合財食糧に換え、病的なまでに食べることに執着する様が記述されています。ついに母を餓死同然に失い、他人の家に盗みに入ったところを逮捕され、少年院で動物のような生活を強いられる高志は、同居人である少年たちに奇妙な特技を披露する。それは中学以来の性癖で、一度食べたものを何度も口に逆流させ、牛の如く反芻《はんすう》できるというものです。野坂自身、この特技について他の場所でも書いているので、これは作者本人のリアルな経験とみなしうるのでしょうが、それはもしかしたら、自分が家の子でないのではと薄々気づいた幼少期に淵源するのかもしれない。「小学校の時から、まず上にのせられた海苔《のり》やつくだ煮で飯を食べ、卵焼き蓮《はす》の煮つけ塩じゃけなどのお菜を、昼休み中ちびりちびりと食べる習慣だったが、コッペも一度には腹におさめず、ポケットからひそかにむしりとって作業中も口を動かし、常に食べていなければ口さみしい癖は、この頃《ころ》から高志にあった。」*3

沈黙に耐え切れず、常に口を動かし、飲み込んだものを吐き出し、何とか消化しようと試みる。あれこれと精神分析まがいの詮索を試みることは差し控えますが、確かにこの反復行為には、彼のものでない(が、彼の中に否応なく堆積した)様々なストーリーへの、彼なりの向き合い方が反映しているように思われます。その都度食い合わせを変えるように、様々な家族関係における、これまた様々な「私」を飽きもせず創作する様子、そして自分の過去のそうした「吐き出し方」が、野坂自身のヒストリーにおいて微妙な変化を見せることも、私たちは確認しました。

私がここで主張したいのは、テキストにおける食のモチーフに注目せよ、ということ以上に——確かにこれは、それ自体、文学研究者があまり気にとめない観点ではありますが——、テキストそのもの、特に自己についての語りのうちに、彼(女)が自己自身や他者とどう付き合い、どう関係を築いてきたか、語り手が様々なストーリーを消化し、我がものにする(そして、それに挫折する)過程が透けて見えてくるのでは、ということです。それは、言葉の問題を身体の問題に、文学を科学に還元することとは全く違う。臭いものに蓋をする、という慣用句を再度持ち出すと、言葉は「蓋」たらんとします。それが言葉の持つ志向性ですが、私は、この蓋をするという構造自体に、何がしかの「臭いもの」を感じずにはいられない、ということです。

食といえば、第1回講義で論じた『何者』にも、頻繁に食べ、飲むシーンが登場します。学生たちの日常を描いているので、それは自然な流れかもしれませんが、私はその書き方に、妙ないらだち――生理的にいうなら「ムカつき」――を感じてしまう。例えば拓人君のモノローグを無作為にピックアップしてみましょう。「串焼きの盛り合わせは、一度すべての具材を串から抜くのがスタンダードだと知ったのも、あのとき［大学入学時］だった。」「まかないで食べたたらこクリームのシーフードパスタが、胃の中でどんどん消化されていくのが分かる。（中略）麺類ってどうしてこんなに腹持ちが悪いんだろう。」「スーパーに入り、チャーハンの素と、豚肉のバラと、納豆と、牛乳を買う。それぞれの品物が置かれている場所はもうわかっている。俺は星と星をつないでいくように、スーパーの中を慌ただしく動く。俺が歩いたところを線で繋いでいけば、「ひとり暮らし」という星座ができそうだ。[*4]」――以前にも論じましたが、ここには、小さいこと（だけ）に気がつく拓人君の中途半端な自意識の一端が表れている。が、彼のその観察眼をからかい半分にほめそやす友人も、自作の「ズボラ飯」について一言述べずにはいられない。「お前ら知らないだろ？　パスタに使うインスタントのミートソース、あれってカレー粉が入ってないだけでキーマカレーの材料とあとは一緒なんだぜ」「プリンって、フレンチトーストを作るための材料と実は全く一緒なんだよ。だから食パンの両面にぐちゃぐちゃにしたプリンを塗りたくってそのままフライパンで焼けば、フレンチトーストのできあがりってわけ～♪[*5]」

そうしてできたものに対して「まるで個人経営のカフェで出てくるメニューみたいだ。」と感想を漏らす拓人君も[*6]、どこまで本気でそう感じているか分かりません。いずれにせよ、既製品が別の既製品になったに過ぎないわけですから。それを個性あるメニューのように感じさせるのは、ほんの小さな工夫、しかも、インターネットを開けばどこにでも転がっていそうな、ありきたりのアイデアでしかない。飲み食いは、この作品の本質的部分を構成してはいない。にもかかわらず舞台装置として登場するのは、それが、就活という不透明な経験に向かう学生たちに了解済みの世界、安定した価値観を確証させるに必要な道具立てだからではないか。既製品をそのまま飲み食いするだけなら味気ないということで、ひとひねり加えられていますが、出来あいのものに挿入されるちょっとした「差異」に一喜一憂する傾向は、自分のごく身近な世界にしか興味のない現在の私たちの心性をよく表している。私のいらだちの正体は、私自身がそういう差異とだらしなく戯れていることへの、それこそちょっとした自己嫌悪なのだと思います。

ちなみに『何者』で唯一、食べ物の「味」が記述されているのは、喫煙所で拓人君が煙草を吸うシーンです。「俺は、滅多に煙草を吸わない。うまくいかないことが多かったり、自分の中で何かが片付かなかったり、そういうときにしか煙草を吸いたくならない。[*7]」――片付かないのは、就活がうまくいかない自分の状況だけではありません。知り合いのいない喫煙所で、他人のあら捜ししかできない自分と、ようやく向き合う。そのとき味わう煙草の「香ばしく苦い香り[*8]」は、半端な観察者である自分の「嫌な臭いのするような悪意[*9]」を想起させると同時に、これをごまかすためのツールでもある。

消化から消費へ

思わず一昔前に流行した「差異の戯れ」というポストモダン用語を持ち出してしまいました。当時は意外と肯定的な文脈で使われていたのですが、今の私の議論の中では、狭い範囲であら捜しに夢中になること、くらいの了解で結構でしょう。あるタイプの人間には、この才能が無際限にあります。持ち物が外車でなく国産車であれば文句をつける、外車でもベンツでなければ、ベンツでもSクラスでなければ……とキリがない。『何者』に登場する理香さんにもまた、内定をゲットした就活仲間に対して、いちいち鼻白む台詞を挿入せねば気がすまないところがありました。総合職じゃなくエリア職なんだ、とか、どうだろう、出版社って今厳しいって聞くけど、といった具合です。いずれにせよ、突き抜けた人間を許容できない、視野の狭さがそこにはある。

あら捜しへの欲望は、逆にいうなら、それを行う本人自身が、小さな部分だけにこだわり、大きな部分にはそもそも無理解・不寛容な、そうした「仲間内の視線」を内面化している、ということでもありましょう。就活を選択しなかった知人に対して拓人君が抱く悪意は、彼の小心ぶりを見事に表しています。演劇一本で生きていく、と決めたかつての友人に彼が「つまらん」とか「プロの世界は甘くねえぞって誰か言ってやれよ」とツイッターの裏アカウントで呟いていたことは、以前触れました。この陰口も、誰に聞かせることもなく自分に向けているのですが、この自分もまた、発言する者としての当事者感覚はない。誰か言ってやれよ、の誰かは自分ではない。が同時にこの誰かは、自分と同じ価値観を共有するはずの誰かだ、という暗黙の前提が、彼にはある（彼の裏アカウントの示す匿名性は、これを如実に物語っています）。

さらに仔細に分析しましょう。自他ともに認める観察者である拓人君ですが、観察とは彼にとっては、見知らぬ事柄と距離を置きつつ、これを冷静に、孤独に観察することとは全く違う。そうではなく、事柄に近づき、そこに容易に処理できる問題だけを見出すが、近づき過ぎることもなく、多分自分でない誰かが、自分と同じように観察しており、自分が思うように行動してくれるはずだと想定し、主体的な行為を先送りするのが彼です。それはある種の「覗き」に近いのですが、そこには野坂の場合のような、事柄から自分は一切排除されているという、除かれ者としての孤独な意識は一切ない。壁越しというより、スマホのカメラ越しに、皆が事柄との程よい距離――自分は傷つかないが、傷ついた相手を見ることで、何もしていない自分の良心のやましさをごまかせる距離――を保持しつつ、些細な論点の違いだけを匿名で呟きあっている、といった具合です。まさに現代の自己愛的パーソナリティーの構造を如実に表している、と私には思えるのですが、これが消化の問題とどう関連しているのか、改めて考えてみます。

規定のプログラムを消化する、といった言い方があります。同じように、知識を吸収する、もしくは価値観を取り込み、我有化する知的プロセス（例えば超自我の形成）についても、生理的なニュアンスは無視できません。それは単に生物の身体構造に類比的な事態として、これを比喩的に表現したものではない。取り込みの失敗は、実際に心の不具合を引き起こすのみならず、心身の生理的バランスそのものを狂わせます（母についての無意識的幻想が、不規則な経血の流出を招いたマリ・カルディナルのケースを想起して下さい）。少なくともはっきりしているのは、人間にとって消化吸収のプロセスは、心――要するに知的営み――をも巻き込んだ社会的行為である、ということです。

差異の戯れという現象と関連づけるなら、消化は、「消費」という行為と合わせて考えるべきかもしれない。その特徴は、まずもって記号に対する物神崇拝的な志向にあります。国産車よりベンツ、と無条件に考える人にとっては、車の機能的優劣――マルクスのいう使用価値――など問題ではない。ベンツという、あるいはSクラスという記号が冠されているかどうかが重要なのです。そこで商品として消費されるのは、ベンツという記号が他の国産車に対して誇示する（と所有者が想像する）差異、要するに、ある種の剰余価値への幻想そのものです。

消費には、今挙げたもの以外に、様々な特徴がある。際限のなさ（記号の消費は、純然たる食べ物の消化と違い、物理的には限界がない）、画一性（いうまでもなく商品とは、それが高級車であろうと、大量生産されたものに過ぎない）、快楽、それにスペクタクル性、等々。最後の二つについては、ジャン・ボードリヤールの考察が今でも参考になるでしょう。

ボードリヤールはマス・メディア全体を、人々を消費に駆り立てる巨大な記号体系と捉えました。そこで消費されるのは、言葉だけでなく、映像やイメージに込められるメッセージなのですが、そこには、それを目にし、読解する者に、まさに自分が「現実」の核心に居合わせた、と思わせる効果がある。そしてこの効果のより重要な点は、現実に近づき、その当事者となったという幻想によって、人々を当の現実から遠ざけ、観察者としての安定したポジションを保証することにある。

ボードリヤールはカタストローフ（破局）の眩惑、と呼んでいますが、メディアが供給する記事には多かれ少なかれ、極論めいたメッセージが含まれている。政治の腐敗、経済の行き詰まり、教育環境の、家族関係の、人々のモラルの瓦解……。ある事件が報道され、すぐさま、これは社会の病理を象徴する事件ではないか、とコメントが付される。戦争がいつ勃発しても不思議ではない状況だ、という識者の見解が添えられる。すでにそこでは、破局が「現実」として想定され、イメージされ、先取り的に消費されています。商品としてのカタストローフ——それは大災害や核戦争、人類の大量死より後の世界を好んで題材にするクリエーターにとっては、すでにありふれたモチーフと化している——は、現実よりも現実らしい意味内容によって、何も起こらない私的空間において、海のはるか彼方で起きたことの全てを見聞きした、と視聴者に思わせる。「劇画的にいうなら、それはヴェトナム戦争の映像を前にしてくつろぐテレビ視聴者の姿である。」[*10]

一方的に編集され、物語化された「現実」は、高級車といえばベンツ、といった記号性を帯びている。例えばハリウッド映画では最近まで、テロリストといえばアラブ人、と相場が決まっていました。しかしこうした記号性に加えて、メディアの伝えるメッセージに特徴的なのは、その身体性です。つまりメッセージの主軸となるのは、例えばテロの場合、テロがどういう政治的背景・地政学的な関係から生起したのか、という抽象度の高い考察内容ではなく、まずもって傷つけられ、殺された犠牲者の生々しい顔や声であり、視聴者に対して、同情や義憤をダイレクトに惹起させるショットです。

こうなると、視聴者の興味は、この犠牲者、つまり特定の個人がいかにして救済されるか、ということにピン止めされます。義憤は、問題となっている事柄全体に深入りすることなく、矮小化され、それこそ単なる感情的反応として終息する。しかも犠牲者のショットというのは、劇的で残酷な場面ではありますが、刺激的なものは得てして、長続きしない。それは、いわゆる感動ポルノ的な物語が——障害者を扱おうと、人の生死の問題を取り上げようと——生理的に割り切れない感情を視聴者に残さないよう、妙に清潔で、晴れ晴れしいほどのカタルシスをもたらすべく編集されていることと、どこかで重なっているように思われます。血なまぐさい部分を注意深く排除した映像は、病的なものでさえ商品として、享楽の対象にふさわしいものへと仕上げる。

思わずルソーを、そして彼の同情論や劇場にまつわる考察を、再度取り上げたくなるところです。ただし彼が最終的に行き着いた境地が、人畜無害な自然美との戯れだったのに対し、現代人は、美的対象と出会うために外に出かけることさえしない。投資され、数値化＝ランク付けされ、予測され、観察され、管理され、そうして美にとって、もしくは美のみならず医療と宗教、さらには、政治にとってさえ最も興味関心ある対象となるのは、「私」の身体そのものです。ボードリヤールは、脂肪をそぎ落とし、洗練された機能美を誇示するファッションモデルたちが、むしろその身体機能を発揮し、使用することは期待されず、静物画的な観賞の対象となっているという矛盾を指摘します。過剰なダイエットが生理現象を阻害するように、身体の表層への愛着は、肌の下の生体メカニズムを変動させると同時に、これを覆い隠す。痛みや汚れに深入りすることを避ける消化＝消費行動は、ついには、自身の生理機構そのものの否定に至る。「消毒、殺菌、予防などの肯定的幻覚だけでなく接触、感染、汚染などの否定的幻覚を伴うあらゆる形態の衛生観念は、「有機体」としての肉体を、とりわけその排泄・分泌機能を追放する傾向にあり、消去法に従って、なめらかで、無傷で、性欲をもたず、外部からの攻撃から隔離され、そのために自分自身からも守られたモノとして否定的に肉体を規定しようとしている。[*11]」

「私」のうちに内面化された道徳的な価値体系を「超自我」と呼ぶなら、社会の変化とともに、この超自我の内実も変動しつつある、という議論が社会哲学や精神分析の分野でたびたびなされます。まず、誰もが共通して尊敬したり、場合によっては命を預けたりする際立った英雄的個人や権威ある国家の不在、リオタールのいう大きな物語の終焉という現象がある。その後にくるのは、自閉症的な「小文字の法」がタコツボのように乱立する社会です。[*12] ここでは、身内にだけ通じるルールを盲目的に遵法するという不寛容さ、別言すれば、融通が利かず、機知や皮肉さえ通じない朴訥《ぼくとつ》なメンタリティが幅を利かせる。加えてこのメンタリティは、法体系のような抽象度の高い象徴性を備えているというより、記号的に消費可能な身体イメージへの執着によって特徴づけられる。これをスラヴォイ・ジジェクは、ラカン的用語を用いて、象徴界と想像界の癒着と捉えました（フロイト的にいえば、超自我とエスの癒着であり、事実上、超自我という審級の機能不全を意味します[*13]）。

例えばそれは、ナショナリズムに目覚めた若者が、国家や近代史に関する複雑な議論などに見向きもせず、身体に刻んだタトゥーや民族服によって自己のアイデンティティをストレートに主張する、という傾向に表れている。コスプレ化したナショナリズムは、言論という、伝統的には男性が独占していたはずの知のツールの退潮を物語っている。代わって支配的なのは、全てが身体の表層で展開される消費の快楽に還元される風潮であり、ボードリヤールやジジェクにいわせるならば、社会の女性化（＝男性原理の去勢化）です。が、他方でこれを、女性的なものの男性化（＝脱セクシャル化）と捉える見方もある。[*14] というのは、全てが可視化され、記号化され、ポルノ化された身体は、男性的な趣味嗜好に資するもの以外の何物でもないからです。

最小の消化＝消費で永遠の「私」を――バイオグラフィーの極北

見知らぬ土地に足を運び、そこで経験し学んだ実質ではなく、「海外留学」という記号の付された「私」というキャラ設定が消費される――この風潮は、世界に関する私たちの認識の仕方を左右する以上に、私たちの存在の形式に深く浸透しつつあります。身体のコード化は、単にイメージの問題ではありません。私たちが普段食している動植物が遺伝子レベルで手を加えられ、その成長や生殖がコンピューターに書き込まれたプログラムに従って自動管理されているように、人の生殖行為や成長プロセス、さらには世代間のつながり《コード》そのものが、グローバルな規模で共有された「正常性」コードに従って編成されつつある傾向を、私たちは前回の講義で確認しました。

単なるSF、と小馬鹿にできないのは、近未来に関する言説が、私たちの日常を潤す商品としてすでに消費されており、かつ、私たち自身が日常のあちこちに、未来への先取り的な投資を促す様々な制度を配置している、という現実からも明らかです。

「母さんは何でもとり仕切る。ナサニアルの人生をとり仕切る。そしてすべてはうまくいく。*15」ロビン・ベイカーの『セックス・イン・ザ・フューチャー』に登場するプロテニス選手ナサニアルは、同じくテニスのトッププロだった「父」の精子を母が購入し、体外受精することで生まれました。そして現在、ナサニアルとその母は、パソコン上の「生殖レストラン」と称するサイトを通じて、同じくプロテニスの有望な女性選手から卵子を購入すべく、色々と物色しています。母はこの卵子と、ナサニアル自身の精子を用いて孫を出産し、息子同様のテニス選手に仕上げることを夢見る。かたやナサニアルはというと、女性選手たちとのセックスに夢中で、テニスの手ほどきも子づくりも母まかせ、という状況。この物語に登場する男は、女から見れば単なる精子提供者であり、男自身としては、射精の快楽にしか興味はない。テニスプレイヤーという記号の保持、そしてインポ知らずのペニス《ファルス》のイメージの維持へと、男女の働きは腑分けされ、人としての生理機構が極端に切りつめられていることがうかがえます――それ以外の要素は、ナサニアルとその母にとっては無駄以外の何物でもない。かくして、異なる性、異なる他者の侵入はブロックされ、汚染やノイズのない同一の生、同一のバイオグラフィーの、ほぼ永続的な複製が可能となる、というわけです。

バイオグラフィーの可能的未来を描出した作品として、最後に、ミシェル・ウェルベックの小説『ある島の可能性』を紹介しましょう。

〈第一減少〉と〈第二減少〉、つまり二つの水爆の爆発による大洪水と、その後に生起した大乾燥によって人類が激減した二〇〇〇年後の未来、生き延びたネオ・ヒューマンたちは、修道院に引きこもっていたかつての中世の信者のように、外界から隔離されたコロニーで孤独に生活している。孤独といっても、彼（女）らはインターネットを通じ、互いに会話し、顔を見せ合うことも可能です。

未来の生存者たちは、永遠の生を夢見て自身のDNAを、ランサローテ島に本部を置く信仰教団〈エロヒム〉に捧げた者たちの子孫です。彼（女）らが旧人類に比べて著しく構造変化を遂げているわけではない。初期に施された遺伝子改変――それは最低限の水や栄養分での生命維持を可能とし、また触覚の感度を若干落とす、というものでした――が全てで、それ以外の抜本的な改革といえば、ネオ・ヒューマンの再生産機構に関わるものです。つまりある「私」が死ぬと、そのシグナルがセントラルシティに送られ、そこを管理する〈至高のシスター〉のプログラムに従い、数日後には「私」と生物学的には同一の「私」が作られ、後継者としてやってくる。この本に登場するダニエル24と25は、初代のダニエル――かつて旧世界で売れっ子のシナリオライターであり、創設時からのエロヒムを知る人物――から数えて二四、二五代目に当たるコピーです。

様々なダニエルたちは、死ねば別のダニエルが来ることを知っている。彼らが日々行っていること、それは自伝の執筆、それに先代たちの残した自伝への注釈です。未来のシナリオが分かっている「私」にとって、学ぶに値する対象は、「私」以外に存在しない。初代のダニエルは、贅沢と愛欲にまみれ退廃的な生活を送り、最後には若い愛人に捨てられ、老いと性的不能《インポテンツ》への不安のうちに自殺します。彼の後継者たちは、このカポーティーの出来損ないのような人間から何を学ぶのか。セックスやアルコールへの過度な依存に顕著なように、ダニエル1の感情の浮き沈みは激しいものだった。それもこれも、何かに愛着を持たずにはいられない彼のメンタリティがゆえである。彼の人生記がそれを雄弁に物語っている。しかし、注釈を重ねるなかで、彼の子孫たちは、解消されざる様々な感情や想念――ダニエル1のテキストはまさにその、消化しきれないものの痕跡であり、その集合体に他ならないのですが――の無意味さを学習し、割り切れないものなど何もない自伝をいわばその上書きとして残し、次の世代にパスする。そうして学習を重ねるなかで、自伝は単なる生活の記録、特に際立った出来事のない日々のデータ目録となり、様々なダニエルはこのデータそのものに近似してゆくが、それこそが〈至高のシスター〉が夢見る、完全なるネオ・ヒューマンの理想なのです。ダニエルたちは、来たるべき〈第三減少〉に備えて、痛みも笑いもなく、涙を流すという生理的反応もなく、ましてやセックスへの欲望などさらになく、最低限の身体的反応だけで生きてゆける人間になる途上にいる。「あらゆる集団が消滅し、あらゆる種族が散開したいま、我々は自分たちのことを、それぞれ孤立しながらも、互いに似通った存在と認識している。しかしながら我々にはもはや、ひとつになりたいという欲求がない。*16」それぞれが自分の住まいに引きこもりながらも、孤独感に苛まれることはない。まして、他者の生活を覗き、深入りしようという過度な期待を抱くこともない。

ルソーはかつて、過剰なる愛へと人を誘惑する演劇を忌避し、自然に発生する（と彼が捉える）祝祭劇に、全ての者に愛が適量に分配される理想的なエコノミーを求めました。けれどもウェルベックの描く未来では、そうした博愛主義ですら、不経済がゆえに排除される。「私」が涙し、同情する相手は、他者ではなくかつての「私」であり、その感情の発露も、後続する「私」の自伝では目立たなくなり、それを読むさらに次世代の「私」では、なおさら目につかなくなる。

実際、バイオテクノロジーによる予防診断によって、異常なるものの侵入の可能性の目を先手先手を打って巧妙に摘み、正常さから逸脱したものが私たちのまなざしに入ってくることすらなくなれば、私たちは、他者に配慮すること、他者の境遇を過度に憐れむこと自体、しなくなくなるかもしれない。つまりジャック・アタリが予見していたように、[*17] 劇場の可能性そのものが消失する。というのは、「私」は決して他者がこうむるような不幸を味わうことがないからです（ルソーやアウグスティヌスによれば、他者はかつての「私」、あるいは将来そうなるかもしれない「私」を映し出す鏡でしたが、未来においては、この鏡でさえも不要になる、というわけです）。

「私」は「私」があらかじめ引いたレールを、その上だけを歩む。ダニエルは、その生活が最低限の消化プロセスで維持されているように、最小の物語を消費するだけでよい。そしてそれが完全に遂行されるとき、物語もまた、長きにわたる役割を終えるでしょう。「僕の生活を構成する出来事は、非常に限られている。小さな恩寵（陽光が鎧戸のあいだから漏れ入ってくるだとか、北からの突風が、不穏な形の雲を吹き飛ばすといった現象）でもあれば十分だ。（中略）我々は変転に終止符を打っており、すでに限りのない、終わりのない静止状態に入っている。[*18]」ダニエル24は安楽死同然に生を終え、ほんの少しの悲しみの後で、ダニエル25が送られてくる——。

けれども、そう、ダニエル25はコロニーを出るのです！　マリー23という、彼がコンピューター上でしか会話したことがない女性が自身のコロニーを出たように。彼女はかつてランサローテ島のあった場所にいると信じる、ネオ・ヒューマンたち――〈至高のシスター〉の夢を裏切り、コロニーでの永続的な蟄居《ちっきょ》と学習を選択しなかった者たち――のもとへと赴いたのでした。

ダニエル25が出発する明確な理由を、ウェルベックは記していません。マリー23に会いたいわけでもなさそうです。ダニエル25は旅の途中、野人とのコンタクトに失敗し、唯一の友である飼い犬を失い、それでも、マリー23の残したチューブを偶然拾い、誰に宛てたわけでもないそのメッセージを読む。そして彼はチューブを地面に戻し、特に感慨に浸るわけでもなく、だが旅を再開し、ついに巨大な水たまりと化した海に出る。「太陽の下で、星明かりの下で、長らく海に浸っている。ぼんやりとした、栄養にまつわる、ささやかな感覚以外、なにも感じない。幸せが実現することはありそうにない。世界は期待したようなものではなかった。僕の体が僕のものであるのは、ほんの束の間だ。僕が示された目標に達することは、けっしてないだろう。未来は空っぽだ。それは遠くにかすむ山だ。僕の夢想は、感情らしきもので満たされている。僕はここに在りながら、もはやここにはいない。それでも生は実在する。[*19]」

「私」という制度の淵を覗く――ためらいながら、だが執拗に

もう少し述べて、本書全体を締めくくりましょう。

「われわれの身体各部にある脂肪、われわれの魂の厚みのうちに待機している記憶、これらは貯えられた資源の手本であり、われわれの産業はこれを真似たのである。」――ボードリヤールによれば、こんな言葉をポール・ヴァレリーは残しているそうです。[*20] 産業のメカニズム、そしてそれと結びついた、人ならではの消費行動、それはやはり、ある種の余剰物から生まれた。生存に必ずしも必要でないその余剰、そこにヴァレリー

は脂肪とともに、記憶を含ませる。人間が作り出さなければ歴史はないし、史料は、そのあるがままの姿では、悉《ことごと》く物質である、という小林秀雄の言葉が思い出されます。[*21] 記憶、思い出とは、生物としてのヒトから逸脱した人の生につきまとう、根源的な「灰色の領域」です。

かくして「私」は、「私」のものか判然としない無数のストーリーを、まさに「私」に宛てられたメッセージとして読み、その灰色で曖昧な領域に、あえて自身を巻き込ませる。そうして人は、慣れ親しんだ土地、「故郷」を追放される。それで正気を失い、一生を棒に振る者がいれば、商品として提供される他者の苦悩を少し覗いただけで、他者を知り、その苦悩から「私」の生存に必要な教訓やノウハウ、要するに栄養分だけを摂取し終えた、と思いなす者がいる。

後者に関していうなら、人ならではの消化＝消費の仕方がある、この視点を私は、特に現代社会全体に拡張する必要を感じています。社会全体が、化け物じみた生理機構を形成しつつある、という認識を忘れてはならないからです。繰り返し論じてきたように、マス・メディアに代表される文化産業はできるだけ大量の人間から、できるだけ短期間のうちに涙と同情を引き出す物語製造マシーンと化し、産業と提携したバイオテクノロジーは、これまた大量の人の胃袋に供するよう、生-資源《ビオ・キャピタル》としての動植物を遺伝子レベルで操作し、管理し、そのバイオグラフィーを日々書き変えつつあり、その動静は人の社会をも確実に変えようとしています。けれども他方で、社会自身が「食通《グルメ》」を自称するこの狂乱じみた消化＝消費の成功体験——全てが「なれ親しんだ快楽」へと収斂し、慣れ親しんだ土地と化すという倒錯——からこぼれおちるもの、「正常な」者たちから見ればできそこないの存在、消費されざる売れ残り品、糞尿以下のゴミ、さらには観客のいない風景、打ち棄てられた土地があり、かてて加えて、消化しそこない、打ち棄てようにも人がまごつく、人自身が作り出したゴミがあります。大量の核兵器、それに放射性廃棄物がその典型であることを、私たちは三月一一日のあの日、改めて思い知らされたはずです。私たちはそこに、人の生存という業が生み出した、苦々しくも忘れがたい自分自身の残り香を感知するのではないでしょうか。

　人々を型通りのナルシスティックな消費の快楽へと繰り返し誘う、美しく整えられた肉や皮膚の表面ではなく、数字や記号の羅列でもなく、そうした公認済みの制度の「淵」に、当の制度の束縛的な暴力を告発してやまない、生命の蠢《うごめ》きを認識するべきでしょう。私はかつて、水俣病を扱ったユージン・スミスの写真の中に、何やらロールシャッハ・テストのような図像があるのを目にし、最初は気にもとめていませんでしたが、後でそれが、工場廃液に含まれる水銀に侵された小児の脳の断面だと気づき、自らの無知と不注意に愕然とした覚えがあります。委縮し、隙間だらけになったその脳の写真は、社会が個人の生命に加えた暴力をこの上なく雄弁に伝えます。しかし、この写真集が他ならぬ私に穿ち残す意味とは、何なのでしょうか。私自身、水俣についてほとんど何も知らないし、これからもそうかもしれない……。

　おそらく、私同様、皆さんも、何かについては当事者ですが、それ以外については、圧倒的に非当事者、関係のない者であり、観察者ですらない、そういう自覚のもとに生きている。であれば、なぜ人は知らない土地に赴き、知らない言語を学び、知らない者たちのストーリーに共感し、毒とも薬とも判別の難しいそのストーリーを自分のものとして嚥下し、またそれを、自分なりの咀嚼《そしゃく》と反芻の後に、まだ見ぬ未来の他者に託そうとするのか。チッソの工場が雇った暴漢に襲われたスミスは重症を負い、片目を失明しますが、それでも水俣の真実を撮り続けました。このカナダ生まれの異人の執拗さ、水俣への愛着は、彼の妻が日系人であるということだけで説明がつくのでしょうか。

　無論、全てについて当事者の立場に立つことは不可能ですし、本書で明らかにしたように、表象《リプレゼント》＝代表の枠組み——つまり、永続的な再現《リプレゼンテーション》（という幻想）——からの逸脱にこそ、むしろ、当事者性の「真理」がある。私たちは、常に淵を歩いている。スミスの写真に浮かび上がる、あの脳の隙間、暗がりもその一つかもしれませんが、それこそまさに、消化されざるものに特有の舞台だといえるでしょう。私は最後に、私たちにとって最も身近な暗がりがこじ開ける「劇場」について触れておきます。つまり、夜、そして夢について。

日常の繰り返しに必要な休息が生体機構に与えられる、まさにその時間が私たちにとって断絶そのものであり——当然ですが「私」は寝ている「私」を意識できないし、根本的なことをいうなら、床につく「私」がその「私」のままに翌日に目を覚ます保証は、どこにもない——、あまつさえそこに、意図せざるものの生起、「私」が自明なものとして受け入れているバイオグラフィーの文脈を揺るがすノイズの発生が確認できることは、考えてみれば不思議なものです。「我々にとって夜はもはや、恐怖に打ち震えるものでも、エクスタシーに打ち震えるものでもない[*22]」とダニエル24はいいました。ダニエルというコードが永遠に続くことを知る彼は、明日自分が目覚めることなく、そのまま一生を終えるかもしれないという恐怖とも、他者との心身の交接という、自分の内側をさらけ出すことを代償として贈与されるエロスの経験とも無縁の存在となってしまった。いかなる意味でも夜は、彼にとっては、それまでの自分との連関を断ち、地続きでないものへの目くるめく跳躍が呼びかけられる舞台ではありません。けれども、ダニエル25がコロニーを出ることになったのは、おそらく、彼がマリー23と初めてコンタクトをとった日に夢を見たことと無関係ではないのです。その夢に登場する老人は、雪に埋もれた杭のまわりに根気よく穴を穿ち、世界を統べる光ファイバーのケーブルを切断する。「この老人を突き動かしているのは具体的な動機ではなく、本能的な強情さだ[*23]。」

このメッセージは「私」宛てのものだ、そういう夢を、他者と「私」をつなぐ根拠なき「呼びかけの光景」を、おそらく「私」は垣間見るのでしょう。それは悪夢かもしれない。引き受ける必要のない幻想、「私」が作り出した他者の亡霊かもしれない。しかし夢についての語りは、目立たないが着実に、単に夢見るのとは違う跳躍――昼から夜への跳躍とは異なる、今度は夜から昼への、またしても根拠なき跳躍――を促します。それを支えるのは、夢を単なる夢で終わらせまいとする信念であり、人ならではの愛着です。この二重の跳躍を欠いては、歴史は存在しないでしょう。過去が単なる過去であることをよしとせず、ストーリーを再生させるために、ヒストリーの暗がりをためらいながら、だが執拗に散策する、旅する者の「長きまなざし」（アドルノ）がそこにあります。

注

■はじめに

＊1　Paul John Eakin (ed.), *The Ethics of Life Writing*, Cornell University Press, Ithaca/London, 2004, p. 14.

＊2　Peter Alheit, Morten Brandt, *Autobiographie und ästhetische Erfahrung. Entdeckung und Wandel des Selbst in der Moderne*, Campus, Frankfurt a.M./New York, 2006.

＊3　小此木啓吾『自己愛人間――現代ナルシシズム論』（朝日出版社、一九八一年）。

＊4　朝井リョウ『何者』（新潮社、二〇一二年）。

＊5　同前、二四八頁。

＊6　Christine Delory-Momberger, "Herausforderungen, Widersprüche und Risiken der »biographischen Gesellschaft«," in : Heidrun Herzberg und Eva Kammler (Hg.), *Biographie und Gesellschaft. Überlegungen zu einer Theorie des modernen Selbst*, Campus, Frankfurt a.M./New York, 2011.

＊7　ミシェル・フーコー『性の歴史Ⅰ　知への意志』（渡辺守章訳、新潮社、一九八六年）。

＊8　日本における近代的な告白文学の先駆けとなったのは森鷗外の『ヰタ・セクスアリス』――ラテン語風のタイトルで、性的な生活、くらいの意味――ですが、鷗外はそこで、明らかに自身をモデルにした主人公に自らの半生を振り返らせるとともに、最も内面的な事実、つまり自身の性生活や初体験についての告白を行わせています。その意味で『ヰタ・セクスアリス』は、フーコーの語る西洋的な知の伝統を、その変遷も含めて忠実になぞっている、といえるでしょう。

＊9　自伝的営みの変遷をどう区分するか、またそれぞれにどういう特徴づけを与えるかという問題は、文学作品に限ってみても、途方もなく複雑で、また論者同士の意見の一致をみないテーマです。先述したアルハイトは近代以前のフォーマット、近代初期のフォーマット、古典的な近代のフォーマット、近代以後のフォーマットという具合に、四つの道標を用いています（いうまでもなく、これらはあくまで道標であって、それぞれの時代にはただ一つのフォーマットに当てはまる作品群しか存在しない、というわけではありません）。またウイリアム・スペンジマンは大胆にも、自伝は中世初期（つまりアウグスティヌスの時代）に興り、一九世紀にその表現形態を出し尽くした、と論じています。彼によればこの間、自伝は歴史的な説明から哲学的な精査へ、そして詩的なフィクションへと、形を進化させてきたことになります（ウイリアム・C・スペンジマン『自伝のかたち――一文学ジャンル史における出来事』船倉正憲訳、法政大学出版局、一九九一年）。私の立場としては、詳細な歴史叙述を行うと

いうよりも――それほどの技量や知見もありませんので――その時々の時代状況と密接に絡み合った制度に注目し、自分を語るという行為に当人がどう巻き込まれていったか、どんな具合に――ヘーゲルの物言いを借りるなら――時代精神（Zeitgeist）と取引することになったのか、そのドラマを瞥見することに力点を置くつもりです。

＊10　本書の第8回講義を参照。

＊11　先述したイアキン編集の論文集（注1参照）は、自伝テキストの具体的分析を通じて、物語るという行為に潜む様々な問題点を考察したものです。書くことは常に特定の立場、特定の状況、特定の言語から出発するしかない。ゆえに書く主体と書かれる対象との間には、力の不均衡が生じざるをえない。特に自伝という営みに関していえば、絶対的に中立な立場などありえない。この「有限性」をどう考えるべきか、倫理的にどういう評価が可能なのか――イアキンの論集は、こうした問いへの解答の可能性を多角的に呈示する、その意味でとても優れた論集です。

＊12　野家啓一『物語の哲学――柳田國男と歴史の発見』（岩波書店、一九九六年）。後に野家さんはこのテーゼの問題点を認め、文庫本として増補した新版『物語の哲学』（岩波現代文庫、二〇〇五年）のあとがきの中で「新たなテーゼは（中略）「物語りきれぬものは、物語り続けねばならない」とでもなるであろう。」（同前、三六五頁）と大幅に修正しています。

■第1回講義

＊1　朝井リョウ『何者』（新潮社、二〇一二年）三頁。

＊2　同前、二〇二頁。

＊3　同前、二五二頁。

＊4　同前、二六四頁。

＊5　同前、二六五頁。

＊6　同前、五頁。

＊7　同前、一二頁。

＊8　同前、一四五頁参照。

＊9　同前、七頁。

＊10　同前、一五頁。

＊11　同前、一六頁。

＊12　同前、一七五頁。

＊13　同前、二六〇頁。

＊14　同前、二七三頁。

＊15　同前、二七六頁。

＊16　同前。

＊17　同前、二七八頁。

＊18　同前、二七一頁。

＊19　現代フランスを代表する精神分析家・哲学者ジャック・ラカン（一九〇一－一九八一）は「欲望とは他者の欲望

のことである」という言葉を残しました（「欲望は、それが他者に認められることで初めて意味を持つ」という別バージョンのテーゼもあります）。極めて難解な思想家としても知られるラカンに立ち入ることは、私の講義では差し控えたく思います。とはいえ、ラカン的テーマは、フロイトを扱った第5、6回講義で取り上げるつもりです。

＊20　大塚英志さんは朝井さんの小説の特徴を「「俯瞰」はするが、「制度」を疑ったり、反転させようとしない。階級闘争は存在しない。（中略）このように、朝井の小説に欠落しているのは「革命」という主題である。むろん、欠落していて一向にかまわないのだが。」（大塚英志『感情化する社会』太田出版、二〇一六年、八九－九一頁）とまとめています。概ね同意しますが、小説の登場人物のまなざしを俯瞰的、と呼ぶのには躊躇します。大塚さん自身述べているように、俯瞰といってもそれは「創作においてしばしば言われる神の視点や観察者の視点とは少し違う」（同前、八九頁）からです。

＊21　Eva Illouz, *Gefühle in Zeiten des Kapitalismus*, Suhrkamp, Frankfurt a.M., 2007.

＊22　Johannes Beck, "Lernen im Leben oder die Ohnmacht der Pädagogen: Über die Selbstherstellung verhältnismäßiger Menschen und einen kleinen Widerspruch der Bildung," in: Heidrun Herzberg und Eva Kammler (Hg.), *Biographie und Gesellschaft. Überlegungen zu einer Theorie des modernen Selbst*, Campus, Frankfurt a.M./New York, 2011.

＊23　Axel Honneth, "Verwilderungen des sozialen Konflikts. Anerkennungskämpfe zu Beginn des 21. Jahrhunderts," in: Honneth, Ophelia Lindemann, Stephan Voswinkel (Hg.), *Strukturwandel der Anerkennung. Paradoxien sozialer Integration in der Gegenwart*, Campus, Frankfurt a.M./New York, 2013.

＊24　朝井、前掲書、一四八頁。

■第2回講義

＊1　ミシェル・フーコー『性の歴史Ⅰ　知への意志』（渡辺守章訳、新潮社、一九八六年）七六－七七頁。

＊2　聖アウグスティヌス『告白（上）』（服部英次郎訳、岩波文庫、一九七六年）一一－一二頁。

＊3　同前、一二頁。

＊4　聖アウグスティヌス『告白（下）』（服部英次郎訳、岩波文庫、一九七六年）一二頁。

＊5　ハンナ・アーレント『アウグスティヌスの愛の概念』（千葉眞訳、みすず書房、二〇一二年）三一頁。

＊6　ウイリアム・C・スペンジマン『自伝のかたち――一文学ジャンル史における出来事』（船倉正憲訳、法政大学出版局、一九九一年）一七頁。

＊7　アーレント、前掲書、三七頁参照。
＊8　同前、一五五頁。
＊9　聖アウグスティヌス『告白（上）』一八－一九頁。
＊10　ジュリア・クリステヴァ『恐怖の権力――〈アブジェクシオン〉試論』（枝川昌雄訳、法政大学出版局、一九八四年）一八一頁。
＊11　同前。パコミウス（二九〇頃－三四六）もまた、エジプトの隠修士であったが、後にナイル川ほとりのタベンニシ近くで弟子たちとともに共住生活を始めます。修道院の最初の形態を築いた聖人です。
＊12　ジャン・ドリュモー『告白と許し――告解の困難、13－18世紀』（福田素子訳、言叢社、二〇〇〇年）。
＊13　フーコーは、告解の長きにわたる伝統において、とりわけ性的な罪に関して様々な性的逸脱を細大漏らさず聴取した歴史経験が、近代以降の医学や衛生学、身体管理にまつわる多くの社会政策の成立を準備することになった、と捉えています。性的倒錯はいうまでもなく、正常でない性的志向の兆候を詳細に捉え、その特徴を記載し、報告し、類型化し、アーカイブに収め、データとして参照すること、そして全体として何を正常で、何を異常とみなすかという基準を定め、肉の経験を――排除するのでも、その場限りの性的充足に終わらせるのでもなく――管理可能な形に可視化すること、こうした知のテクノロジーを、フーコーは「性愛の術《アルス・エロチカ》」と対比させつつ、「性の科学《スキエンチア・セクスアリス》」と呼んでいます。その際重大な役割を担うことになる正常／異常、自然さ／不自然さ、ふつう／ふつうでない、といった二分法の問題については、本書の終盤で再び取り上げることになるでしょう。

▩第3回講義

＊1　特に以下を参照。ジャック・デリダ『根源の彼方に――グラマトロジーについて（下）』（足立和浩訳、現代思潮新社、一九七二年）。
＊2　ラテン語由来のcorpusは多義的な言葉で、身体、死体、本体、実体、人格、集大成、団体、等々の意味がありますが、特に私たちのテーマに引きつけていえば、ルソーが残した著作の全体が、生き生きした生の直接性を伝えようとする彼の努力にもかかわらず、死する言葉によって構成されているということ（またその、生との懸隔という書き言葉の特性を、彼が最大限利用しているという実態）、こうしたパラドクスをcorpusという言葉が象徴的に表しているように思います。
＊3　ルソー『告白録』（井上究一郎訳、河出書房、一九六八年）六頁。
＊4　同前。
＊5　ルソー『孤独な散歩者の夢想』（今野一雄訳、岩波文庫、一九六〇年）三四頁。

＊6　ジェルジ・ルカーチ『小説の理論』（原田義人・佐々木基一訳、筑摩書房、一九九四年）一〇頁。
＊7　ルソー『告白録』八頁。
＊8　同前。
＊9　ウイリアム・C・スペンジマン『自伝のかたち——一文学ジャンル史における出来事』（船倉正憲訳、法政大学出版局、一九九一年）八四頁。
＊10　ルソー、前掲書、八頁。
＊11　同前、一四頁。
＊12　同前、一五頁。
＊13　同前、一四頁。
＊14　同前、二八一頁。
＊15　同前。
＊16　同前、二八三頁。
＊17　同前、二八二頁。
＊18　中島義道『孤独について——生きるのが困難な人々へ』（文春文庫、二〇〇八年）一六五‐一六六頁。傍点は中島さんによる強調。
＊19　デリダ、前掲書、八三頁。太字はデリダによる強調。原文は次の箇所です。ルソー『エミール（上）』（今野一雄訳、岩波文庫、一九六二年）一〇四‐一〇五頁。
＊20　ルソー「演劇に関するダランベール氏への手紙」（『ルソー全集　第八巻』西川長夫訳、白水社、一九七九年、所収）一二五頁。

第4回講義

＊1　ルソー『人間不平等起原論』（本田喜代治・平岡昇訳、岩波文庫、一九七二年）三〇‐三一頁。
＊2　同前、三一頁。
＊3　ルソー『告白録』（井上究一郎訳、河出書房、一九六八年）七六頁。
＊4　同前。
＊5　同前、七七頁。
＊6　同前、七六頁。
＊7　同前、七七頁。傍点は引用者による強調。
＊8　ルソー『人間不平等起原論』七四頁。
＊9　同前、七五頁参照。
＊10　ルソー『エミール（中）』（今野一雄訳、岩波文庫、一九六三年）四四頁。
＊11　同前、三三頁。
＊12　同前、三四頁。
＊13　ルソー『孤独な散歩者の夢想』（今野一雄訳、岩波文庫、一九六〇年）一一頁。
＊14　ルソー『人間不平等起原論』七二頁。
＊15　同前、二一六頁。セードはヴォルテールの悲劇『マホメット』の、ティエストはクレビヨンの劇作『アトレとティ

エスト』の登場人物。
＊16　ジャン・スタロバンスキー『ルソー　透明と障害』（山地昭訳、みすず書房、一九九三年）一五〇頁。
＊17　ルソー「演劇に関するダランベール氏への手紙」（『ルソー全集　第八巻』西川長夫訳、白水社、一九七九年、所収）一六三頁。
＊18　同前、一五一頁。傍点は引用者による強調。
＊19　同前、一〇六頁。
＊20　ルソー『孤独な散歩者の夢想』一四五頁。
＊21　第2回講義の「神の愛から自己愛、そして隣人愛へ」の節を参照。
＊22　スタロバンスキー、前掲書、三七九頁。
＊23　ルソー、前掲書、一五一頁。
＊24　ジャック・デリダ『根源の彼方に――グラマトロジーについて（下）』（足立和浩訳、現代思潮新社、一九七二年）二〇頁。
＊25　ルソー『告白録』七三頁。傍点は引用者による強調。
＊26　第3回講義、注18を参照。
＊27　ルソー、前掲書、七二頁。

第5回講義

＊1　小林秀雄『小林秀雄全集第一巻　様々なる意匠・ランボオ』（新潮社、二〇〇二年）一〇一頁。
＊2　この大変魅力的なテーマは、石川美子さんの論文タイトルに依拠しています。石川美子「喪としての自伝」（『仏語仏文学研究』第四号、東京大学仏語仏文学研究会編、一九九〇年）。
＊3　江藤淳『一族再会』（講談社文芸文庫、一九八八年）、ドゥルシラ・コーネル『女たちの絆』（岡野八代・牟田和恵訳、みすず書房、二〇〇五年）。『一族再会』については第10回講義で詳しく論じます。
＊4　江藤淳『妻と私・幼年時代』（文集文庫、二〇〇一年）。
＊5　エドワード・W・サイード『遠い場所の記憶　自伝』（中野真紀子訳、みすず書房、二〇〇一年）。
＊6　アリス・ウェクスラー『ウェクスラー家の選択――遺伝子診断と向きあった家族』（武藤香織・額賀淑郎訳、新潮社、二〇〇三年）。
＊7　石川、前掲書、一三五頁。
＊8　小此木啓吾『対象喪失――悲しむということ』（中公新書、一九七九年）二七－三一頁参照。
＊9　江藤、前掲書、八九頁。傍点は江藤さんによる強調（注10も同様）。
＊10　同前、八八頁。
＊11　小此木、前掲書、一七一頁。
＊12　同前。
＊13　ジクムント・フロイト「悲哀とメランコリー」（『フロ

イト著作集6　自我論・不安本能論』井村恒郎・小此木啓吾ほか訳、人文書院、一九七〇年、所収）一四一頁。

＊14　同前、一四一－一四二頁。傍点はフロイトによる強調。

＊15　同前、一四三頁。傍点は引用者による強調。

＊16　コーネル、前掲書、第2章「女性的なるものの冒険」を参照。なおここで挙げたカルディナルの物語については、マリ・カルディナル『血と言葉——被精神分析者の手記』（柴田都志子訳、リブロポート、一九九二年）を参照。

＊17　コーネル、前掲書、六三頁（カルディナルの原典では、前掲書、二二一頁）。

＊18　フロイト「自我とエス」（『フロイト著作集6　自我論・不安本能論』、所収）、二七六頁。

■第6回講義

＊1　ジクムント・フロイト「集団心理学と自我の分析」（『フロイト著作集6　自我論・不安本能論』井村恒郎・小此木啓吾ほか訳、人文書院、一九七〇年、所収）一九五頁。

＊2　同前。

＊3　マリアンネ・クリュル『フロイトとその父』（水野節夫・山下公子訳、思索社、一九八七年）、特に第三章「精神的外傷——ジクムント・フロイトの幼年期及び少年期」参照。

＊4　Max Horkheimer, Erich Fromm, Herbert Marcuse u. a., *Studien über Autoritäit und Familie. Forschungsberichte aus dem Institut für Sozialforschung*, Reprint der Ausgabe Paris 1936, zu Klampen, Lüneburg, 1987.

＊5　フロイト「自我とエス」（『フロイト著作集6　自我論・不安本能論』、所収）二七七頁。

＊6　同前。

＊7　フロイト「ナルシシズム入門」（『フロイト著作集5　性欲論　症例研究』懸田克躬・高橋義孝ほか訳、人文書院、一九六九年、所収）一二二－一二四頁。

＊8　アンナ・フロイト『自我と防衛』（外林大作訳、誠信書房、一九五八年）二〇六頁。

＊9　フロイトの「ナルシシズム入門」の以下の論述を参照。「良心がその番人として立てられているこの自我理想の形成を刺激したのは、つまり、声によって媒介された両親の批判的影響からきたものであって、これにはさらに時がたつにつれて、教育者や教師や、その他周囲にいる無数の漠然とした多くのひとびとが加わってきたのである（同胞、世論など）。」（フロイト、前掲書、一二七頁）

＊10　アンナ・フロイト、前掲書、特に一三五－一五一頁参照。

＊11　同前、一四四頁。

＊12　一九一四年の論文「想起、反復、徹底操作」（『フロイト著作集6　自我論・不安本能論』、所収）を参照。

＊13　ブルース・フィンク『ラカン派精神分析入門——理論

と技法』（中西之信・椿田貴史・舟木徹男・信友建志訳、誠信書房、二〇〇八年）、特に第七章「精神病」（一一六－一六三頁）参照。

＊14　フロイト「集団心理学と自我の分析」二三五頁。

＊15　差し当たりここでは、ある単語の意味を辞書で調べても、その意味を表す別の単語が登場し、その単語の意味を調べようとすると、また別の単語が登場する、という具合に、意味するものの連鎖に終わりがない、という現象を想像してもらえばよいでしょう。

＊16　スラヴォイ・ジジェク『快楽の転移』（松浦俊輔・小野木明恵訳、青土社、一九九六年）、特にその第一部第一章「抑圧的脱昇華」の行きづまり」参照。

＊17　石川美子「喪としての自伝」（『仏語仏文学研究』第四号、東京大学仏語仏文学研究会編、一九九〇年）一四〇頁参照。

＊18　ロラン・バルト「人はつねに愛するものについて語りそこなう」（バルト『テクストの出口』沢崎浩平訳、みすず書房、一九八七年、所収）参照。私はこのテキストを、先の石川さんの論考を通じて知りました。

＊19　堀川聡司『精神分析と昇華――天才論から喪の作業へ』（岩崎学術出版社、二〇一六年）二九－三〇頁参照。堀川さんのこの著書は、昇華についての網羅的な考察として、非常に分かりやすい展望を与えてくれます。

＊20　フィンク、前掲書、五九頁。

■第7回講義

＊1　石川美子さんは、アウグスティヌスからバルトに至るまでの自伝的テキストの伝統に照らした場合、ルソーの『告白』は、喪の作業を含んでいない点で「むしろ例外的な自伝作品なのである」と指摘しています。石川美子「喪としての自伝」（『仏語仏文学研究』第四号、東京大学仏語仏文学研究会編、一九九〇年）一三六頁参照。

＊2　ゲーテ『若きウェルテルの悩み』（高橋義孝訳、新潮文庫、一九五一年）二〇四－二〇五頁。

＊3　アリス・ウェクスラー『ウェクスラー家の選択――遺伝子診断と向きあった家族』（武藤香織・額賀淑郎訳、新潮社、二〇〇三年）。オリジナルテキストはAlice Wexler, *Mapping Fate : A Memoir of Family, Risk, and Genetic Research*, Random House, New York, 1995.

＊4　ウェクスラー、前掲書、一四頁。

＊5　同前、三六頁。

＊6　近年、医療人類学やケアの現場において、病がどのように語られるか、その痛みや苦しみがどのように――共同体や患者同士の間で――物語化され、ある種の文化的イメージへと輪郭づけられてゆくかということに注目が集まっています。そこで研究者や医療関係者に共有されているのは、病は

単に個人の症状からその病因へと遡り、投薬や手術などの物理的処置を加えれば解決できるものではないこと、別言すれば、表層の出来事に見えるその「語り」に、病を重大にすれば改善を促しもする、より強力な意味作用を認めるという前提です（特にこれは、精神的な疾患や慢性的な病気のケースに妥当するでしょう）。そこで用いられるナラティブ（語り）というタームは、情報を伝えるただの発言というより、発言主体の心身にまで影響を及ぼしている、ある種の意味づけられた言語行為を指すものです。詳しくは、例えばアリス自身が自著の中で触れているアーサー・クラインマンの『病いの語り――慢性の病いをめぐる臨床人類学』（江口重幸ほか訳、誠信書房、一九九六年）を参照。

＊7　Claudia Mills, "Friendship, Fiction, and Memoir: Trust and Betrayal in Writing from One's Own Life," in: Paul John Eakin (ed.), *The Ethics of Life Writing*, Cornell University Press, Ithaca/London, 2004, p. 106.

＊8　ウェクスラー、前掲書、一一九頁。

＊9　同前、一一五－一一六頁。

＊10　同前、一一八頁。

＊11　同前、三五－三六頁。

＊12　同前、一二二頁。

＊13　同前、一三二頁。

＊14　同前。

＊15　喪失という経験を語ることについて、やまだようこさんは次のように語っています。「死者とは、人間だけをさすのではない。実現できなかった夢、もう少しでうまくいったはずの失敗、こうであったかもしれない願望、人生のさまざまな時期に、さまざまな感情をひきおこして通りすぎていった人生の出来事《ライフ・イベント》のことでもある。」（やまだようこ『喪失の語り――生成のライフストーリー』〈やまだようこ著作集・第8巻〉新曜社、二〇〇七年、一〇頁）。感情とは、何がしかの出来事に対して習慣的にタグづけされる付着物の類ではないということ、むしろそれは、ああもできたはずだとか、あれしかできなかっただろうといった具合に、私たちが有限的存在であり、人生が取り換えのできないものであるという残酷な（と同時に大切な）真実を伝えるメディア（媒体）であるということが、ここに提示されているように思います。

＊16　ウェクスラー、前掲書、一二六頁。

＊17　同前、一二二頁。

＊18　やまだ、前掲書、一五－一六頁。

＊19　テオドール・W・アドルノ『ミニマ・モラリア――傷ついた生活裡の省察』（三光長治訳、法政大学出版局、一九七九年）一八〇－一八一頁。

＊20　同前、五八頁。

＊21　ウェクスラー、前掲書、一二九頁。

■第8回講義

＊1　フィリップ・ルジュンヌ『自伝契約』（花輪光監訳、水声社、一九九三年）一六頁。傍点はルジュンヌによる強調。

＊2　ルジュンヌは自伝に隣接するジャンルではあるものの、厳密には一致しないものとして、回想録、伝記、私小説、自伝的な詩、私的な日記、自画像あるいはエッセイを挙げています。ルジュンヌ、前掲書、一七頁。

＊3　一つの完結した文学作品としては、自伝は「私」の人生を説明するための出発点、あるいは、ある行為や出来事を引き起こし、その責任が第一次的に問われねばならない因果的主体としての「私」を想定せざるをえないでしょう。とはいえ、物語の端緒をめぐるアリスのとまどいは、「すでに多くのことが起きているにもかかわらず、私の語りは物事の途中から始まる」（ジュディス・バトラー『自分自身を説明すること——倫理的暴力の批判』佐藤嘉幸・清水知子訳、月曜社、二〇〇八年、七一頁）というバトラーの言葉に集約されているように思います。「私」がすでに存在する無数のストーリーの束としてのヒストリーに——ハイデガーや現象学の用語を交えていうなら——「被投された」存在であるがゆえに、「私」は「私」と他者のストーリーを、ヒストリーの大きな流れから引き離し、「宙吊り」にしたうえで、要約し、再構築＝再演せねばならない、というわけです。

＊4　原題は“Me llamo Rigoberta Menchú y así me nació la conciencia”。

＊5　Paul Lauritzen, “Arguing with Life Stories: The Case of Rigoberta Menchú,” in: Paul John Eakin (ed.), *The Ethics of Life Writing*, Cornell University Press, Ithaca/London, 2004, p. 22. また次のテキストも参照。エリザベス・ブルゴス『私の名はリゴベルタ・メンチュウ——マヤ＝キチェ族インディオ女性の記録』（高橋早代訳、新潮社、一九八七年）二二八頁。以下の考察は、ラウリッツェンがこの論文で論じている内容に大きく依拠していることを付言しておきます。

＊6　Lauritzen, *op.cit.*, p. 24.

＊7　Claudia Mills, “Friendship, Fiction, and Memoir: Trust and Betrayal in Writing from One’s Own Life,” in: Eakin (ed.), *op.cit.*, p. 115.

＊8　Cf., *ibid.*, p. 111.

＊9　*Ibid.*, p. 112.

＊10　*Ibid.*, p. 118.

＊11　ヴァルター・ベンヤミン『ベンヤミン・コレクションI　近代の意味』（浅井健二郎編訳・久保哲司訳、ちくま学芸文庫、一九九五年）六五一頁。

＊12　同前、六五七頁。

＊13　同前、六五一頁。

＊14　Lauritzen, *op.cit.*, p. 31.

＊15　リヒャルト・ヴァーグナーのオペラ『パルジファル』

に登場する台詞。

＊16　千野帽子『人はなぜ物語を求めるのか』（筑摩書房、二〇一七年）、特に第2章を参照。

＊17　小川洋子『物語の役割』（筑摩書房、二〇〇七年）三一頁。

＊18　同前、三四－三五頁。

＊19　同前、三五頁。

＊20　バトラー、前掲書、一三四－一三五頁参照。

＊21　小川、前掲書、三三頁。

＊22　バトラー、前掲書、八一－八二頁。

第9回講義

＊1　このカギ括弧の意味は、やがて明らかになりますが、今はあまり説明しないでおくのが適切でしょう。

＊2　清水節治『戦災孤児の神話――野坂昭如＋戦後の作家たち』（教育出版センター、一九九五年）一〇頁。

＊3　野坂昭如『死刑長寿』（文春文庫、二〇〇七年）二三二頁。

＊4　実は「火垂るの墓」以前（一九六七年三月）に発表されたエッセイ「プレイボーイの子守唄」にも、この点への言及がはっきりと見受けられるのですが。野坂昭如『野坂昭如エッセイ・コレクション2』（大庭萱朗編、筑摩書房、二〇〇四年）二一〇頁以下参照。

＊5　この表現は、以下の越前谷宏さんの論考に依っています。越前谷「野坂昭如「火垂るの墓」と高畑勲『火垂るの墓』」（『日本文学』vol. 54、日本文学会編、二〇〇五年）。

＊6　注目すべきことに、文藝春秋社から出版された『アメリカひじき・火垂るの墓』（一九六八年）と、新潮社によって後に文庫化されたそれとでは、短編の並びが異なります。前者では「火垂るの墓」は「アメリカひじき」の後に配置されていますが、後者ではこの順が逆になり、「火垂るの墓」が先頭に位置づけられています。ここにも、戦災犠牲者の言説の神話化の一端が表れている、といえるでしょう。

＊7　野坂昭如『アメリカひじき・火垂るの墓』（新潮文庫、一九八七年）三四－三五頁。

＊8　越前谷、前掲書、四九頁参照。

＊9　野坂『野坂昭如エッセイ・コレクション2』一九一－二〇〇頁。

＊10　同前、二二－二四頁。

＊11　野坂『アメリカひじき・火垂るの墓』一二七頁。

＊12　同前、一三六頁。

＊13　同前、一三七頁。

＊14　同前、一四四頁。

＊15　彼の言によれば、野坂家のルーツは福井県にあるそうです。例えば野坂昭如『赫奕たる逆光　私説・三島由紀夫』（文藝春秋、一九八七年）九三頁。

＊16　冽《きよし》という名前は「火垂るの墓」の主人公、清太を想起させる、というのは考えすぎかもしれませんが、この性格もまるで正反対のキャラクター以上に思わせぶりなのは、冽が（半ば意図的に）殺してしまう久恵です。それは野坂の亡くなった二人の妹の名前（紀久子と恵子）のアナグラムのように読めます。

＊17　野坂昭如『野坂昭如コレクション1』（国書刊行会、二〇〇〇年）四三八頁。

＊18　同前、四四八頁。

＊19　アニメでも短編でも、清太は節子を背負って自宅から逃げ出したように描かれていたことを、改めて強調しておきます。

＊20　野坂昭如『わが桎梏の碑』（光文社、一九九二年）三八－三九頁。

＊21　「火垂るの墓」は『オール読物』（一九六七年十月号）に掲載されますが、「子供は神の子」の発表はその一か月前です（同年九月号の『小説現代』）。

＊22　野坂『アメリカひじき・火垂るの墓』三七頁。

＊23　野坂『野坂昭如エッセイ・コレクション2』、それぞれ二一、三〇頁。

＊24　野坂『赫奕たる逆光　私説・三島由紀夫』六七頁。

＊25　少年院で実父と再会した際、「初めまして、昭如です」「あたしにしてみりゃ、初めましてってわけでもないんだが、どうも苦労したらしいね」といった会話を交わしたと野坂は述べていますが（野坂『わが桎梏の碑』二一五頁）、私にはどうも、「死児を育てる」で久子が父と再会するシーンと重なる思いがします。それは妹を失った久子に父が「これからはみんなよくなる、ずい分苦労かけてすまなかったな」と「なんでもなかったように」声をかけるシーンです（野坂『アメリカひじき・火垂るの墓』一三七頁）。とはいえ、この父は、呆然として「泣きつづける久子の髪を、一晩なにもいわずなでつづけた」（同前、一四四頁）父でもあるのです、が。

▩第10回講義

＊1　アーサー・クラインマン『病いの語り——慢性の病いをめぐる臨床人類学』（江口重幸・五木田紳・上野豪志訳、誠信書房、一九九六年）四頁以下参照。

＊2　G. Thomas Couser, *Vulnerable Subjects. Ethics and Life Writing*, Cornell University Press, Ithaca/London, 2004, pp. 56－73. ちなみに、この第10回講義以降に頻出するコード（cord）という語は、第1回講義やその他で用いるコード（code：記号、規約、体系化された法典、等々の意）とは異なるものであることに注意してください。とはいえ、私は両者の間に、因縁めいたある種の意味の交差を感じています。つまりそこには、何らかの連続性や（人々の文化的営みを特

定の方向に従属させるような、力の）凝集性のようなものが予め-銘記《プロ・グラム》されている、と推察されるのです。三五五ー三五六頁。

＊3　江藤淳『一族再会』（講談社文芸文庫、一九八八年）

＊4　同前、九頁。

＊5　同前、七八頁。

＊6　同前、六八頁。

＊7　この言葉をアリス・ウェクスラーがフーコーの著作『性の歴史Ⅰ　知への意志』（渡辺守章訳、新潮社、一九八六年、三七頁）から引用していることを指摘しておきたいと思います。アリス・ウェクスラー『ウェクスラー家の選択――遺伝子診断と向きあった家族』（武藤香織・額賀淑郎訳、新潮社、二〇〇三年）五六頁。

＊8　ユルゲン・ハーバーマス『人間の将来とバイオエシックス』（三島憲一訳、法政大学出版局、二〇〇四年）。

＊9　前回の講義参照。それに一九六六年に出たエッセイ集『わるい本』の奥付には「昭和5年10月1日、元新潟県副知事、随筆家野坂相如氏の次男として生れ、直ちに神戸の知人の養子となる。20年6月5日の神戸空襲で被災し養父母を失なう。」（野坂昭如『わるい本』芳賀書店、一九六六年）とあります。

＊10　野坂昭如『わが桎梏の碑』（光文社、一九九二年）二二一〇頁。しかし明らかに張満谷家と野坂家をモデルにした『同心円』（講談社、一九九六年）では、死の間際に邂逅を果たした様子が描かれています。

＊11　厳密には一三名のメンバーがいるのではなく、複数の章が同じメンバーに充当されるなどしています。が、その場合も、例えば祖母きよ（第一章）の後には孫である孝之（第二章）が描かれ、その孝之も次に主人公として登場するのは第一二章になるなど、時間軸を無視した家系の追跡がなされ、また同一人物の生でさえ切れ切れに語られるなど、バイオグラフィーの「文法」をあえて無視した形跡が如実に見られます。

＊12　野坂昭如『同心円』二〇六頁。

＊13　同前、四〇八頁。

＊14　同前、三五五頁。

＊15　同前、三六二ー三六三頁。

＊16　これについては、野坂の妻であった暘子さんが最近出された本を参照。野坂暘子『うそつき――夫・野坂昭如との53年』（新潮社、二〇一七年）。

＊17　野坂昭如『ひとでなし』（中公文庫、二〇〇〇年）二三二七四頁。

＊18　野坂昭如『死刑長寿』（文春文庫、二〇〇七年）二三一頁。

＊19　野坂昭如『野坂昭如エッセイ・コレクション3』（大庭萱朗編、筑摩書房、二〇〇四年）二七五ー二七六頁。

＊20　同前、二六五頁。
＊21　田辺聖子「野坂昭如・その物語性」（『文藝別冊　野坂昭如』河出書房新社、二〇一六年、所収）二一五頁。
＊22　『ひとでなし』で野坂は、父が自分の文章をほぼ読んでおり、また継母への手紙が、自分の小説書きの原点にあることを告白しています。野坂『ひとでなし』二七二頁、二八〇頁参照。
＊23　野坂、前掲書、一〇五頁。
＊24　これについては、野坂のみならず、妻暘子さんの証言もあります。例えば野坂暘子、前掲書、一五〇頁参照。
＊25　野坂『ひとでなし』三〇九頁。
＊26　同前、三一二頁。
＊27　同前、三一七頁。

▒第11回講義

＊1　この表現は久保昭博さんの論考から借用しました。氏の論考「「証言の時代」の幕開け――第一次世界大戦戦争文学をめぐって」（森本淳生編『〈生表象〉の近代――自伝・フィクション・学知』水声社、二〇一五年、所収）は後でまた取り上げます。
＊2　以下の論述は勝尾金弥『伝記児童文学のあゆみ―1891から1945年』（ミネルヴァ書房、一九九九年）に依拠しています。
＊3　同前、二二八頁。
＊4　同前、二二九頁。傍線は勝尾さんによる強調。
＊5　新谷尚紀『お葬式――死と慰霊の日本史』（吉川弘文館、二〇〇九年）二〇三頁。傍線は新谷さんによる強調（注6、7も同様）。
＊6　同前、二〇六頁。
＊7　同前、二〇九頁。
＊8　この塔については以下を参照。「八紘一宇」の塔を考える会編『新編　石の証言』（鉱脈社、二〇一七年）。
＊9　これはアドルノがハイデガー批判書として書いた『本来性という隠語』の冒頭に引用している言葉です。テオドール・W・アドルノ『本来性という隠語――ドイツ的なイデオロギーについて』（笠原賢介訳、未來社、一九九二年）六頁。
＊10　川口恵美子『戦争未亡人――被害と加害のはざまで』（ドメス出版、二〇〇三年）二二二頁。
＊11　同前、三三二頁。
＊12　例えば、丸山眞男のあまりにも有名な以下の論考を参照。丸山「超国家主義の論理と真理」（杉田敦編『丸山眞男セレクション』平凡社、二〇一〇年、所収）。
＊13　高橋哲哉『靖国問題』（ちくま新書、二〇〇五年）二九頁。太字は高橋さんによる強調（注14も同様）。
＊14　同前、一三頁。
＊15　内海愛子「「差別化」される死」（『現代思想　特集：

靖国問題』青土社、二〇〇五年、所収）一六六頁参照。
＊16　田中伸尚・田中宏・波田永実『遺族と戦後』（岩波新書、一九九五年）一六四頁参照。
＊17　三土修平『靖国問題の原点』（日本評論社、二〇〇五年）八一頁。
＊18　久保、前掲書、二一七頁。久保さんによれば、バルタスの手記は歴史家レミー・カザルスにより一九七八年に出版されました。

■第12回講義

＊1　特にフロイトの論考「集団心理学と自我の分析」（ジクムント・フロイト『フロイト著作集6　自我論・不安本能論』井村恒郎・小此木啓吾ほか訳、人文書院、一九七〇年、所収）を参照。
＊2　前回講義で触れた丸山眞男の「超国家主義の論理と真理」、および同氏の「軍国支配者の精神形態」（いずれも杉田敦編『丸山眞男セレクション』平凡社、二〇一〇年、所収）を参照。
＊3　例えばテオドール・W・アドルノ『ミニマ・モラリア――傷ついた生活裡の省察』（三光長治訳、法政大学出版局、一九七九年）収録のエッセイ「モラルと時間による序列」「花という花」などを参照。
＊4　プリーモ・レーヴィ『溺れるものと救われるもの』（竹山博英訳、朝日新聞社、二〇〇〇年）三－四頁。
＊5　同前、六頁。
＊6　クロード・ランズマン『ショアー』（高橋武智訳、作品社、一九九五年）三五－三六頁。
＊7　同前、二九六頁。
＊8　ショシャナ・フェルマン『声の回帰――映画『ショアー』と〈証言〉の時代』（上野成利・崎山政毅・細見和之訳、太田出版、一九九五年）一九頁参照。
＊9　レーヴィ、前掲書、八四－八五頁。
＊10　マキシミリアノ・コルベはポーランド人で、宣教師として長崎に滞在経験もあるカトリック司祭。アウシュヴィッツにて一九四一年、餓死刑に定められた囚人の身代りを申し出て亡くなりました。
＊11　レーヴィ、前掲書、九一頁。
＊12　同前。
＊13　同前、九三頁。
＊14　アドルノ「過去の清算が意味するところ」（テオドール・W・アドルノ『批判的モデル集I――介入――』大久保健治訳、法政大学出版局、一九七一年、所収）一八一－一八二頁参照。
＊15　レーヴィ、前掲書、一八二頁。
＊16　プリーモ・レーヴィ『アウシュヴィッツは終わらない――あるイタリア人生存者の考察』（竹山博英訳、朝日新聞

社、一九八〇年）二四七－二四八頁。
＊17　レーヴィ『溺れるものと救われるもの』九三頁。
＊18　長田陽一『犠牲と身代わり――記憶できないものをめぐって』（春風社、二〇一一年）一二四頁。傍点は長田さんによる強調。
＊19　ランズマン、前掲書、二頁。
＊20　同前、二六一頁。
＊21　ジュディス・バトラー『自分自身を説明すること――倫理的暴力の批判』（佐藤嘉幸・清水知子訳、月曜社、二〇〇八年）一四五頁。
＊22　フェルマンによれば『ショアー』は、ある種の郵便、宛先不明のまま海に投じられた瓶入りメッセージ《フラッシェンポスト》――これはアドルノの好む表現ですが――であり、あるいはそれ以上のもの、すなわち、それを拾って見る者に突如として取り憑き、爆発的に感応するような力を覆蔵した芸術作品に他なりません。
＊23　ランズマン、前掲書、三六二頁。
＊24　同前、三六三頁。傍点はランズマンによる強調。

■第13回講義

＊1　道場親信「Not in our names!「戦争被害者」であることと靖国問題」（『現代思想　特集：靖国問題』青土社、二〇〇五年、所収）。
＊2　エコ・フェミニズムとは、ざっくりいうなら、現代文明の危機を男性中心主義的な価値観の行き詰まりと捉え、文字通り「母なる」大地や自然への回帰を希求する運動を指します。
＊3　村上春樹『約束された場所で――underground 2』（文藝春秋、一九九八年）三五頁。
＊4　同前、三六頁。
＊5　同前、三八頁。
＊6　同前。
＊7　同前、四〇頁。
＊8　同前、四二－四三頁。
＊9　同前、四三頁。
＊10　同前、四四頁。
＊11　同前、四五頁。
＊12　同前、二二五頁。
＊13　島薗進『精神世界のゆくえ――現代世界と新霊性運動』（東京堂出版、一九九六年）五頁。
＊14　同前、九八頁。
＊15　Klaus Günther, "Ein Modell legitimen Scheiterns. Der Kampf um Anerkennung als Opfer," Ophelia Lindemann, "Opfergeschichten. Paradoxien der Anerkennung zwischen Erzählen und Hören," in: Axel Honneth, Lindemann, Stephan Voswinkel (Hg.), *Strukturwandel der Anerkennung. Paradoxien*

sozialer Integration in der Gegenwart, Campus, Frankfurt a. M./New York, 2013.

＊16 リュディガー・ブプナー『美的経験』（竹田純郎監訳、法政大学出版局、二〇〇九年）一八三頁。

＊17 Eva Illouz, *Saving the Modern Soul. Therapy, Emotions, and the Culture of Self-Help*, University of California Press, Berkeley/Los Angeles/London, 2008, p. 196.

■第14回講義

＊1 この文章を書いている最中にニュースで知ったのですが、オランダで二〇一八年の二月、臓器の摘出を望まないと意思表示した人を除き、全ての一八歳以上の成人をドナーとして登録する新法が成立したとのことです。ニュース記事ではまた、同様の方式がすでにスペイン、フランス、ベルギー、イタリア、ギリシア、英国の一部などで採用されている、とも伝えています。

＊2 マーガレット・ロック「優生学と遺伝子工学のユートピア」（押小路忠昭訳、『現代思想　特集：生存の争い』青土社、二〇〇四年、所収）一九五－一九六頁。

＊3 青木延春「優生手術について」（『人口問題研究』第一巻第五号、厚生省人口問題研究所（現：国立社会保障・人口問題研究所）、一九四〇年、所収）。

＊4 ユルゲン・ハーバーマス『人間の将来とバイオエシックス』（三島憲一訳、法政大学出版局、二〇〇四年）。

＊5 「歴史は繰り返す。一度目は悲劇として、二度目は喜劇として。」これはマルクスの言葉です。

＊6 粥川準二『バイオ化する社会――「核」時代の生命と身体』（青土社、二〇一二年）七九－八二頁。

＊7 フランシス・S・コリンズ『遺伝子医療革命――ゲノム科学がわたしたちを変える』（矢野真千子訳、ＮＨＫ出版、二〇一一年）二八頁。

＊8 ロック、前掲書、一九五頁。

＊9 同前。

＊10 コリンズ、前掲書、三三一－三三二頁。

＊11 アリス・ウェクスラーが述べていることですが、ハンチントン病の遺伝子マーカーが発見されたとき、彼女がとりわけ懸念していたのは、この発見で可能となった遺伝子診断を受けないと決断した者に対し、臆病で無知、非科学的なメンタルの持ち主といった烙印が押しつけられ、社会的差別がさらに強まることでした。

■第15回講義

＊1 ジュディス・バトラー『自分自身を説明すること――倫理的暴力の批判』（佐藤嘉幸・清水知子訳、月曜社、二〇〇八年）七八－七九頁参照。

＊2 中井久夫『中井久夫集5　執筆過程の生理学』（みす

ず書房、二〇一八年）。
＊3　野坂昭如『アメリカひじき・火垂るの墓』（新潮文庫、一九八七年）一五九―一六〇頁。
＊4　朝井リョウ『何者』（新潮社、二〇一二年）、それぞれ七、一五、一六頁。
＊5　同前、それぞれ一八〇、一八五頁。
＊6　同前、一八四頁。
＊7　同前、一六三頁。
＊8　同前、一五八頁。
＊9　同前。
＊10　ジャン・ボードリヤール『消費社会の神話と構造』（今村仁司・塚原史訳、紀伊國屋書店、二〇一五年）三三頁。
＊11　同前、二四二頁。
＊12　松本卓也『享楽社会論――現代ラカン派の展開』（人文書院、二〇一八年）、特に第一、九章。
＊13　スラヴォイ・ジジェク『厄介なる主体――政治的存在論の空虚な中心　2』（鈴木俊弘・増田久美子訳、青土社、二〇〇七年）、特に第6章。
＊14　越智和弘『女性を消去する文化』（鳥影社、二〇〇五年）。
＊15　ロビン・ベイカー『セックス・イン・ザ・フューチャー――生殖技術と家族の行方』（村上彩訳、紀伊國屋書店、二〇〇〇年）二一一頁。
＊16　ミシェル・ウエルベック『ある島の可能性』（中村佳子訳、角川書店、二〇〇七年）一二六頁。
＊17　ジャック・アタリ『カニバリスムの秩序』（金塚貞文訳、みすず書房、一九八四年）、特に第四章参照。
＊18　ウエルベック、前掲書、三七六―三七七頁。
＊19　同前、四二五頁。
＊20　ボードリヤール、前掲書、四九―五〇頁。
＊21　小林秀雄『ドストエフスキイ』（講談社、一九六六年）、特にその序章「序（歴史について）」を参照。
＊22　ウエルベック、前掲書、七頁。
＊23　同前、二〇〇頁。

あとがき

芸術は対象的なものの認識ではないが、同じくその模写でもない。（中略）むしろ芸術は現実に手を伸ばし、現実に触れて驚き手を引くといった、そうした身振りをするものなのだ。芸術の文字とはこうした運動の標識である。（テオドール・W・アドルノ『美の理論』大久保健治訳）

単なる事実確認的《コンスタティブ》な記述ではなく、それ自体がパフォーマティブな——政治的であり、究極的には超-政治的で神的ですらあるパフォーマティブな——バイオグラフィーという表現行為について論じたいという思いは、以前からあった（周知のように、日常言語学派の泰斗ジョン・オースティンが広めることになったパフォーマティブという語は、行為遂行的、と訳されることが多いが、行為遂行的とは、私流にいうなら、様々なものを巻き込む作用を有する、ということだ）。それを私はこれまで、幾度か論考にまとめ、発表してきた。多分この問題意識は、ニーチェの自伝的著作『この人をみよ』がナチの政治的パフォーマンスに結びつく可能性を論じたデリダのテキスト（J. Derrida, *Otobiographie de Nietzsche*, 1979）を読んだことをきっかけに芽生えたものであり、さらに遡れば、あれほどニーチェに通じていたハイデガーが『この人をみよ』については、全くの無理解であったか、完全に無視を決め込んでいた、という証言——それはカール・レーヴィットかフリードリッヒ・カウルバッハかが残したものだったと思う——に触れたことが一つの出発点だったと、回顧的には整理できる。回顧的には、だ。

本書で述べたように、事柄としてのバイオグラフィーは、「〜における……について」などといった、専門家向けのニッチな問題設定ではとうてい捉え切れるものではないので、どうしても領域横断的な考察が必要となる（こういう必要性について不感症な知識人や自称読書家は、相も変わらず文学者や政治家、偉人たちの自伝を、自らのアイデンティティやコネクションを補強してくれる文学的「教養」として消化吸収することだけに力を注いでいるわけだ）。が、私は幸い、大学で一般学生向けの哲学、倫理学の入門講座を担当しており、そこでも、専門外領域への架橋の試み、講義の場での議論のパフォーマティブな展開など、色々と実践する機会に恵まれた。学生たちからのリアクションや問いの投げかけにも、ずいぶん助けられた。まさに、大学という制度から与えられた僥倖というべきだろう。

二〇一六年冬にナカニシヤ社から書籍の執筆依頼を受けたとき、私は、これを機会にバイオグラフィーについて、より包括的で、煮詰めた考察を行いたいと考えた。合わせて、考察の基本的な枠組みがこの、数年来続けている授業内容と少なからず重なることもあり、いっそのこと講義形式で書きたい、文体も「ですます調」でいきたいと申し上げたところ、快く引き受けていただいた（本音をいえば、私は読者に対し、柄にもなく慣れ慣れしく語りかけたくなったのである）。結果として、それぞれの専門領域の専門性の水準を大きく下回ることなく、学生諸君、ならびに広く哲学や文学、社会学やバイオグラフィーに関心ある方々に読んでいただける内容や体裁になったのでは、と考えるが、これればかりは読者諸氏の忌憚ない批評を俟つしかない。

バイオグラフィーに関する議論や問題をある程度網羅し、一種の海図のようなものを教科書的に描こうともしたが、振り返ってみると、作図した当人がそこかしこで迷い、漂流しているような印象を受ける。特に心残りだったのは、タイトルにもある肝心の「愛」の変容について、十分解明しきれなかった点である。私は、主体（「私」）における一人称・二人称・三人称的立場の連関構造を、愛着、哀惜、信頼の三角形的な関係性から把握できないかと考えたが、どうもうまくいかない。「私」自身への愛着から特定の他者への哀惜へ、そしていまだ現前せざる者への信頼へと、段階を踏む行程があるにせよ、それがただ単に抽象度や距離感覚が増す一方的で「弁証法的」なプロセスだとも思えない。ただ、愛着の変容、あるいは愛が「私」自身に促す変容に、「振り向き」や「転回」の契機が不可欠である点は、私には明らかなように思われる。引っ掻き傷のように手短に描写しておくなら、振り向きとは、目の前の相手から顔をそらすこと、しかも、まさに彼（女）について、時空を超えて証言し、そのストーリーを第三者に伝えるために、あえて背中を向けること、またそうするよう当人から促される（と思いなす）ことではないか、そしてそこに、ヒストリーに「触れる」という経験に特有のメチエの真相があるのではないか、ということだ（例えば、これは単なる言葉の綾かもしれないが、どうして私たちは、思い出が脳裏に浮かぶ、という言い方をするのだろう、それに、後悔や良心のやましさについて、どうして後ろ暗い、と表現するのだろう）。これは冒頭に引用したアドルノのテーゼと交差する事態かもしれないし、もしかしたらジョン・バブアーがアメリカの神学者スチョーキーの言葉として引用するtransformative memory ないし memory in the mode of self-transcendence と重なる部分があるのかもしれない（Cf., John D. Barbour, "Judging and Not Judging Parents," in: Paul John Eakin (ed.), *The Ethics of Life Writing*, Cornell University Press, Ithaca/London, 2004, p. 94.）。いずれにせよ、いまだに整理がつかない。

ところで、開き直るわけではないが、私は、思考の整理学とか、問題の交通整理という言葉があまり好きではない。

そう、交差点に突っ立って、リズムよく車の行き来を指示するようには、思考はできていないのである。いわんや人の生をや、だ。車はともかく、人や本、思想は、こちらがよける間もなく、一方的に私の体をかすめ、また私を魂ごと引き去る。私は今でも——あるいは、それなりに安定した地位に恵まれた今だからいっそう

——、自分のバイオグラフィーを突き抜け、もしくは、しばらくとどまり、必ずしも「生産的」とはいえない交流を経て離れていった学友たちを想う。二度と会えぬ他者との短い邂逅を想う。生き方も価値観も何もかも違う者たちとの、互いに食い散らかすように過ごした日々を想う。そして、消化しきれない苦々しさを残して、気がつけば今なお、私の脳裏に居座り続ける知人たちの幻影を想う——。

だが、どのような複雑な感慨を抱くにせよ、トータルとしては、様々なめぐり合わせに感謝せねばならないのだろう（私は、感謝「したい」ではなく、あえて「ねばならない」と——ほとんどカント的な響きを持たせつつ——表現する）。野坂昭如の妻、暘子さんによれば、彼は次のような言葉を残しているらしい。

「全てのことが、いつか辻褄が合えばそれでいいのだ」

そういうわけで、この「いつか」を夢見る、また夢見るだけでなく、「いつか」について考える機会をいただいたナカニシヤ社の面高悠氏と石崎雄高氏に、再度、心より感謝申し上げます。

平成最後の夏に

入谷秀一

ラ　行

マ　行

ヤ　行

タ　行

ナ　行

ハ　行

サ　行

索　　引

ア　行

カ　行

■著者略歴
入谷秀一（にゅうや・しゅういち）
1975年　岡山県に生まれる。
2002年　大阪大学大学院文学研究科博士後期課程単位取得退学。
現　在　龍谷大学文学部准教授。博士（文学）。専攻／哲学・倫理学・ドイツ思想史。
著　書　『かたちある生――アドルノと批判理論のビオ・グラフィー』（大阪大学出版会，2013年），『ハイデガー――ポスト形而上学の時代の時間論』（大阪大学出版会，2008年），『バイオサイエンス時代から考える人間の未来』〔共著〕（勁草書房，2015年），他。

バイオグラフィーの哲学
――「私」という制度、そして愛――

2018年11月27日　初版第1刷発行
2024年10月23日　初版第4刷発行

著　者　入　谷　秀　一
発行者　中　西　　良

発行所　株式会社　ナカニシヤ出版
〒606-8161　京都府左京区一乗寺木ノ本町15
TEL（075）723-0111
FAX（075）723-0095
http://www.nakanishiya.co.jp/

印刷／製本・モリモト印刷

ISBN978-4-7795-1321-3　Printed in japan

カラスと亀と死刑囚
―パラドックスからはじめる哲学―
中村隆文

ヘンペルのカラス、アキレスと亀、絞首刑のパラドックス、モンティホール問題……、面白くて不思議なパラドックスの分析を通して、常識に縛られない「哲学的思考」が身につく哲学入門！

二四〇〇円＋税

哲学しててもいいですか？
―文系学部不要論へのささやかな反論―
三谷尚澄

〝哲学〟は〝力〟なり⁉ いまアメリカの大学生が哲学講義に詰めかけるのはなぜか？ 国家の人文学軽視が招く危機の本質とは？ 人文学受難の時代に、あえて「哲学する」意味を問う！

二二〇〇円＋税

なぜ、私たちは恋をして生きるのか
―「出会い」と「恋愛」の近代日本精神史―
宮野真生子

九鬼周造の『「いき」の構造』を手掛かりに、近代日本における恋愛と自己の関係を探り、「恋」と「いき」の対比の先に、人を愛することの本質を炙り出す。いま日本を生きる私達のための恋愛の哲学。

二四〇〇円＋税

芸術家たちの精神史
―日本近代化を巡る哲学―
伊藤　徹

芸術作品が映す近代日本の精神を考察。高橋由一から岡本太郎まで、芸術家たちが造形してきた精神と、原発問題が象徴するテクノロジーの暴走、一見かけ離れた両者の交叉点を哲学的に探る。

二七〇〇円＋税

＊表示は二〇二四年十月現在の価格です。